UNIVERSITAS CATHOLICA AMERICAE
FACULTAS IURIS CANONICI
N. 36

# DE NOVITIATU

DISSERTATIO

IUDICIO FACULTATIS IURIS CANONICI
UNIVERSTATIS CATHOLICAE AMERICAE
submissa
tamquam scriptum publici periculi experimentum
ad
**DOCTORATUM**
in
**UTROQUE IURE**
obtinendum
a

**RICHARDO BAKALARCZYK, I. U. L.**
**SACERDOTE**
Congregationis CC. RR. Marianorum
ab Immaculata Conceptione B. M. V.
Domus Chicagiensis
in
Statu Illinois, U. S. A.

UNIVERSITAS CATHOLICA AMERICAE
Washington, D. C.
1927

IMPRIMI POTEST:

† *Georgius Matulewicz,*
Archiepiscopus Adulitanus
Superior Gen. Congr. Marianorum.

Nihil Obstat:

† *Thomas J. Shahan, S. T. D.,*
Censor Deputatus.

Washingtonii, D. C., die 14 maii 1927.

IMPRIMATUR:

† *Michael J. Curley,*
Archiepiscopus Baltimorensis.

Baltimorae, die 14 maii 1927.

# PROOEMIUM.

Scopus huius dissertationis est iuridicam vigentem disciplinam de novitiatu exponere.

Hinc dissertatio nostra erit inprimis canonica.

Ad pleniorem quidem cognitionem disciplinae, genesim et evolutionem novitiatus etiam historice debemus inquirere, hoc tamen non facimus nisi breviter et per modum introductionis historicae.

Methodus tractandi in parte prima — historica, erit sequens: praesertim respiciemus directe elementa historica, indirecte tantum elementa canonica; deinde, propter exiguum ambitum opusculi, solummodo praecipua ac maioris momenti facta historica afferemus; denique, evolutionem historicam novitiatus una cum evolutione status religiosi considerabimus. Novitiatus enim cum statu religioso stricte coniunctus est, eius evolutio semper indivise cum evolutione vitae religiosae procedebat et ideo disiunctim considerari haud potest.

Fusiore sermone atque logica et exegitica methodo, in secunda parte, novissimi iuris de novitiatu legislationes exponere conabimus.

Disciplinam canonicam de novitiatu ex iure communi declarare cupimus; de aliis legibus particularibus non tractabimur nisi obiter tantum et causa illustrationis.

## INDEX BIBLIOGRAPHICUS.

### I. FONTES IURIDICI.

*Codex Iuris Canonici Pii X Pontificis Maximi iussu digestus Benedicti Papae XV auctoritate promulgatus,* Romae 1917.

A. A. S. — *Acta Apostolicae Sedis,* Romae 1909-1926.

A. S. S. — *Acta Sanctae Sedis, 41* vol., Romae 1865-1908.

*Bullarum, Diplomatum et Privilegiorum Sanctorum Romanorum Pontificum, Taurinensis editio, ... auspicante Cardinali Francisco Gaude,* 24 vol., Augustae Taurinorum 1857-1872.

Bull. Rom. Cont. — *Bullarii Romani Continuatio Summorum Pontificum,* 19 vol., Prati 1756-1883.

*Canones et decreta Concilii Tridentini ex editione romana A. D. 1834 repetiti* ... edidit Aemilius Ludovicus Richter, Lipsiae 1853.

*Collectanea in usum Secretariae Sacrae Congregationis Episcoporum et Regularium, vide* Bizzarri.

*Constitutiones Fratrum Sacri Ordinis Praedicatorum inchoatae in Capitulo Generali Provincialium Romae celebrato anno Domini 1924 sub Reverendissimo Patre Fr. Ludovico Theissling Magistro Generali eiusdem Ordinis,* Romae, 1925.

*Corpus Iuris Canonici, editio Lipsiensis secunda post Aemilii Ludovici Richteri curas ad librorum manu scriptorum et editionis romanae fidem recognovit et adnotatione critica instruxit Aemilius Friedberg,* 2 vol., Lipsiae, 1922.

*Corpus Iuris Civilis:* I. — *Institutiones, recognovit Paulus Krueger;* D. — *Digesta, recognovit Theodorus Mommsen, retractavit Paulus Krueger,* Vol. I, Berolini 1922; C — *Codex Iustinianus, recognovit et retractavit Paulus Krueger,* vol. II, Berolini 1915; Nov. — *Novellae, recognovit Rudolphus Schoell, opus Schoelli morte interceptum absolvit Guilelmus Kroll,* vol. III, Berolini 1912.

*Collectanea S. Congregationis de Propaganda Fide, seu Decreta, Instructiones, Rescripta pro apostolicis missionibus*, 2 vol., Romae 1907.

Fontes — *Codicis Iuris Canonici Fontes cura Emi Petri Card. Gasparri editi*, 4 vol., Romae 1923-1926.

*Institutum Societatis Iesu*, vol. I, Florentiae 1892; vol. II, 1893; vol. III, 1893.

*Regula et Constitutiones Generales Fratrum Minorum*, ad Claras Aquas (Quaracchi) prope Florentiam, 1922.

S. Congr. Ep. et Reg. Normae — *Normae secundum quas S. Congr. Episcoporum et Regularium procedere solet in approbandis novis Institutis votorum simplicium*, Romae, 1901.

## II. AUCTORES.

Acta SS — *Acta Sanctorum Bollandiana.*

Alphonsus Liguori, *Theologia Moralis*, Tornaci, 1898.

Appeltern, Victorinus ab, *Compendium Praelectionum Juris Regularis Adm. R. P. Piati Montani, O. M. Cap.*, Tornaci 1903.

Augustine, Charles, O. S. B., *A Commentary on the New Code of Canon Law*, 9 vol., St. Louis, 1918-1922.

Bączkowicz, Ks. Franciszek, Z. M., *Prawo Koscielne, Podręcznik dla duchowienstva*, 2 vol., Krakow 1923-1924.

Bargilliat, M., *Praelectiones Juris Canonici*, 2 vol., 37. ed., Parisiis 1923.

Benedictus XIV, *De Synodo Dioecesana*, 2 vol., Romae 1806.

Bizzarri, Andreas, Archiepiscopus Philippensis, *Collectanea in usum Secretariae Sacrae Congregationis Episcoporum et Regularium edita*, Romae 1885.

Blat, Fr. Albertus, O. P., *Commentarium Textus Codicis Iuris Canonici*, liber II, De Personis, Romae 1921.

Bouix, D., *Tractatus De Jure Regularium*, 2 vol., 3 ed., Parisiis 1882.

Capello, *De Censuris iuxta Codicem Iuris Canonici*, Taurinorum Augustae, ed. 2. 1925.

Cappello, *De Sacramentis iuxta Codicem Iuris Canonici*, vol. II, Taurinorum Augustae, 1926.

*Catholic Encyclopdia*, 16 vol., New York 1907-1912; *Supplementum* I, 1922.

Chelodi, Ioannes, *Ius De Personis iuxta Codicem Iuris Canonici praemisso tractatu de principiis et fontibus I. C.*, Tridenti 1922.

Chelodi, Ioannes, *Ius Poenale et ordo procedendi in iudiciis criminalibus iuxta Codicem Iuris Canonici*, Tridenti 1925.

Choupin, Lucien, S. I., *Nature et Obligations de l 'Etat Religieux*, Paris, 1923.

Cicognani, Hamletus I., *Commentarium ad Librum I Codicis*, vol. II, Romae 1925.

Cocchi, Guidus, *Commentarium in Codicem Iuris Canonici*, 6 vol., Taurinorum Augustae 1920-1924.

De Angelis, Philipus., *Praelectiones Iuris Canonici ad methodum Decretalium Gregorii IX exactae* tom. 2, Parisiis, 1879.

De Meester, A., *Iuris Canonici et Iuris Canonico-Civilis Compendium*, 2 vol., Brugis, 1923.

De Smet, Al., *De Sponsalibus et Matrimonio*, ed. 4., Brugis, 1927.

Fagnanus, Pr., *Commentaria In Quinque libros Decretalium*, vol. 3, Venetiis, 1696.

Fanfani, Ludovicus, O. P., *De Iure Religiosorum ad normam Codicis Iuris Canonici*, ed. 2, Taurini — Romae, 1925.

Farrugia, Nicolaus, P. Ord. S. Aug., *Commentarium in censuras latae sententiae C. I. C.*, ed 2, Melitae, 1921.

Ferraris, F. Lucii, O. M. Reg. Obs. Sti Francisci, *Bibliotheca Canonica, Juridica, Moralis, Theologica necnon Ascetica, Polemica, Rubristica, Historica*, 9 vol., Romae 1885-1892.

Ferreres, Ioannes, B., S. I., *Casus Conscientiae propositi ac soluti ad normam Codicis*, etc. 5. ed., 2. tom., Barcinone, 1926.

Forcellini, Aegidius, *Totius Latinitatis Lexicon*, 4 vol., Schneebergae-Lipsiae, 1831-1839.

Giraldi, Ubaldo., *Expositio Iuris Pontificii*, 2 tom., Romae, 1830.

Hefele, Carl Joseph, *Conciliengeschichte*, 9 vol., Freiburg im Breisgau, 1873-1890.

Heimbucher, Dr. Max, *Die Orden und Kongregationen der katholischen Kirche*, 2 ed., 3 vol., Paderborn, 1907-1908.

Jungmann Bernardus, *Institutiones Patrologiae a Fessler I.* vol. 2, Oeniponte, 1890-1892.

Lacau, Ioannes, S. C. I., *"De Tempore" dissertatio philosophico-scientifico-iuridica,* Romae, 1921.

Leipoldt, Johannes, *Schenute von Atripe und die Entstehung des National-Aegyptischen Christentums (Texte und Untersuchungen zur Geschichte der Altchristlichen Literatur,* N. F. Bd X., Hft. I), Leipzig 1903.

Mansi, Joannes Dominicus., *Sacrorum Conciliorum Nova et Amplissima Collectio,* 51 vol., Paris, Arnhem and Leipzig, 1901-1924.

Maroto, Philippus, C. M. F., *Institutiones Iuris Canonici ad normam novi Codicis,* 3 ed., 2 vol. Romae 1921.

McCormick, Robert Emmet., *Confessors of Religious.,* Washington, D. C. 1926.

M P G — Migne, *Patrologia Graeca.*

M P L — Migne, *Patrologia Latina.*

Noldin, H.. S. I., *Summa Theologiae Moralis, De Poenis Ecclesiasticis adaptavit,* Schonegger, S. I., 12, ed. Oeniponte, 1921.

Pesch, Christianus, S. I., *Compendium Theologiae Dogmaticae,* 4 vol., Friburgi Brisgoviae 1913.

Piat — Piatus, F., Montensis, O. M. Cap., *Praelectiones Juris Regularis,* 2 vol., 3 ed., Tornaci 1906.

Piontek, C., O. F. M., *De Indulto Exclaustrationis necnon Saecularizationis,* Washingtonii, D. C., 1925.

Prummer, Dominicus M., O. P., *Manuale Iuris Canonici,* 3 ed., Friburgi, Brisgoviae 1922.

Raus, J. B, *De Sacrae Obedientiae Virtute et Voto,* Lugduni 1923.

Reiffenstuel, F. Anacletus, *Ius Canonicum Universum, clara methodo juxta titulos quinque librorum Decretalium,* 5 vol., Antverpiae, 1743.

Schmalzgrueber, Franciscus, S. J., *Jus Ecclesiasticum,* 6 vol., Romae, 1843-1845.

Sole, Iacobus, *De Delictis et Poenis, praelectiones in Lib. V Codicis Iuris Canonici*, Romae, 1920.

Steiger, Josephus, S. J., *Dissertatio de propagatione et diffusione vitae religiosae, (Periodica*, XIII, (29) - [180]. ).

Suarez, Franciscus, S. I., *Opera Omnia*, 15. vol., Parisiis, 1859.

Thomae, S. Aquinatis, O. P., *Summa Theologia*, Romae, 1886.

Vermeersch, De Religiosis — Vermeersch, A., S. J., *De Religiosis Institutis et Personis, tractatus canonico-moralis*, tom. II, 4 ed., Brugis, 1909.

Vermeersch-Creusen, Epit. — Vermeersch, A, S. I., — Creusen, J, S. I., *Epitome Iuris Canonici cum commentariis ad scholas et ad usum privatum*, tom. I., (Libri I et II Codicis iuris canonici), 2 ed., Brugis, 1924.

Vicat, Philip. B., *Vocabularium iuris utriusque ex variis ante editis...*, 2. ed., 4 vol., Neapoli, 1760.

Vidal, Petrus, S. I., *Institutiones Iuris Civilis Romani*, Prati 1915.

Vlaming, *Praelectiones iuris matrimonii ad normam Codicis iuris canonici*, 2 tom., Bossum, 1919-1921.

Wernz, Franciscus, S. I., *Ius Decretalium*, 2 ed., 6 vol., in 10. Romae, 1908.

Wernz-Vidal — *Ius Canonicum auctore P. Francisco Xav. Wernz, S. I., ad Codicis normam exactum opera P. Petri Vidal eiusdem Societatis sacerdote*, tom. II, Codicis Liber II, *de Personis*, Romae 1923.

## III. PERIODICA.

CpR., — *Commentarium pro Religiosis*, 6 vol., Romae 1920-1926.

Periodica — Arthurus Vermeersch e Soc. Iesu, *De Religiosis et Missionariis supplementa et monumenta periodica*, edita Brugis; 14 vol., Brugis 1911-1926.

## INDEX RERUM GENERALIS.

# DE NOVITIATU.

# ANIMADVERSIONES PRAELIMINARES.

## NOVITIATUS NOTIO — DEFINITIO — FINIS — ET NOVITIATUS MATERIAE DIVISIO.

### I. Novitiatus notio.

Vox NOVITIATUS a verbo novitius derivatur; novitius vero dicitur novus, novellus, recens imperitus. (1)

Recens captus homo, qui nuper in servitutem inciderit novitius olim a Romanis nominabatur. (2)

In statu religioso, vero, novitius dicitur ille, qui noviter accedit ad servitutem Dei et nondum est professus religionem, (3) sed expleto postulatu, probationis tempore, se experitur atque ad professionem et vitam religiosam praeparatur.

NOVITIATUS vero nomine intelligitur sive locus sive tempus sive status in quo novitii probationem peragunt. (4)

### II. Novitiatus definitio.

*NOVITIATUS materialiter sumptus* est locus seu domus religiosa in qua adspirantes probantur atque praeparantur ad professionem et vitam religiosam. (5)

*NOVITIATUS formaliter sumptus* est status et determinatum probationis tempus in quo adspirantes sese praeparantur ad amplectandam religionem; ipsi regulam ac vitam religionis discunt simulque experiuntur utrum onera et austeritates religionis sustinere valeant; religio vero cognoscit, examinat et probat adspirantium mores, ingenium et habilitates, antequam ad professionem admittantur. (6)

---

(1) Cfr. Vicat, v. Novus; D. 21, I, 65, 2.
(2) Cfr. Forcellini, v. Novitius; Catholic Encyclopedia, v. Novice; D. 39, 16, 3.
(3) Cfr. Vicat, v. Novitius. — Cfr. etiam S. Benedicti, Abbatis Anianensis, Concordia Regularum, M P L, CIII, 1263.
(4) Cfr. Wernz, III, n. 633.
(5) Cfr. Ibidem.
(6) Cfr. Can. 565, 571; c. 16, X, de rugularibus et transeuntibus ad religionem, III, 31; Suarez, De Stat. Relig., tract. VII, 1. V, c. 14, n. 3, 4; Cocchi, IV, 128; Fanfani, 214; Wernz, III, n. 633.

*NOVITIATUS vero iuridice consideratus* est persona moralis collegialis uti domus religiosa a competente auctoritate eccleciastica legitime erecta et pro novitiorum institutione specialiter designata. (7)

Paucis verbis, novitiatus appellari potest paedagogium religiosorum aut institutio candidatorum ad vitam religiosam in definita religione. (8)

Institutio illa in hoc consistit quod novitius, valide receptus, in legitima domo permaneat, ut tum ipse religionem tum religio eum probare seu experimentum sumere possint; probatio actualis fit per actiones et exercitia. (9)

## III. Novitiatus finis.

Triplex est finis novitiatus:

*Ex parte novitii*, ut experiri valeat religionis austeritates, regulam ac vitae religionis, utrum ea omnia ferre possit.

*Ex parte religionis*, ut novitii mores, dotes, idoneitatem, vocationem ac habilitatem probare possit, ne indignum in sui detrimentum recipiat.

*Ex parte utriusque*, ut tempore probationis, novitius per spiritualem animi informationem, ad vitam religiosam praeparetur. (10)

## IV. Ordo et divisio materiae de novitiatu.

Universam materiam de novitiatu in duas partes dividimus:

A) In prima parte *historico-canonica* sermonem ininstituimus de origine et evolutione novitiatus usque ad novum Codicem.

B) In parte vero secunda *canonica* de admissione ad ad novitiatum et de novitiorum institutione tractabimur.

---

(7) Cfr. can. 99; 100; 687; 536, §1. — Persona moralis intelligitur: "ens iuridicum, publica auctoritate formaliter constitutum, independenter a personis singularibus ex iuris concessione subsistens, atque capacitate iuris acquirendi exercendique donatum (cc. 99, 687, 708)" Maroto, I, 536.
(8) Cfr. Vermeersch-Creusen, Epit., I, 367.
(9) Cfr. Wernz, III, n. 634.
(10) Cfr. C. 16, X, **de regularibus et transeuntibus ad religionem**, III, 31; Piat, I, 99; Wernz, III, n. 633.

Pars I. Dicemus igitur in parte historica:
- 1°. De origine novitiatus;
  (ab initio vitae asceticae usque ad finem saeculi V).
- 2°. De evolutione historica novitiatus;
  (a saeculo V usque ad S. Gregorium M. [590]).
- 3°. De ulteriori evolutione novitiatus;
  (a saeculo septimo usque ad Conc. Tridentinum).
- 4°. De legislatione ecclesiastica quoad novitiatum.
  (a Conc. Tridentino usque ad Codicis promulgationem).

Pars II. Materiam vero secundae, canonicae partis denuo in duas sectiones seu in duos titulos dividere debemus:
- a) In primo titulo de admissione in novitiatum sermo erit.
- b) In secundo autem titulo de novitiorum institutione agendum est.

a) Titulum primum in quatuor capita dividimus. Scilicet dicemus:
- 1°, de requisitis negativis ut quis in novitiatum admittatur seu de impedimentis;
- 2°, de potestate admittendi in novitiatum;
- 3°, de religiosa vocatione;
- 4°, de requisitis positivis ut quis in novitiatum admittatur.

b) Titulum secundum in sex capita dividimus. Agemus nempe seorsim:
- 1°, de novitiatus loco, erectione et inceptione;
- 2°, de conditionibus ad novitiatus validitatem;
- 3°, de novitiatus regimine;
- 4°, de novitiorum privilegiis et spiritualibus gratiis;

5°, de novitiorum bonis temporalibus;
6°, de novitiatus termino.

Denique, in appendice, de quinquennali relatione a religionibus facienda quoad statum novitiatus pauca addemus.

# PARS I.

# TRACTATUS HISTORICO-CANONICUS.

## *CAPUT I.*

## DE ORIGINE NOVITIATUS.

Ab initio vitae asceticae usque ad finem saeculi V.

Genesim novitiatus invenire possumus eo in tempore quando vita ascetica iam in communitate observari incepit et perfectius evoluta erat. Vestigia vitae communis inveniuntur iam circa finem saeculi tertii. Saeculo quarto et quinto evolutio vitae religiosae paulatim procedebat; eodem tempore vestigia et genesis novitiatus apparuerunt. Simul enim cum evolutione vitae religiosae crescebat necessitas probandi candidatos, ne indigni in religionem admittabantur; necessitas ista dedit originem novitiatui. Ut genesis novitiatus, in prima aetate melius cognosci possit, dicemus in hoc capite: 1°, de initio vitae asceticae et primis adumbrationibus novitiatus; 2°, de vestigiis novitiatus sub regula Pachomii; 3°, de vestigiis novitiatus sub regula Schenuti; 4°, de genesi novitiatus sub regula S. Basilii; et, 5°, de novitiatu sub aliis regulis tunc existentibus.

### ART. I. — INITIUM VITAE ASCETICAE ET ADUMBRATIONES NOVITIATUS.

Ante adventum Christi, nullus erat verus et proprie dictus status religiosus cum tribus essentialibus votis perpetuae paupertatis, castitatis et obedientiae.

Quamvis enim in ipsa lege naturae ante diluvium quaedam religiosi status vestigia, adumbrationes ac figurae fuissent, (1) et in lege veteri scripta status religiosus tum in Nazareis tum in multis ascetis figuratus fuerit, (2) tamen pro tunc nullum verum et proprie dictum statum religiosum fuisse cum professione dictorum trium essentialium votorum. (3)

(1) Cfr. Liber Genesis, IV, 26; Suarez, De Stat. Relig., tract. VII, 1. III, c. 1, n. 1-4; Bellarminus II, controvers. II, I. II, c. 5.
(2) Cfr. Liber Num. VI, 2 et sq.; Suarez, De Stat. Relig., tract. VII, 1. III, C. 1, n. 1-4; Steiger, Periodica XIII, (29) — (33), ubi habetur notitia historica de antiquissima vita ascetica Prophetarum, Rechabitarum, Essenorum, Therapeutarum et de monachismo etiam apud paganos.
(3) Cfr. Suarez, De Stat. Relig., tract VII, 1. III, c. 1, n. 4.

Et recte quidem concludunt communiter doctores, quod verus et perfectus status religiosus secundum se et *quoad substantiam suam,* cum tribus dictis votis, primo et immediate, institutus fuit ab ipso Christo Domino, et Eo invitante statim ab initio Ecclesiae a plurimis Christi fidelibus fuit susceptus. (4)

Iam ab ipsis Ecclesiae incunabulis exorta erat vita ascetica. Non modo virgines sed et viri permulti se Christo dedicarunt in continentia absolutissima; alii domi asceticam vitam agebant, alii, in solitudinem secedentes, tamquam personae singulares modum vivendi eremiticum sive anachoreticum amplexi sunt. (5)

Praecipue a medio saeculi tertii numerus eremitarum et anachoretarum crescit. In Aegypto Deciana persecutione saeviente (250) multi viri et mulieres tum ut persecutionem effugerent tum ut Deo liberius vacarent in deserta loca abeuntes ibi eremiticam vitam ducebant.

Isti erant initiatores vitae eremiticae. (6)

Certiora vestigia vitae communis invenimus circa finem saeculi tertii. Post virgines multiplices et ascetas, qui prioribus Ecclesiae saeculis tamquam personae singulares religiosam perfectionem per continentiam, bonorum abdicationem, abstinentias et orationes secuti sunt, in Aegypto nova forma vitae religiosae apparuit, quae in duo principaliora genera distincta evasit: eremitarum et coenobitarum.

Priores erant homines solitariam vitam in eremis ducentes, mero vinculo morali cum sociis coniuncti; eorum celeberrimus exemplar fuit S. Paulus, Thebanus, dictus per autonomasiam Eremita (a. 234-347), (7) illustris autem propagator S. Antonius Patriarcha vitae anachoreticae, (a. 251-

(4) Cfr. Matt., XIX, 11-12, 21, 29; Marc. X, 17-22; Suarez, De Stat. Relig., tract. VII, l. III, c. 2, n. 1-8; Ferraris, V. Religiones Regulares, Steiger, Periodica, XIII, (36).

(5) Cfr. Act. Apost. XXI, 9; S. Clemens, ep. I ad Cor. c. 38, M P G, I, 283-286; S. Ignatius, ep. ad Policarpum, C. 5, M P G, V, 723; Eusebius, H. E. II, c. 17, M P G, XX, 174-183; Steiger, Periodica, XIII, (36) - (43).

(6) Cfr. Eusebius, H. E., VI, c. 42, M P G, XX, 614; Steiger, Periodica, XIII, (44).

(7) Cfr. S. Hieron., Vita S. Pauli, M P L, XXIII, 17; Acta SS, I, 662, 10 ian.; Steiger, Periodica, XIII, (44) - (45).

356); (8) posteriores coenobitae communi erant obnoxii regimini, quod S. Pachomius sapienter ordinavit.

S. Antonius, teste Athanasio, permultos discipulos habuit. "Erant igitur in montibus monasteria quasi tabernacula... multitudo ascetarum, quorum unum omnium erat virtutis studium." (9)

Rufinus enumerat monasteria in variis locis, ubi magnus numerus monachorum erat. Praecipue in monte Nitriae: "In hoc igitur loco, dicit, quinquaginta fere, aut non multo minus cernuntur vicina sibi et sub uno posita patre tabernacula, in quibus aliqui plures simul aliqui pauci... manent." (10)

Ex quo patet, vitam anachoreticam satis fuisse propagatam, forma tamen huius vitae, lato sensu communis, potius patriarchalis fuit, vox enim abbatis et eius exemplaris vita erat pro regula ad evangelica consilia exsequenda.

Admissio et praeparatio ad vitam religiosam nondum quidem tunc erat determinata; habemus tamen iam in hoc initio vitae religiosae quaedam adumbrationes novitiatus. S. Hilarion, discipulus S. Antonii, antequam statum religiosum ingressus est prius tempus praeparationis implevit. Hilarion "audiens autem tunc celebre nomen Antonii, ait S. Hieronimus, quod per omnes Aegypti populos ferebatur, incensus visendi studio, perrexit ad eremum. Et statim ut eum vidit, mutato pristino habitu, duobus (M. S. tribus) fere mensibus iuxta eum mansit, contemplans ordinem vitae eius morumque gravitatem... postea reversus est cum quibusdam monachis ad patriam; et parentibus iam defunctis, partem substantiae fratribus, partem pauperibus largitus est, nihil sibi omnino reservans... sic nudus, et armatus in Christo, solitudinem ingressus est." (11) Post praeparationem peractam et bonorum abdictionem vitam religiosam ingressus est.

Paulum Simplicem S. Antonius post quartum probationis diem in cella sucepit et denuo probavit variis modis per plurimas hebdomadas, denique probatum et sufficienter prae-

---

(8) Cfr. S. Athan., Vita S. Antonii, M P G, XXVI, 833-978; Steiger, Periodica, XIII, (45); S. Hieron., Vita S. Pauli Monachi, M P L, XXIII, 18-28; Acta SS., II, 471, 17 ian.

(9) S. Athanasius, Vita S. Antonii, M P G, XXVI, 907.

(10) Rufinus, Hist. Monach., c. 3et 21, M P L, XXI, 443 et 407-443; Cfr. etiam, Steiger, Periodica, XIII, (45); Heimbucher, I, 112.

(11) S. Hieronimus, Vita S. Hilarionis, M P L, XXIII, 30.

paratum ad vitam religiosam admisit. "Tunc ei dicit Antonius alio die: (post longam probationem) In nomine Jesu, ecce factus es monachus." (12)

Probatio et praeparatio ad vitam anachoreticam erat quidem primis temporibus nimis dura et difficilis, (13) forma probationis indeterminata, finis tamen probationis similis ac sequentibus saeculis, et ideo merito concludere possumus iam in hoc initio vitae religiosae quaedam adumbrationes, quoad essentiam novitiatus fuisse.

Certiora vestigia novitiatus invenimus nunc demum initio vitae coenobiticae sub regula Pachomii, ubi vita communis clarius determinata erat.

## ART. II. VESTIGIA NOVITIATUS SUB REGULA PACHOMII.

Altera forma vitae religiosae erat coenobitica. Coenobitarum Pater et primus legislator agnoscendus S. Pachomius. (a. 292-346), (1) qui primum monasterium Tabennisi ad Nilum fluvium fundavit et primam regulam scripsit. (2)

S. Pachomius sapienter et accurate determinavit coenobitis modum vivendi et quidem in communitate. (3) Praescribit vitam intra claustra (4) sub obedientia (5) et in paupertate. (6)

Praeter coenobium Tabennense, alia decem aedificavit vel aggregavit; haec omnia monasteria, vinculo spirituali et oeconomico inter se colligabantur, sub uno superiore generali, qui residebat in coenobio Pheboon. Superiores locales, cum delegatis omnium monasteriorum, bis in anno conveniebant ad Pheboon ad negotia communia spiritualia et oeconomica tractanda. Superior autem generalis singula monasteria per annum visitabat. (7) Regula Pachomii, in statu religioso

(12) Palladius, Historia Lausiaca, c. 28, M P L, LXXIII, 1127-1128.
(13) Cfr. Ibidem.
(1) Cfr. Vita Pachomii, M P L, LXXIII, 227-271; Acta SS, III, 295; Steiger Periodica, XIII, (57).
(2) Cfr. Regula Pachomii, a S. Hieron., M P L, XXIII, 61-86.
(3) Regula Pachomii, cc. 16, 20, 21, 156.
(4) Regula Pachomii, cc. 52, 54, 84, 108, 136, 137.
(5) Regula Pachomii, cc. 157, 158.
(6) Regula Pachomii, cc. 81, 83.

prima, continet 194 capita, quorum 142 constitutiones, cetera vero praescripta et iudicia determinant. (8)

Monachi explicite nondum emittebant vota formalia, sed professionem suam per habitus susceptionem declarabant. (9)

Invenimus tamen iam in hoc initio vitae communis nonnulla de admissione, probatione et praeparatione ad statum religiosum, quae vestigia novitiatus demonstrant.

In cap. 49 constitutionum praescribitur admissio et probatio novitiorum:

"Si quis accesserit ad ostium monasterii *volens saeculo renuntiare,* et *fratrum aggregari numero,* non habebit intrandi libertatem, sed prius nuntiabitur Patri monasterii, et *manebit paucis diebus foris ante ianuam,* et docebitur orationem Dominicam ac psalmos, quantos poterit ediscere: et *diligenter sui experimentum dabit,* ne forte mali quidpiam fecerit et turbatus ad horam timore discesserit, aut sub aliqua potestate sit: et utrum possit renuntiare parentibus, et propriam contemnere facultatem. *Si enim viderint aptum ad orationem et ad omnia tunc docebitur et reliquas monasterii disciplinas,* quas servare debeat et facere, quibusque servire, sive in collecta omnium fratrum sive in domo cui tradendus est, sive in vescendi ordine; ut *instructus atque perfectus in omni opere bono, fratribus copuletur. Tunc nudabunt eum vestimentis saecularibus et induent habitu monachorum, tradentque ostiario, ut orationis tempore adducat eum in conspectum omnium fratrum;* sedebitque in loco, in quo ei praeceptum fuerit. Vestimenta autem quae secum detulerat, accipient qui huic praepositi sunt, et inferent in repositorium, et erunt in potestate principis monasterii." (10)

Alio loco intra praecepta S. Pachomii expresse de novitiis et novitiorum habitu dicitur.

"Si quis ad monasterium accesserit volens fieri novitius, precationem ei evangelicam porrigent, et psalmos docebunt. Manet porro ad monasterii fores, *ibique probetur;* quidquid autem alii norunt fratres, istic et ipse addiscat. Quo facto,

(7) Cfr. Steiger, Periodica, XIII, (47); Palladius, Hist. Laus., c. 38, M P L, LXIII, 1137; Regula Pachomii, M P L, XXIII, 66-82.
(8) Regula Pachomii, M P L, XXIII, 61-86.
(9) Cfr. Steiger, Periodica, XII, (48); Regula Pachomii, c. 49.
(10) Regula Pachomii, c. 49.

*saecularibus eum vestibus exuent et novitiorum habitu vestient.*" (11)

Item, quoad superius citatum c. 15, facta est scriptoris adnotatio sequens:

"Nota est distinctio *magni et parvi habitus... Parvus dabatur novitiis;* magnus post expletum probationis tempus monachis, ut nos loqueremus, professis." (12)

Iuxtra regulam modo transcriptam initio vitae coenobiticae, sub prima regula S. Pachomii, admissio ad statum religiosum aliquomodo iam erat determinata. S. Pachomius praecepit advenientes candidatos probare et investigare tum de vocatione ad vitam religiosam tum de libertate, utrum liberi sint an servi; mandavit eos instruere et probare per aliquod tempus in separata ad hoc coenobii parte; postea mutato habitu admittere ad societatem novitiorum et denuo probare. "Quo facto, saecularibus eum vestibus exuent et novitiorum habitu vestient." (13)

Tandem post expletum probationis tempus novitii subiciebantur examini et in conspectu omnium fratrum admittebantur ad communitatem.

Quamvis novitiatus nondum formaliter institutus fuerit, neque tempus durationis neque disciplina aut obligationes novitiorum determinatae fuerant, *probatio tamen quaedam et praeparatio essentialiter* iam ex regula erant praescriptae, immo *candidati nomine et habitu novitiorum utebantur.*

Merito igitur possumus concludere: *sub prima regula S. Pachomii quaedam vestigia novitiatus iam clare apparuisse.*

Addendum est denique quod decursu temporis institutum S. Pachomii adeo crevit, ut numeraret ante ipsius mortem tria milia monachos. (14)

Singula monasteria manebant sub iurisdictione Episcopi dioecesani, et sub inspectione Patriarchae Alexandrini. (15)

---

(11) Praecepta Pachomii, c. 15, M P G, XL, 950.
(12) Praecepta Pachomii, M P G, XL, 950, Nota (3)
(13) Praecepta Pachomii, c. 15, M P G, XL, 950. M P L, LXVI, 781.
(14) Cfr. Jungman, Hist. Patrologiae, I, 489, Steiger, Periodica, XIII, (48).
(15) Cfr. Steiger, Periodica, XIII, (48).

## ART. III. VESTIGIA NOVITIATUS SUB REGULA SCHENUTI.

Tempore Pachomii ortae sunt aliae communitates monasticae in eremo Thebaitico, quarum notatu digna est communitas monasterii Albi, in monte Psou, cui praefuit quidam Bgoul vel Pgol. Post eius mortem monasterii huius abbas erat quidam Schenute, qui fundavit multa alia monasteria pro viris et pro virginibus. Schenute (nat. c. an. 333 vel 340), obiit c. a. 452, quo tempore in eius monasteriis vivebant 2,200 monachi et 1800 monachae. (1)

Licet ad monasteria Schenuti regula pachiomiana desumpta fuerit et quasi fundamentum vitae communis constitueret, nonnulla tamen nova et distincta a Schenute introducta sunt. Praecipue magni momenti sunt praescripta de admissione et probatione novitiorum.

Schenute postulavit *probationem praeviam adspirantium per bimestre vel trimestre*, atque *in loco separato* a communi fratrum habitaculo *sub speciali cura Superioris.* (2)

Expleto tempore probationis novitius investigatus de anteacta vita et motivo amplectendi vitam monasticam. Nemo suscipiatur in congregatione, nisi prius renuntiaverit omnibus quae possidebat. Unusquisque novitius post tempus probationis promissionem *explicitam* seu professionem suam debuit emittere coram altari, viva voce, et iuxta formulam praescriptam, de obedientia, paupertate et castitate. (3)

Invenimus igitur in normis Schenuti certiora vestigia novitiatus et maiorem vitae monasticae stabilitatem; haec omnia tamen nondum erant perfecta.

## ART. IV. GENESIS NOVITIATUS SUB REGULA S. BASILII.

Vita coenobitica a S. Pachomio incepta, per normas Schenuti magis evoluta, decursu temporis celerrime per omnes orientales regiones dilatata est; eius assiduus propagator et

(1) Cfr. Leipoldt, 93; Piontek, 18.
(2) Leipoldt, 112-113; Piontek, 19.
(3) Cfr. Leipoldt, 108-109; Piontek, 19.

praecipuus legislator fuit S. Basilius Magnus (330-379), Caesareae in Cappadocia natus. (1) Ad explorandam vitam monasticam multas monachorum colonias in Syria, Mesopotamia et Aegypto visitavit; reversus in patriam, secessit in Pontum et ibi vitam asceticam in solitudine ducebat. Plura monasteria virorum ac mulierum in illa regione fundavit, vitam monasticam cum coenobitica iunxit, et dedit regulas, quibus deinceps omnes fere orientales monachi paruerunt. (2) Immo eius regulae hodie dum a plerisque religiosis Ecclesiae orientalis servantur.

Scripsit duas regulas sub titulo "Regulae Fusius Tractatae" (3) et "Regulae Brevius Tractatae". (4)

Sunt autem istae, numero 55, totidem interrogationes et responsiones morales, per quas interrogantibus se monachis, sicuti sancti cuiusdam, regulas statuit; regulae quidem fusiores continent principia vitae spiritualis perfecte explicata, breviores autem, numero 313, ad specialia praecepta descendunt.

Regula S. Basilii praescribit communem cohabitationem, mensam atque preces quotidianas in communi; (5) speciali modo praecipit obedientiam, (6) paupertatem (7) atque castitatem. (8) Postulat explicitam votorum professionem coram superioribus factam. (9)

De novitiorum admissione et probatione invenimus praecipua mandata. Inprimis praecepit S. Basilius advenientes candidatos investigari de vita anteacta: "Periculosum est repellere eos qui nostra opera accedunt ad Dominum... nec tamen permittendum est ut ullus illotis pedibus ad sancta documenta veniat, sed... profecto et a nobis praeterita accedentium vita est expendenda, et in iis qui quid recte iam gesserint, documenta perfectiora tradenda sunt, qui vero vel ex prava vita convertuntur, vel ex indifferenti statu ad perfectam vitam in

(1) Vita Patrum, M P L, LXXIII, 294.
(2) Cfr. Jungman, I, 492-494; Vitae Patrum, M P L, LXXIII, 294; Steiger, Periodica, XIII, (58).
(3) M P G, XXXI, 890-1051.
(4) M P G, XXXI, 1051-1078.
(5) Reg. fus. tract., 15; Reg. brev. tract., 221.
(6) Reg. fus. tract., 31, 41; Reg. brev. tract., 9, 115, 116, 117, 118, 119, 121, 125, 131, 136.
(7) Reg. brev. tract., 85, 87, 89, 90, 91, 93, 205.
(8) Reg. brev. tract., 22, 30, 53, 57; Reg. fus. tract., 12, 15, 19.
(9) Reg. fus. tract. 15; Reg. brev. tract. 2.

Dei cognitione sitam transeunt, hos perscrutari par est, nimirum qualibus praediti sint moribus, num instabiles, num ad iudicia ferenda proni." (10)

Non prohibuit quidem conversos peccatores admittere, praecepit tamen eos diligenter probare et emendare. "Enimvero qui sunt huiusmodi, inconstantiae sunt suspecti... isti non sunt desperandi, sed ducendi ad idoneos exercitationes sic ut temporis progressu ac laboriosis exercitiis periculum facientes sententiae atque propositi, si modo firmi aliquid in ipsis invenerimus, illos tuto admittamus." (11)

Omnes advenientes probare praecepit atque modum probandi indicavit.

"Caeterum communis cuiusque probandi modus est, utrum scilicet citra pudorem paratus sit ad omnem humilitatem, sic ut artes suscipiant vel vilissimas, si illarum opus utile esse ratio comprobarit. Postquam autem unusquisque quasi vas quoddam Domino commodum et ad quodvis bonum opus paratum omni tentatione adhibita declaratus fuerit ab iis qui talia scite scrutari possunt, ita demum inter eos qui se Domino dedicaverunt, annumeretur." (12)

Deinde dicitur quomodo admittendi sunt servi: "Porro quicumque servi sub iugo detenti, ad fratrum conventum confugiant, admoniti et meliores effecti, ad dominos suos remittendi sunt... Sed tamen si dominus improbus sit, qui aliqua contra legem praescribat, vimque servo inferat ad mandata veri heri D. N. Jesu Christi violanda, operam dare debemus, ut ne nomen Dei blasphemetur propter servum illum, qui quidpiam egerit non acceptum Deo. Adhibetur autem eiusmodi sollicitudo, aut cum servus ille praeparatur ad eas aerumnas quibus afficiendus est tolerandus..." (13)

De iis qui matrimonio coniuncti sequens regula:

"Atque ii etiam qui matrimonio coniuncti, ad huiusmodi vitae genus accedunt, interrogandi sunt an mutuo consensu id efficiant;... sicque qui accedit coram pluribus testibus recipiendus est..." (14)

(10) Reg. fus. tract., 10.
(11) Reg. fus. tract., 10.
(12) Reg. fus. tract. 10.
(13) Reg. fus. tract. 11.
(14) Reg. fus. tract. 12.

Aetas non erat limitata neque determinata: "Omne tempus, primae etiam aetatis iis qui accedunt excipiendis idoneum esse censemus, eos quidem qui parentibus orbati sunt, nostrapte sponte assumentes... eos vero, qui sub parentibus sunt ab ipsis adductos, coram multis testibus suscipientes..." (15)

Modus admissionis et praeparationis candidatorum determinatus erat.

"Excipiendi igitur sunt ad hunc modum, nec ipsi tamen statim in fratrum corpore aut annumerandi sunt, aut recensendi... sed educandi illi quidem in omni pietate, tamquam communes fratrum liberi; praetereaque puerorum sive mares sint sive feminae separari oportet et domos et diaetam, ut erga seniores neque licentiam maiorem, neque fiduciam immodicam habeant sed congressus raritate erga antiquiores reverentiam servant... Precationes autem quae per diem institutae sunt, et pueris et antiquioribus sint communes. Nam pueri maiorum exemplo compuni consuescunt... Atque etiam litterarum studium eorum instituto accomodatum esse oportet..." (16)

Regula S. Basilii tandem expleto probationis tempore postulat professionem votorum explicitam verbis prolatam et post interrogationem. Emissio votorum debet esse libera atque coram communitatis superioribus facta.

"Tunc autem admittenda est virginitatis professio, tamquam quae iam firma sit, et quae ab ipsorum sententia ac iudicio proficiscatur iam perfecta et absoluta ratione... Testes autem huius propositi adhibendi sunt ecclesiarum praefecti... et firma sit haec actio per testimonium... Caeterum qui professus fuerit post multam indigationem ac deliberationem, quam ei licere debet privatim facere dierum plurium spatio, ne quid per raptum a nobis fieri videatur, ita demum suscipiendus est, et inter fratres annumerandus, eamdem deinceps et domum et diaetam habiturus cum maioribus..." (17)

Uti iam vidimus ex superius allatis fere omnia elementa necessaria ad novitiatum essentialiter sub regula S. Basilii iam praescripta erant. Tempus quidem durationis novitiatus nondum erat stricte determinatum, admissio tamen candidatorum,

(15) Reg. fus. tract. 15.
(16) Reg. fus. tract. 15.
(17) Reg. fus. tract. 15.

investigatio, probatio et instructio novitiorum in parte monasterii separata atque debita praeparatio ad vitam religiosam clare iam determinatae erant. Ex contextu regulae constat tempus novitiatus longum fuisse, debita enim praeparatio, probatio et interdum emendatio per breve tempus peragere non potuisset. Expleto tandem probationis tempore regula postulabat professionem votorum et quidem explicitam verbis prolatam, post interrogationem et coram communitatis superioribus factam.

Novitiatus igitur cuius vestigia tantum sub regula S. Pachomii et Schenuti apparuerunt, hic sub regula S. Basilii certior et clarior evasit.

## ART. V. NOVITIATUS SUB ALIIS REGULIS TUNC EXISTENTIBUS.

Tempore S. Basilii et post eius mortem vita monastica iuxta eius regulam florebat in toto oriente et etiam in Europa orientali.

Eodem tamen tempore monachismum in occidente magnum incrementum cepisse constat. Imprimis ab episcopo S. Athanasio et eius comitibus vita monastica incepta erat. In Italia (Ambrosius, Eusebius Vercell.), in Gallia (Martinus Turon., Honoratus, Cassianus), multa monasteria, tum virorum tum virginum excitata sunt. In omnibus fere his monasteriis vita communis iuxtra normas S. Basilii introducta erat. (1)

Notatu digna est in occidente regula Caesarii Arelatensis (470-542). Duplicem regulam composuit: pro monachis et pro virginibus. Regula ad monachos (2) dividitur in 26 capita. In cap. primo de novitiis dicitur: "Imprimis si quis ad conversionem venerit ea conditione excipiatur, ut usque ad mortem suam ibi perseveret. Vestimenta vero laica non ei mutatur, nisi ante de facultate sua chartas venditionis faciat.... Certe si non vult vendere, donationis chartas aut parentibus aut monasteriis faciat dummodo liber sit et nihil habeat proprium..." (3)

(1) Cfr. Steiger, Periodica, XIII, (73) - (77); Heimbucher, I, 175-176.
(2) Regula Caesarii, M P L, LXVII, 1098-1104.
(3) Regula Caesarii, c. 1, M P L, LXVII, 1098.

Primus igitur monachis praescripsit religiosae vitae perseverantiam usque ad mortem.

Similiter et in regula ad virgines, in cap. de novitiis, statuit perseverantiam et praescribit annuam probationem seu novitiatum; ubi dicitur: "Ei ergo quae Deo inspirante convertitur non licebit statim habitum religionis assumere, nisi antea in multis experimentis fuerit voluntas illius approbata; sed uni ex senioribus tradita *annum integrum* in eo quo venit habitu perseveret. De ipso tamen habitu mutando sit in potestate prioris." (4)

In regula pro virginibus Caesarii Arelatensis iam certe dterminatum est tempus probationis seu novitiatus per annum integrum; magis etiam evoluta stabilitas votorum et perseverantia in vita religiosa.

Inter quatuor antiquas et praecipuas regulas invenitur etiam regula S. Augustini (354-430) (5) qui item nominatur legislator vitae monasticae. Quamvis regula S. Augustini excerpta sit ex eius scriptis, ipse enim non intendit ex professo conscribere aliquam regulam novam sed potius vitam communem inter sacerdotes promovere, tamen postea decursu temporis evolutae sunt congregationes novae quae tum ex vitae communis clericalis tum ex regula eius posteriori exortae sunt. Clerici in communitate cum S. Augustino simul viventes nulla vota emittebant, non erant ergo tunc tempore in communitate religiosa stricto sensu. (6)

Tempore tamen S. Augustini nulla erat communitas religiosa ideo et de novitiatu nihil sub eius regula ex hoc tempore dici possumus.

Maximam evolutionem novitiatus postea saeculo sexto sub regula S. Benedicti invenimus. Regula S. Benedicti etiam una est ex iis, quae inter quatuor antiquas et praecipuas regulas recensentur.

---

(4) Reg. Caesarii ad Virgines, III, M P L, LXIII, 1107.
(5) Vita S. Augustini, M P L, XXXII, 33-578.
(6) Catholic Encyclop. II, 87; Heimbucher, I, 167.

## CAPUT II.

## DE EVOLUTIONE HISTORICA NOVITIATUS.

Inde a saeculo V usque ad s. Gregorium M. (590)

Initio saeculi sexti vita religiosa iam magis evoluta erat; plurimae regulae determinabant modum vivendi in communitate et permulta monasteria fuerunt; quoad novitiatum tamen multa desiderabatur. Nunc demum saeculo sexto evolutio novitiatus magis procedebat. Causae quae ad evolutionem novitiatus conducebant, sequentes erant: a) perfectissima regula S. Benedicti; b) explicita legislatio ecclesiastica quoad novitiatum; c) legislatio civilis afficiens novitios; d) legislationes Gregorii M. quoad novitiatum. De hisce in singulis articulis dicendum est.

### ART. I. NOVITIATUS SUB REGULA S. BENEDICTI.

Patriarcha monachorum occidentalium fuit S. Benedictus a Nursia (480-543). (1) Fundavit monasterium Montis Sassini (529) et celeberrimam regulam composuit, (2) quae, sapienter ordinata, paulatim in plerisque monasteriis occidentalibus, sublatis aliis regulis, introducta est; immo usque ad saeculum duodecimum fere omnium monachorum occidentalium communis norma vivendi facta est. (3)

Tota regula dividitur in 73 capita, (4) quorum singuli sapienter determinant vitam monasticam et modum vivendi tum uniuscuiusque monachi tum totius communitatis.

In c. 58 invenimus disciplinam de admissione adspirantium et de novitiis, quae pro evolutione novitiatus magni momenti est.

S. Benedictus, agnoscens quod ex novitiorum receptione praecipuum religionis bonum pendeat, non omnes facile et sine discrimine in monasteriis admitti voluit, sed tantum probatos qui a Deo vocati sunt.

---

(1) Cfr. Vita S. Benedicti, M P L, LXVI, 126-215; Steiger, Periodica, XIII, (79).
(2) S. Benedicti Regula cum Commentariis, M P L, LXVI, 215-932.
(3) Cfr. Steiger, Periodica, XIII, (79).
(4) S. Benedicti Regula, M P L, LXVI, 215-932.

"Noviter veniens quis ad conversionem, non ei facilis tribuatur ingressus; sed sicut ait Apostolus: "*Probate spiritus, si ex Deo sunt.*" (Joan. IV.) (5)

Probationem primam venientium ad quatuor vel quinque dies determinavit; praecepit pulsantes per iniurias et difficultates probare.

"Ergo si veniens perseveraverit pulsans, et illatas sibi iniurias, et difficultatem ingressus, post quatuor aut quinque dies visus fuerit patienter portare, et persistere petitioni suae, annuatur ei ingressus." (6) Post hanc probationem susceptus, "sit in cella hospitum paucis diebus; postea autem *sit in cella novitiorum*, ubi meditetur, et manducet, et dormiat." (7) Haec cella a communi fratrum habitaculo erat separata, velut alterum monasterium habens suum claustrum, refectorium, dormitorium et omnia necessaria ad vitam communem. (8)

Novitiis ab omni fratrum consortio segregatis datur magister ut sollicite intendat super eos.

"Et senior ei talis deputetur, qui aptus sit ad lucrandas animas; qui super eum omnino curiose intendat et sollicitus sit si revera Deum quaerit, si sollicitus est ad opus Dei, ad obedientiam, ad opprobria." (9)

Probatio primo erat ad portam monasterii antequam admittatur novitius, secundo in cella hospitum, postquam admissus est, tertio in cella novitiorum ubi probandus est:

"Praedicentur ei omnia dura et aspera per quae itur ad Deum. Si promiserit de stabilitatis suae perseverantia, post duorum mensium circulum legatur ei haec regula per ordinem et dicatur ei: Ecce lex sub qua militare vis; si potes observare, ingredere; si vero non potes, liber discede. Si adhuc steterit, tunc ducatur in supradictam cellam novitiorum; et iterum probetur in omni patientia." (10)

Sequitur iterum probatio per sex menses et postea legatur novitiis secundo regula atque post quatuor menses iterum relegatur eis eadem regula.

---

(5) M P L, LXVI, 803.
(6) Ibidem.
(7) Ibidem.
(8) Reg. Comment., M P L, LXVI, 812.
(9) Reg. c. 58, M P L, LXVI, 803.
(10) Ibidem, 804.

"Et post sex mensium circuitum, legatur ei regula, ut sciat ad quod ingreditur. Et si adhuc stat, post quatuor menses iterum relegatur ei eadem regula." (11)

Post expletum annum probationis in novitiatu suscipiatur in congregatione.

"Et si, habita secum deliberatione, promiserit se omnia custodire, et cuncta sibi imperata servare, tunc suscipiatur in congregatione, sciens lege regulae constitutum, quod ei ex illa die non liceat de monasterio egredi, nec collum excutere de sub iugo regulae, quam sub tam morosa deliberatione licuit aut excusare aut suscipere." (12)

Regula S. Benedicti interdicit monachum ante unius anni probationem effici, sed bene probatum et praeparatum, si promiserit se omnia custodire et cuncta sibi imperata servare, post completum annum novitiatus admisit ad congregationem.

"Suscipiendus autem, in oratorio coram omnibus promittat de stabilitate sua et conversione morum suorum, et obedientia coram Deo et sanctis eius, ut si aliquando aliter fecerit ab eo se damnandum sciat quam irridet." (13)

Suscipiendus explicite viva voce in oratorio coram omnibus fratribus debet pronuntiare tria vota quae constituunt essentiam vitae religiosae atque non simpliciter sed secundum regulam praecipientem stabilitatem loci.

Forma professionis una ex antiquis sequens:

"Ego frater N. humilis monachus monasterii S.... voveo et promitto Deo, B. Mariae, B. Benedicto, et omnibus sanctis, et tibi, Pater, obedientiam, castitatem, paupertatem. Insuper promitto loci stabilitatem, morum conversionem, secundum huius loci constitutionem, et Patrum traditionem testibus praesentibus."(14)

"De qua promissione sua faciat petitionem ad nomen sanctorum quorum reliquiae ibi sunt, et abbatis praesentis. Quam petitionem manu sua scribat: aut certe si non scit litteras, alter ab eo rogatus scribat: et ille novitius signum faciat, et manu sua eam super altare ponat. Quam dum po-

---

(11) Ibidem.
(12) Ibidem.
(13) Ibidem, 805.
(14) Reg. comment., M P L, LXVI, 820.

suerit, incipiat ipse novitius mox hunc versum: *Suscipe me, Domine, secundum eloquium tuum et vivam: et non confundas me ab expectatione mea.* (Ps. CXVIII). Quem versum omnis congregatio tertio respondeat, adiungentes, *Gloria Patri....* Tunc ille frater novitius prosternatur singulorum pedibus, ut orent pro eo: et iam ex illa die in congregatione reputetur." (15)

Ecce forma professionis atque modus recipiendi novitios in congregatione.

Postea sequitur praeceptum de renuntiatione bonorum. S. Benedictus, agnoscens quam periculosa sit et noxia monachis rerum terrenarum possessio, atque antiquorum Patrum vestigiis insistens, nullum antea voluit ad solemnem vitae religiosae professionem admittere, quam rebus omnibus ac possessionibus omnino renuntiaret. (16)

"Res si quas habet, aut eroget prius pauperibus, aut facta solemniter donatione, conferat monasterio, nihil sibi reservans ex omnibus: quippe qui ex illo die nec proprii corporis potestatem se habiturum sciat. Mox ergo in oratorio exuatur rebus propriis quibus vestitus est, et induatur rebus monasterii. Illa autem vestimenta quibus exutus est, reponantur in vestiario conservanda ,ut, si suadente diabolo, consenserit ut egrediatur de monasterio, quod absit, tunc exutus rebus monasterii, proiciatur. Illam tamen petitionem eius quam desuper altare abbas tulit, non recipiat: sed in monasterio reservatur." (17)

Uti patet ex c. 58 regulae, S. Benedictus, legislator vitae monasticae in Occidente, explicite praescripsit *integrum probationis annum et novitiatum formaliter instituit,* ut adspirantes bene instructi ac edocti de obligatione vitae religiosae, post annum probationis perseverent in monasterio.

Probatio instructio ac educatio tempore novitiatus accurate a regula determinantur.

Noluit S. Benedictus ut suscipiantur in congregatione nisi tales qui tempore probationis ostenderent signa perseverantiae, in vita monastica, usque ad mortem.

(15) Reg. c. 58, M P L, LXVI, 805.
(16) Cfr. Reg. Comment. M P L, LXVI, 831.
(17) Reg. c. 58, M P L, LXVI, 806.

Aetas novitiorum non erat quidem explicite determinata in regula, sed ex sequenti cap. 59 regulae possumus concludere etiam pueri in minori aetate ad vitam monasticam admittebantur.

Durante anno probationis noluit S. Benedictus indui novitios monasticis vestibus sed in habitu saeculari remanere postulavit.

Praecipit novitios instruere ac educare per annum, in loco separato et sub speciali cura Magistri.

Elapso tandem novitiatus, probati et iam edocti novitii emittebant, in forma solemni, tria vota: conversionem morum (seu votum castitatis et paupertatis), obedientiam, et quod ex toto novum est, insuper vovebant stabilitatem loci.

Notatu dignae sunt etiam normae de admissione oblatorum ad vitam monasticam incipiendam.

Statim ab adultorum receptione S. Benedictus transit in sequenti cap. 59 ad oblationem infantium, quos quondam plerumque in monasteriis admissos fuisse: "Si quis forte de nobilibus offert filium suum Deo in monasterio, si ipse puer minori aetate est, parentes eius faciant petitionem quam supra diximus. Et cum oblatione, ipsam petitionem et manum pueri involvant in palla altaris, et sic eum offerant. De rebus autem suis, aut praesenti petitione promittant sub iureiurando, quia numquam per suffectam personam, nec quolibet modo ei aliquando aliquid dent, aut tribuant occasionem habendi.

"Vel certe si hoc facere noluerint, et aliquid offerre volunt in eleemosynam monasterio pro mercede sua, faciant ex rebus quas dare volunt monasterio donationem, reservato sibi, si ita voluerint, usufructuario. Atque ita omnia obstruantur ut nulla suspicio remaneat puero, per quam deceptus perire possit, quod absit, quod experimento didicimus. Similiter autem et pauperiores faciant. Qui vero ex toto nihil habent, simpliciter petitionem faciant, et cum oblatione offerant filium suum coram testibus." (18)

Admittebantur ergo a S. Benedicto pueri adhuc in tenera aetate ad vitam monasticam incipiendam.

Hic usus fere communis fuit primis Ecclesiae temporibus.

---

(18) Reg. c. 59, M P L, LXVI, 839.

"Pluribus Ecclesiae saeculis liberum fuit parentibus, impuberes filios Deo, et monasterio offerre; iisque semel a parentibus oblatis, integrum deinceps non erat, monasterium deserere, atque ad saeculum regredi....; Eiusmodi autem *oblati*, qui etiam *donati* apellantur, habitum quidem assumunt a saecularibus paululum diversum, seque monasterio tradunt sub certa verborum formula, nulla tamen solemni professione se obstringunt: quocirca *Religiosi* vero non sunt." (19)

Eiusmodi pueri aliquo improprio sensu religionem ingredi censebantur; ex eo quod nempe ante pubertatem, non solius educationis gratia, sed etiam ad vitam monasticam incipiendam recipiebantur, et sub potestate praelatorum religionis essent usque ad pubertatis annum. Ad novitiatum tamen et professionem proprie dictam non admittebantur nisi ea aetate et sub iis condicionibus quae pro caeteris requirebantur. Postquam enim ad annos pubertatis pervenerunt sui iuris erant quoad amplectendum statum vitae, ideoque cogi non poterant absque sua voluntate ad ingrediendum novitiatum.

Admissio itaque oblatorum ad novitiatum libera et conformis erat cum lege tum naturali tum ecclesiastica. (20)

S. Benedictus, in cap. 59, praescribit quidem modum recipiendi infantes et pueros ad monasterium, sed tantum sicut oblatos; isti tamen postquam ad pubertatem pervenerunt libere et iuxta normas in cap. 58 regulae, pro novitiis determinatas, admitti in novitiatum poterant.

Hisce allatis apparet: regulam S. Benedicti omnium hucusque existentium perfectissimam fuisse.

Nihil mirum igitur, quod sicuti fundamentum futurae ecclesiasticae legislationis evaderet et principatum inter omnes tunc temporis regulas existentes obtinuerit. Novitiatus vero maxime evolutus sub regula S. Benedicti evasit.

Progressu temporis permulta monasteria ordinis Benedictini exorta sunt, immo variae congregationes sicut distincti ordines constituti sunt.

---

(19) Benedictus XIV, De Synodo dioces. l. VI, c. III, n. 2, 3.

(20) De infantibus et impuberibus a parentibus olim monasteriis oblatis ampliorem explicationem invenias apud: Suarez, De Stat. Relig., tract. VII, l. V, c. 2, 3; Benedictus XIV, De Synodo dioec. l. VI, c. III, n. 2-5.

## ART. II. EXPLICITA LEGISLATIO ECCLESIASTICA QUOAD NOVITIATUM.

Tribus prioribus Ecclesiae saeculis vita religiosa in statu formationis erat. Permulti fideles, qui perfectionem evangelicam intendebant vel domi vel in solitudine secedentes, tamquam personae singulares vitam asceticam agebant.

Erant haec omnia privata studia; quamvis Ecclesia ea laudaret et foveret (1) nihil tamen explicite communi aliqua lege quoad vitam asceticam declaravit.

Saeculo quarto vita religiosa communis, sub prima regula S. Pachomii et sub aliis regulis, exorta est. Efformatae erant multae coloniae anachoretarum et monasteria coenobitarum. Ecclesia originem et propagationem variarum monachismi formarum implicite approbavit sed nihil adhuc lege generali statuit.

Omnia monasteria vel coloniae anachoretarum sub iurisdictione et vigilantia episcoporum erant; (2) immo saepissime episcopi ipsi fundatores atque promulgatores vitae monasticae habebantur.

Invenimus quidem inter varias collectiones, decreta de monachis et anachoretis iam Concilii Oecumenici Nicaeni (a. 325), "ex arabico versione latine redditi", ubi etiam inveniuntur constitutiones de investigatione novitiorum et de impedimentis adspirantium; (3) haec omnia tamen sunt valde dubia (4) et ideo omittenda sunt.

Prima et certa lex communis de novitiis explicite promulgata invenitur inter canones Concilii Oecumenici Chalcedonensis (451), ubi etiam de monachis generaliter statutum est: "Monachi vero qui sunt per singulas civitates et provincias episcopi subditos esse censemus." (5) Quoad recipiendos adspirantes vero statuitur: "Sane placuit ut nullum servum suscipiant in suis monasteriis ad monachum faciendum sine propria domini voluntate." (6)

(1) Cfr. Steiger, Periodica, XIII, (37) - (42).
(2) Cfr. Steiger, Periodica, XIII, (48).
(3) Cfr. Conc. Nicaenum I, (325), can. 13, Mansi. II, 1016-1017.
(4) Cfr. Hefele, I, 362-366.
(5) Conc. Chalcedonense (451), can. 4, Mansi VII, 394.
(6) Ibidem.

Concilium Aurelianense V (a. 549), iam determinavit tempus probationis in novitiatu.

Quaecumque etiam puellae, seu propria voluntate monasterium expetunt, seu a parentibus offerentur, *annum in ipsa qua intraverint veste permaneant*: in his vero monasteriis, ubi non perpetuo tenentur inclusae, *trienium in ea qua intraverint veste permaneant;* et postmodum, secundum statuta monasterii ipsius, in quo elegerint permanere, vestimenta religionis accipiant." (7)

Superius enumerata concilia saeculo quinto et sexto, in diversis locis celebrata, per canones promulgatos, statuerunt tantum generaliter normas quoad recipiendos servos et tempus probationis, quod tamen magna cum varietate fuit determinatum quoad durationem.

## ART. III. LEGISLATIO CIVILIS QUOAD NOVITIATUM.

Tempore evolutionis vitae monasticae ineunte saeculo sexto promulgatum erat (529) Corpus Iuris Civilis a Justiniano romano imperatore.

Leges conditae in Iure Romano afficientes etiam monachos et obligantes omnes per totum Imperium Romanum magni erant momenti pro vita monastica. Plures enim dispositiones continet lex romana, quae olim ad evolutionem vitae monasticae valde utiles erant, immo ad rectam monachorum institutionem et perseverantiam in statu religioso conducebant.

Prudens legislator pro bono Ecclesiae varias etiam dispositiones de admissione et probatione novitiorum statuit. Notatu digna sunt nonnulla maioris momenti.

"Hinc autem nobis de singulis etiam monachis considerandum est, quo modo eos fieri deceat, et utrum liberos solos an forte etiam servos, quia omnes aequaliter divina suscipit gratia, quae perspicue declarat, quod at Dei cultum, non esse masculum neque feminam, neque liberum neque servum: omnes enim in Christo unum merito censeri. Sancimus igitur sacros canones secuti, ut qui monachicam vitam profitentur non te-

(7) Conc. Aurelianense V (549), can. 19, Mansi IX, 133: idem confirmavit Concilium Arvernense II (549), can. 19, Mansi, IX, 146.

mere illico a religiosissimis praesulibus venerabilium monastesteriorum habitum monachicum accipiant, *sed per integrum*, sive liberi sive servi sint, *perdurent*, habitu monastico nondum digni habiti, sed tonsura et veste utantur eorum, qui laici vocantur, et maneant sacras litteras discentes. Atque religiosissimi eorum praesules *interrogent eos, utrum liberi sint an servi, et unde eos vitae monasticae desiderium incesserit;* et ubi nulla prava occasione eos hoc perductos esse ab ipsis didicerunt, in eorum numero eos habeant, qui erudiuntur ad huc et corriguntur et perseverantiam atque honestatem eorum experiantur. Neque enim facilis est vitae mutatio nisi quae fit cum animi contentione.

"Et si quidem triennium istum victum omnes sustinuerint optimos se atque perseverantissimos et reliquis monachis et praesuli probantes, illi veste monachica et tonsura digni habeantur, et si liberi sunt nullis iniuriis obnoxii maneant, si servi, nullo amplius modo vexentur, qui quidem ad commune omnium (caeleste dicimus) dominium transierint; ac vindicentur in libertatem..." (1)

In cap. 5 eiusdem nov. sequitur lex de renuntiatione bonorum.

"Illud quoque decernimus, qui in monasterium introire voluerit, antequam in monasterium ingrediatur, licentiam habere suis uti quo voluerit modo. Ingredientem namque simul secuntur omnino res, licet non expressim quia introduxit eas dixerit, et non erit dominus eorum ulterius ullo modo.." (2)

Lex civilis superius allata prohibuit indui monasticis vestibus candidatos nisi expleto triennio. Determinavit tempus praeparationis integrum triennium et mandavit stricte investigare adspirantes de statu libertatis atque de vocatione.

Immo etiam tempore praeparationis postulavit investigare adspirantes de statu libertatis et honestatis.

Haec omnia praescripta pro bono Ecclesiae statuta ad evolutionem novitiatus valde utilia fuerant et ad rectam institutionem novitiatus conducebant.

---

(1) Nov. 5. 2. — Cfr. etiam Nov. 123, 35;
(2) Nov. 5. 5.

## ART. IV. LEGISLATIONES GREGORII MAGNI QUOAD NOVITIATUS.

Praeter nonnulla decreta Conciliorum quoad novitiatum, superius enumerata, circa finem saeculi sexti invenimus iam, particularem quidem, sed explicitam legislationem Romani Pontificis.

Post obitum Pelagii P. (a. 590), Gregorius Magnus Pontifex electus est, qui ante suam ad pontificatum electionem monachus benedictinus fuit. (1)

S. Gregorius durante pontificatu suo magnam curam impendit monasteriis; invigilavit praecipue in abbatum nominationes, (2) dignos abbates praefecit et abusus nocivos sustulit.

Multas epistolas scripsit, (3) quarum plurimae afficiunt etiam reformationem vitae religiosae; notatu dignae sunt epistolae de admissione adspirantium ad novitiatum et probatione novitiorum.

In epistola ad Anthemium prohibuit recipere candidatos ante octodecim annos;" quia autem dura est in insulis congregatio monachorum, etiam pueros in eisdem monasteriis ante decem et octo annorum tempora suscipi prohibemus." (4)

Per epistolam ad Fortunatum episcopum postulavit biennium probationis in novitiatu: "Propterea monasteriis omnibus fraternitas vestra districtius interdicat, ut eos quos ad convertendum susceperint, priusquam biennium in conversatione compleant, nullo modo audeant tonsurare. Sed hoc spatio vita moresque eorum sollicite comprobentur, ne quis eorum aut non sit contentus, eo quod voluit aut ratum non habeat quod elegit... Miles vero si converti voluerit nisi prius nobis renuntietur, nullus eum sine nostro consensu qualibet praesumat ratione suscipere." (5)

Ad Eusebium, Urbicium et omnes episcopos Siciliae direxit epistolam et prohibuit admittere ad statum religiosum

(1) Vita S. Gregorii auctore Paulo diacono monacho Cassiensi, M P L, LXXV, 42-60; S. Gregorii Magni vita a Joanne diacono scripta libris quatuor, M P L, LXXV, 60-242.
(2) Ep. 22 ad Joannem Subdiac., Mansi, X, 320-321.
(3) S. Gregorii M. Epistolae, Mansi, 1029-1240; Mansi, X, 1-432.
(4) Ep. 48 ad Anthemium, Mansi IX, 1068.
(5) Ep. 23 ad Fortunatum Ep. Neapolit., Mansi X, 223.

adspirantes qui militiae vel rationibus publicis sunt obligati, nisi prius iisdem absoluti fuerint.

"Legem quam piisimus imperator dedit, ne fortasse hi qui militiae vel rationibus sunt publicis obligati dum causarum suarum periculum fugiunt,... in monasteriis convertantur, vestrae studui fraternitati transmittere: hoc maxime exhortans quod hi qui saeculi actionibus implicati sunt,... si etiam tales quoque monasterium petunt, suscipiendi nullo modo sunt, nisi prius a rationibus publicis absoluti fuerint. Si quis vero ex militaribus numeris in monasteriis converti festinant, non sunt temere suscipiendi, nisi eorum vita fuerit subtiliter inquisita. Et iuxta normam regularem debent in suo habitu per triennium probari, et tunc monachicum habitum Deo auctore suscipere. Qui si ita sunt probati atque suscepti, et pro anima sua poenitentiam de perpetratis culpis agere student, pro eorum vita et lucro coelisti non est eorum conversio renuenda." (6)

Alio loco in epistolis prohibuit suscipere ad statum religiosum coniugatos nisi et uxores ipsorum similiter converti voluerint; (7) immo virum invita uxore conversum, etiam iam tonsuratum et monachum factum, propriae coniugi restitui praecipit. (8)

Praeter varias epistolas ad episcopos et monachos, pro reformatione vitae religiosae, scriptas S. Gregorius Magnus, sicuti vidimus ex superius adnotatis, quoad novitiatum determinavit aetatem adspirantium ne suscipiantur ante decem et octo annorum tempora; postulavit biennium probationis in novitiatu, pro militibus vero qui in monasteriis converti festinant triennium probationis et strictam investigationem; prohibuit etiam suscipere coniugatos conversos invita uxore.

Perfectissimam tandem omnium existentium regulam S. Benedicti anno 595 in Concilio Romano II, explicite approbavit et confirmavit .(9)

Regula igitur S. Benedicti a Romano Pontifice approbata in Occidente recepta erat, et novitiatus sub regula S. Benedicti institutus, determinatus et approbatus melius evolutus evasit.

(6) Ep. 11 ad Eusebium, Urbicium, etc., Mansi X, 92.
(7) Cfr. Ep. 49 ad Urbicium abbatem, Mansi X, 33.
(8) Cfr. Ep. 44 ad Hadrianum Notarium, Mansi, X, 285.
(9) Nota Severini Bini, Mansi X, 476-477.

## CAPUT III.

## DE ULTERIORI EVOLUTIONE NOVITIATUS.

A saeculo septimo usque ad Conc. Tridentinum.

Propagatio vitae monasticae sequentibus saeculis, una cum diffusione religionis catholicae magis crescebat. Evolvebatur pariter vita religiosa et novitiatus stricte coniunctus cum ea. Tres praecipue causae evolutionem novitiatus in hoc stadio adiuvabant: a) propagatio regulae benedictinae, atque nova regula S. Francisci; b) legislationes Sanctae Sedis quoad novitiatum; c) legislationes Conciliorum Generalium quoad novitiatum pro universa Ecclesia. Separatim de hisce agemus.

### ART. I. NOVITIATUS SUB PROPAGATA REGULA BENEDICTINA ET SUB REGULA S. FRANCISCI.

Regula S. Benedicti perfectissima omnium hucusque existentium non tantum alias triginta tres principaliores (1) exclusit, sed etiam a medio saeculi septimi usque ad duodecimum, unica fere praevaluit. (2)

Causae quae praecipue propagationem regulae benedictinae adiuvabant, sequentes erant: perfectio ipsius regulae; multiplicatio monasteriorum; et maxime decreta conciliorum quae, pluribus in locis, vitam religiosam, eo ipso et novitiatum, iuxta regulam S. Benedicti instituere et gubernare praeceperunt.

Maioris momenti sunt nonnulla decreta, quae hic afferenda sunt.

Concilium Augustodunense (670) declaravit: "De abbatibus vero vel monachis ita observare convenit, ut quidquid canonicus ordo vel regula S. Benedicti edocet, et implere et custodire in omnibus debeant. Si enim haec omnia fuerint legitime apud abbates vel monasteria conservata, et numerus monachorum Deo propitio augebitur, et mundus omnis per eorum orationes assiduas malis carebit contagiis." (3)

---

(1) Cfr. Codex Regularum S. Benedicti Anianensis, M P L, CIII, 416-417; Ibidem, 393 sq.
(2) Cfr. Steiger, Periodica, XIII, (79)
(3) Can. 15, Mansi XI, 123.

In cap. 2 regulae agitur de qualitatibus recipiendorum ad ordinem et de modo recipiendi.

S. Franciscus licentiam recipiendi candidatos solummodo Ministris provincialibus concedit. Praecepit examinare adspirantes de fide catholica et Sacramentis atque de statu libertatis. Peracto examine et post renuntiationem bonorum, candidati recipiendi sunt in hunc modum: "Postea concedant eis pannos probationis, videlicet duas tunicas sine caputio et cingulum et braccas, et caparonem usque ad cingulum, nisi eisdem Ministris aliud secundum Deum aliquando videatur. Finito vero anno probationis, recipiantur ad obedientiam, promittentes vitam istam semper et Regulam observare; et nullo modo licebit eis de ista Religione exire, iuxta mandatum Domini Papae." (13)

Maioris momenti, in regula S. Francisci, est praeceptum de potestate admittendi candidatos in novitiatum, quae solis Superioribus provincialibus conceditur. Caetera omnia iam in antiquioribus regulis inveniuntur.

Honorius III, pro Ordine Fratrum Minorum praescribit novitiatum: "Auctoritate itaque vobis praesentium inhibemus, ne aliquem ad professionem vestri Ordinis, nisi per annum in probatione fuerit, admittatis." (14

Decursu temporis ex familia Franciscana et Benedictana permultae novae congregationes religiosae prodierunt, (15) quae tamen approbatae a Sede Apostolica, iuxta leges generales Ecclesiae, regulam determinare debuerint.

## ART. II. LEGISLATIONES SANCTAE SEDIS QUOAD NOVITIATUM.

Saeculo nono et sequentibus Romani Pontifices, data occasione, plures leges statuerunt, quae pro institutione novitiatus valde utiles erant. Praecipua afferamus in hoc articulo.

Nicolaus Papa (858-867) declaravit, liberum et spontaneum esse ingressum in religionem: "Nullum ergo bonum nisi voluntarium." (1)

---

(13) Ibidem.

(14). Const., "Cum secundum consilium Sapientis", 22 sept. 1220, Bull. Franciscanum, I, 6.

(15) Cfr Steiger, Periodica XIII, (155) - (163) et (179) - (87).

(1) C. 4, C. XX, q. 3.

Idem de voluntario ingressu statuit et Alexander II. (2) Alexander III de conversione coniugatorum nonnulla declaravit. Nempe, ante consummationem matrimonii potest alter coniugum, etiam altero invito, religionem ingredi; (3) post consummationem vero matrimonii uxoratus religionem intrare non potest, nisi etiam uxor eius ingrediatur, vel nisi suspecta non sit et continentiam promittat; seu "si uxor senex est et sterilis, quod sine suspicione possit esse in saeculo." (4)

In Conc. vero Turonensi prohibuit idem Pontifex "ne ab iis, qui ad religionem transire volunt, aliqua pecunia requiratur." (5) Innocentius III prohibuit ante tempus probationis novitios ad professionem admittere. (6) Gregorius IX de libero egressu novitiorum et eorum habitu haec postulavit: "Statuimus, novitios in probatione positos ante susceptum religionis habitum, qui dari profitentibus consuevit, vel ante professionem emissam, ad priorem statum redire posse libere infra annum.... Nihilominus statuentes ad omnem ambiguitatem penitus admovendam locis religionis novitiorum habitus non distinguatur a habitu professorum, professionis tempore benedicantur vestes, quae profitentibus conceduntur, ut novitiorum habitus a professorum habitu discernatur." (7)

Alexander IV sub poena excommunicationis prohibuit ante annum probationis novitios ad professionem recipere. (8)

Bonifacius VIII de novitiorum privilegio immunitatis declaravit: "Quamvis autem is, qui religionem ingreditur, religiosus censeri cum effectu non possit, donec sit tacite vel expresse professus: si quis tamen violentas manus in eum iniciat, excommunicationis latae a canone vinculum non evadit." (9)

---

(2) C. 1, C. XVII, q. 2.
(3) C. 2, X, **de conversione coniugatorum**, III, 32.
(4) **Ibidem**, c. 4; Cfr etiam c. 8. Idem Innocentius III, cfr. **ibidem**, c. 13.
(5) C. 8, 19, X, **de simonia, et ne aliquid pro spiritualibus exigatur vel promittatur**, V, 3. Alii vero, Clemens III, statuerunt poenas contra recipientes et receptos, sub pretio, in religionem, cfr. Ibidem, c. 25, 30, 40. Cfr. etiam, c. 1, **de simonia**, V, 1, in Extravag. com.
(6) C 16, X, **de regularibus et transeuntibus ad religionem** III, 31.
(7) **Ibidem**, c. 23.
(8) Cfr. c. 2, **de regularibus et transeuntibus ad religionem**, III, 14 in VIo.
(9) C. 21, **de sententia excommunicationis suspensionis et interdicti**, V, 11, in VIo.

Clemens V, circa instructionem novitiorum postulavi "Novitiis etiam fidelis deputetur instructor tam in divin quam observantia regulari." (10)

## ART. III. EXPLICITA LEGISLATIO CONCILIORUM OECUMENICORUM QUOAD NOVITIATUM.

Praeter superius allatas, Sanctae Sedis, dispositione quae data occasione prodierunt, invenimus etiam directas le gislationes Conciliorum Generalium quoad novitiatum pr universa Ecclesia.

Conc. Gen. Constantinopolitanum IV postulavit trienniu probationis in novitiatu: "Quae temere, et sine iudicio probatione fiunt, renuntiationes, bono monastico ordini ma num afferre incommodum invenimus... Propterea ergo statu Sancta Synodus, ut nemo monastico habitu dignus putetu priusquam triennii tempus ad experientiam eis relictum, ec esse probatos et tali esse vita dignos ostenderit: Et haec om modo observari praecepit praeterquam si gravis aliquis mo bus incidens probationis tempora contrahi coegerit, vel si no dum quis sit vir religiosus et tamen vitam monasticam i habitu saeculari peragat. Tali enim viro ad absolutam e perientiam tempus semestre suffecerit..." (1)

Haec est prima lex generalis, quae determinavit explici tempus probationis in novitiatu.

Idem Concilium postulavit renuntiationem bonorum pr novitiis. "Iis qui monachi esse volunt prius datur facultas d suis rebus testandi ac disponendi, et quibuscumque velint pe sonis, lege scilicet non prohibitis, sua transmittendi. Pos quam enim monachi facti fuerint, omnium bonorum dominiu monasterium habebit, et nullam de rebus propriis curam g rere vel disponere eis permissum est." (2)

Conc. Gen. Lateranense III (1179) decrevit: "Monac non pretio recipiantur in monasterio, non peculium pe mittantur habere..." (3)

---

(10) c. 1, de statu monachorum vel canonicorum regularium, III, 10, i Clem.
(1) Conc Gen. Constantinopolitanum IV (869), can. 5, Mansi, XVI, 539.
(2) Can. 6, Mansi, XVI, 539.
(3) Cap. X, Mansi XXII, 224.

Similiter Conc. Gen. Lateranense IV (1215) prohibuit recipere adspirantes sub pretio et etiam poenas statuit contra transgressores: "Quoniam simoniaca labes adeo plerasque moniales infecit, ut vix aliquas sine pretio recipiant in sorores, paupertatis praetextu volentes huiusmodi vitium palliare: ne id de cetero talem pravitatem commiserit tam recipiens quam recepta, sive sit subdita sive praelata, sine spe restitutionis de suo monasterio expellatur, in locum arctioris regulae ad agendum perpetuam poenitentiam retrudenda... Hoc etiam circa monachos et alios regulares decernimus observandum." (4)

Tandem Conc. Tridentium praeter plurimas leges in genere ad reformationem vitae religiosae statutas etiam in specie de novitiatu nonnulla determinavit. Quoad tempus probationis statuit: "In quacumque religione tam virorum quam mulierum professio non fiat ante decimum sextum annum expletum, *nec qui minore tempore quam per annum post susceptum habitum in probatione steterit*, ad professionem admittatur." (5)

Non quidem limitavit tempus probationis sed durationem minimam determinavit, atque sub poena nullitatis professionis: "Professio autem antea facta sit nulla" (6)
"Finito tempore novitiatus superiores novitios, quos habiles invenerint, ad profitendum admittant, aut e monasterio eos eiiciant." (7)

De renuntiatione bonorum, tempore novitiatus, Con. Tridentinum postulavit: "Nulla quoque renuntiatio aut obligatio antea facta, etiam cum iuramento vel in favorem cuiuscumque causae piae, valeat, nisi cum licentia episcopi sive eius vicarii fiat intra duos menses proximos ante professionem, ac non alias intelligatur effectum suum sortiri, nisi secuta professione; aliter vero facta, etiamsi cum huius favoris expressa renuntiatione etiam iurata, sit irrita et nullius effectus...; sed neque ante professionem, excepto victu et vestitu novitii vel novitiae illius temporis, quo in probatione est quocunque prae-

(4) C. LXIV, Mansi, XXII. 1051.
(5) Sess. XXV, de regularibus, c. 15, Richter, 416-417
(6) Ibidem.
(7) Ibidem. c. 16, Richter 417.

textu a parentibus vel propinquis aut curatoribus eius monasterio aliquid ex bonis eiusdem tribuatur, ne hac occasione discedere nequeat, quod totam vel maiorem partem substantiae suae monasterium possideat, nec facile, si discesserit, id recuperare possit. Quin potius praecipit sancta synodus sub anathematis poena dantibus et recipientibus, ne hoc ullo modo fiat, et ut abeuntibus ante professionem omnia restituantur, quae sua erant." (8)

De admissione puellarum in religionem idem Concilium statuit: "ut, si puella, quae habitum regularem suscipere voluerit, maior duodecim annis sit, non ante eum suscipiat, nec postea ipsa vel alia professionem emittat, quam exploravit Episcopus, vel eo absente vel impedito eius vicarius, aut aliquis eorum sumptibus ab eis deputatus, virginis voluntatem diligenter, an coacta, an seducta sit, an sciat quid agat, et si voluntas eius pia ac libera cognita fuerit, habueritque conditiones requisitas iuxta monasterii illius et ordinis regulam, nec non monasterium fuerit idoneum, libere ei profiteri liceat. Cuius professionis tempus ne Episcopus ignoret, teneatur praefecta monasterio eum ante mensem certiorem facere. Quod si praefecta certiorem Episcopum non fecerit, quamdiu Episcopo videbitur, ab officio suspensa sit." (9) Pro libertate vero ingressus in religionem, Concilium Tridentinum statuit poenam excommunicationis contra eos qui cogant mulierem ad ingrediendum monasterium aut ingredi volentem prohibeant. (10)

Superius enumerata decreta Conciliorum, pro universa Ecclesia, maxime ad reformationem et evolutionem novitiatus conducebant.

---

(8) Ibidem.
(9) Ibidem, c. 17, Richter, 420-421.
(10) Cfr Ibidem, c. 18, Richter, 422.

## CAPUT IV.

## DE LEGISLATIONE ECCLESIASTICA QUOAD NOVITIATUM.

A Conc. Tridentino usque ad Codicis promulgationem.

Ultima periodo vita religiosa sub speciali cura Sedis Apostolicae erat. Frequentes legislationes quoad statum religiosum in genere et quoad novitiatum in specie a Sancta Sede prodierunt. Debilitata enim in pluribus regionibus vitae christianae disciplina, Apostolica Sedes ingressum in religiosas familias, examen tironum et experimentum vitae religiosae, paulatim, progressu temporis, severiore quadam ratione ordinavit et disciplinam de novitiatu ad uniformitatem adduxit. Maioris momenti leges huius temporis in duplici articulo afferamus: in primo legislationes Sanctae Sedis a Conc. Tridentino usque ad finem saeculi XIX; in secundo, legislationes Apostolicae Sedis ab initio saeculi XIX usque ad Codicem.

### ART. I. LEGISLATIO SANCTAE SEDIS QUOAD NOVITIATUM.

A Conc. Tridentino usque ad finem saeculi XVIII.

Iam brevi post Conc. Tridentinum apparuit necessitas declarandi leges quoad novitiatum in praedicto Concilio statutas. Nonnulli enim false vel minus vere intellexerunt praeceptum de exploratione voluntatis religiosarum. "Quidam (Episcopi) sub praetextu exquirendi voluntates puellarum, ante professionem earum volunt eas extrahere a Monasteriis, et per longum tempus alibi detinere, ipsasque puellas, seu novitias de plerisque rebus interrogant, neque necessariis neque in decreto Concilii Tridentini desuper contentis, ex quibus non modica potest oriri occasio scandali." (1)

Ad vitanda igitur scandala Pius V legem Concilii Tridentini, de exploratione voluntatis puellarum, hoc modo de-

(1) S. Pius V, const. "Et si mendicantium", 16 maii, 1567, § 1, n. 6, Fontes, n. 121.

claravit: "Volumus..., quod puellarum Deo dicandarum, an scilicet coactae, vel seductae fuerint examen faciendum, nonnisi infra quindecim dies, postquam iuxta Concilium Tridentinum Episcopi, vel eorum Vicarii requisiti fuerint, fieri possit; quibus elapsis amplius in hoc illis se intromittere non liceat, cuius occasione, nec Episcopus, nec eius Vicarius intra septa Monasteriorum ingrediantur, sed stent ante cratem ferream, et interrogationes alias, quam eas, praefatum Concilium Tridentinum iubet eis fieri omnino prohibemus, ac similiter volumus, quod puellae, seu novitiae ipsae ad alias interrogationes respondere minime teneantur." (2)

Determinavit itaque Pius V tempus pro exploratione voluntatis adspirantium, postulavit ut examen ante cratem peragatur, et prohibuit interrogare puellas de rebus quae ad examen non pertineant.

Paulo post Sixtus V (1587), nonnulla circa qualitates, modum et formam admittendi adspirantes in novitiatum determinavit atque impedimenta dirimentia statuit.

Quoniam saepe se vitia ingerunt, et se esse virtutes mentiuntur, ac multi decoctores post dilapidatam rem familiarem, et contractam ingentem vim aeris alieni, aut interversam elienam pecuniam eorum fidei creditam, ut ratiocinia effugiant, alii post furta, latrocinia, rapinas, homicidia aliave facinora patrata, etiam banniti, aut damnati, seu qui meritas pro suis delictis poenas metuunt, non pia intentione, sed ad evitandam legum et iudiciorum severitatem, quia tuto in saeculo vivere non possunt, tunc demum quaerunt a Religione auxilium, quando aliunde illud non sperant, unde sub habitu, et nomine Religiosorum, animum Religioni inimicum, et inveterata vitia retinent, neque alios qui sancta vocati sunt, patiuntur tranquille divinis obsequiis insistere, in gravem Dei offensam, Religionis opprobrium, et scandalum plurimorum, ut his quoque subterfugii, et impunitatis spes omnis tollatur, auctoritate Apostolica, et tenore praesentium, etiam perpetuo statuimus, et ordinamus iuvenes, aut viros adultos, maiores sexdecim annis, non aliter in aliquam Religionem recipi posse, nec debere, nisi prius decorum parentibus, patria, deque anteacta vita, et moribus diligenter inquiratur, et ex accurata informatione, et fide digna relatione, et exploratum sit, eos neque aliquorum criminum, qualia sunt homicidia, furta, latrocinia, vel alia similia, aut graviora, reos vel suspectos existere, ut propterea damnati sint, aut ne damnentur formident, neque ingenti aere alieno supra vires facultatum suarum gravatos, vel reddendis ratiociniis ita obnoxios, ut ex huiusmodi causa, lis vel molestia eis iam illata, vel timendum sit ne inferatur. Nisi denique constet, ipsos non humana aliqua ratione, sed tantum devotionis, et pietatis fervore vitam Religiosam sponte, et ex animo elegisse. Deque his omnibus in Generali, vel Provinciali Capitulo, plena, et indubitata fide facta, tam Superioris generalis, seu provincialis, quam Definitorum consensu approbati, et ad habitum regularem admissi fuerint. Omnes autem et quoscumque, ut dictum est, criminosos, vel suspectos, aut aere alieno, ut etiam diximus, vel rationibus reddendis obligatos ad Religionem perpetuo inhabiles declaramus.

Et si qui eorum contra praesentam nostram Constitutionem temere admittentur, tam susceptionem habitus, quam professionem, ex inde secuta,

(2) Ibidem §2, n. 6.

ex nunc prout ex tunc pari modo irritamus, et annulamus, viribusque et effectu carere decernimus, ac iubemus eos, qui sic de facto recepti erunt, habitu spoliari, et a Religione expelli; et nihilominus si expulsi non fuerint, volumus, et pariter declaramus, habitus susceptionem et professionem penitus nullam esse. . Quare volumus, ut cuiusque iuvenis, aut viri maioris XVI annis, a saeculo ad Religionem transeuntis approbatio, admissio, et receptio, in generali, vel provinciali Capitulo, ut supra ordinatum est, pro tempore fiant; necnon Religiosi sic recepti nomen, et cognomen, quibus in saeculo utebatur, et patria in actis ipsius Capituli describantur et notentur. (3)

Habemus itaque impedimenta dirimentia contra criminosos, suspectos, aere alieno gravatos et rationibus reddendis obligatos. Potestas vero admittendi adspirantes in novitiatum ex hoc tempore pertinet ad Capitulum generale vel provinciale.

Eadem constitutione prohibuit Sixtus V, ne illegitimi procreati ex incestu aut ex sacrilegio ad religionem admittantur. (4)

Eiusdem Pontificis constitutio "*Ad Romanum*", declarat: tunc tantum prohibendum esse ingressum religionem criminosis "cum actis publicis constiterit ipsos Iudices et curiam saecularem ante susceptionem habitus de ipso crimine adversus eos accusationem suscepisse vel inquisitionem instituisse" (5)

Gregorius XIV (1591) mitigavit legem Sixti V, quoad recipiendos illegitimos et permisit quomodocumque illegitime natos in novitiatum admittere, modo diligenter investigati et digni sint. (6)

Clemens vero VIII, (1602) moderavit constitutiones Sixti V quoad nullitatem professionis emittendae a novitiis et decreta pro novitiorum admissione ad terminos iuris communis reduxit. (7)

Sequenti autem anno constitutione "*Cum ad Regularem*" statuit legem de receptione et institutione novitiorum. Postulavit diligenter investigare adspirantes de vita anteacta, iuxta formam constitutionis Sixti V, postea moderatam. (8)

In admissione adspirantium, praecepit observare requi-

---

(3) Const. "**Cum de omnibus**", 26 nov. 1587, §4, 5, Fontes, n. 162.
(4) **Ibidem**, §2.
(5) 21 oct. 1588, §17, Fontes, n. 164.
(6) Const. "**Circumspecta,**" 15 mart. 1591, §3, Fontes, n. 170.
(7) Const. "**In Suprema,**" 2 apr. 1602, §3, Bullarium Romanum X, 768. Cfr. etiam Giraldi, II, s. 173.
(8) Cfr. Clemens VIII, const. "**Cum ad Regularem**" 19 mart. 1603, §3, Fontes, n. 189.

sita cuiusque ordinis aetatem et scientiam, (9) atque diligenter investigare candidatos de vocatione. (10) Postulavit ante habitus susceptionem accurate instruere adspirantes de regula et de statu regulari. (11)

Praecepit novitiis generalem confessionem initio novitiatus. (12) Disposuit loci novitiatus separationem atque divisionem quoad Oratorium aulam et hortum. (13)

Determinavit modum electionis Magistri et Socii Magistri; nempe, per provinciale Capitulum ad triennium. (14) Utriusque aetatem, qualitates, officia ac Magistri potestatem definivit. (15)

Praecepit idem Pontifex novitiis orationem mentalem bis quotidie ac pluries in die examen conscientiae; (16) disposuit, ut "quotidie Missae Sacrificio intersint, et statutis horis in Choro nocturnis, diurnisque divinis officiis assistant." (17)

Praescribit corporis exercitationem, recreationem extra Novitiatum semel in hebdomada; (18) postulavit, probationis tempore, separationem a professis; (19) dedit tandem speciales instructiones quoad novitios conversos; conversis nempe, a Clericorum Novitiatu separatum ad dormiendum locum assignare praecepit; eos instruere et exercere, in spiritualibus commendavit. (20)

Leges Clementis VIII, superius enumeratae, prudenter determinabant modum recipiendi adspirantes atque instruendi novitios, sub speciali cura Magistri. Quae omnia efficaciter ad institutionem novitiatus conducebant.

Medio saeculi decimi septimi maioris momenti est dispositio S. Congr. Ep. et Reg. de aetate qua puellae cooptari

---

(9) Ibidem, §4.
(10) Ibidem, §5.
(11) Ibidem, §6.
(12) Ibidem, §7.
(13) Ibidem, §8.
(14) Ibidem, §9.
(15) Ibidem
(16) Ibidem, §10.
(17) Ibidem, §11.
(18) Ibidem, §12.
(19) Ibidem, §13.
(20) Ibidem, §15. Iuxta auctores vis obligatoria istius decreti non erat

possint in Novitias. S. Congregatio prohibuit puellas habitu vestiri nisi quindecim annis maiores. (21)

Eodem fere tempore Alexander VII (1660) declaravit, quod collegiorum alumnis, qui ex pontificia ordinatione iureiurando se obligant missioni vel dioecesi suae inservire, nullo pacto liceat contra formam iuramenti religionem ingredi. (22)

Innocentius vero XI (1682) praecepit monialibus exercitia spiritualia per decem dies peragere priusquam habitum induant vel profiteantur. (23)

Benedictus XIV (1747) declaravit, legem Conc. Toletani IV (633), de libertate ingressus clericorum in religionem esse servandam. (24)

Et denique Clemens XIV (1769) legem anteriorem quoad monialium monasteria confirmavit "ne Episcopi aliive praelati aut eorum vicarii generales... ullum prorsus emolumentum pecuniae, alteriusve rei exigere, vel percipere possint pro admissione puellarum ad habitum monasticum, pro approbatione depositi dotis, pro exploratione voluntatis, animique propositi assumendi regularis vitae institutum, pro emissione professionis.... pro renuntiationibus, antequam ad professionem admittantur..." (25)

## ART. II. ULTERIORES LEGISLATIONES SANCTAE SEDIS QUOAD NOVITIATUM.

Ab initio saeculi XIX usque ad Codicis promulgationem.

Medio saeculi XIX, Pius IX novam inchoavit methodum ad comprobandas qualitates et idoneitatem adspirantium. Decreto *"Romani Pontifices"* statuit legem de requisitis litteris testimonialibus pro omnibus virorum institutis et decrevit:

In quocumque Ordine, Congregatione, Societate, Instituto, Monasterio, Domo, sive in iis emittantur vota sollemnia, sive simplicia, et licet agatur

---

generalis, sed lex lata fuerant pro sola Italia et insulis adiacentibus. (Cfr. Vermeersch, De Religiosis, II, (62) - (67); Piat, I, 111-115; Bouix 579; Wernz, III, 636). Attamen praescripta illa valde utilia, applicata fuerant in aliis locis et quamvis non haberent vim obligandi universalem fuerant saltem universalis intentionis. (Cfr. Piat, I, 114).

(21) **"Litterae ad Nuntium Regni Neapolitani"** 23 maii 1659, Vermeersch, De Religiosis, II, 104.

(22) Const. **"Cum circa"**, 20 iul. 1660, §3, Fontes, n. 237.

(23) Cfr. Innocentii XI seu S. Congr. **litterae Encyclicae**, 9 oct. 1682, Vermeersch, De Religiosis, II, 125.

(24) Ep. **"Ex quo,"** 14ian. 1747, §6, Fontes, n. 374.

(25) Ep. encycl. **"Decet quam maxime,"** 21 sept. 1769, §35, Fontes, n. 467.

de Ordinibus, Congregationibus, Societatibus, Institutis, Monasteriis, ac Domibus, quae ex peculiari privilegio, etiam in corpore iuris clauso, vel alio quovis titulo in decretis generalibus non comprehenduntur, nisi de ipsis specialis, individua et expressa mentio fiat, nemo ad habitum admittatur absque testimonialibus litteris tum Ordinarii originis, tum etiam Ordinarii loci in quo Postulans post expletum decimum quintum annum aetatis suae ultra annum moratus fuerit.

Ordinarii in praefatis litteris testimonialibus, postquam diligenter exquisiverint etiam per secretas informationes de Postulantis qualitatibus, referre debeant de eius natalibus, aetate, moribus, vita, fama, conditione, educatione, scientia; an sit inquisitus, aliqua censura, irregularitate, aut alio canonico impedimento irretitus, aere alieno gravatus, vel reddendae alicuius administrationis rationi obnoxius. Et sciant Ordinarii eorum conscientiam super veritate expositorum oneratam remanere; nec ipsis umquam liberum esse huiusmodi testimoniales litteras denegare; in iisdem tamen super praemissis singulis articulis ea tantum testari debere, quae ipsi ex conscientia affirmare posse in Domino iudicaverint. (1)

Praecepit idem Pontifex omnibus Superioribus ad quos spectat, etiam in virtute obedientiae, observantiam huius decreti: "et qui contra huius decreti tenorem aliquem ad habitum religiosum receperit, poenam privationis omnium officiorum, vocisque activae, et perpetuae inhabilitatis ad ilia in posterum obtinenda eo ipso incurrat a quo nonnisi ab Apostolica Sede poterit dispensari." (2)

Dedit praeceptum legendi decretum. Quolibet anno die prima Ianuarii in publica mensa hoc decretum legatur, sub poena privationis officii ac vocis activae et passivae, a Superioribus ipso facto incurrenda." (3)

Praedictum decretum Pii IX pro institutione novitiatus magni momenti erat. Iam quidem Sixtus V, uti superius vidimus, determinavit aliquatenus formam admittendi candidatos in novitiatum et praecepit stricte investigare adspirantes de qualitatibus, ac de anteacta vita; quae omnia tamen absque interventu Ordinariorum insufficientia apparuerint. Nunc demum diligens investigatio per Ordinarios facta atque eorum litterae testimoniales certissime veras qualitates adspirantium manifestare possunt et eo ipso Superiores religiosi facilius solos idoneos candidatos in novitiatum recipere queunt.

Quoad formam litterarum testimonialium S. Congregatio super Statu Regularium (1851) declaravit, sufficere testimoniales datas ab Ordinariis per litteras privatas. (4)

---

(1) Pius IX seu S. Congregatio super Statu Regularium, decr. "Romani Pontifices", 25 ian. 1848, n. 1, 2. Vermeersch, De Religiosis, II, 107.
(2) Ibidem, n. 3.
(3) Ibidem, n. 5
(4) Declar. 1 maii 1851, n. 1, Vermeersch, De Religiosis, II, 108.

Leo XIII (1894) postulavit litteras testimoniales etiam pro mulieribus ritus orientalis: "Nulli, utriusvis sexus... Instituto religioso latini ritus, quemquam orientalem inter sodales suos fas erit recipere qui proprii Ordinarii testimoniales litteras non ante exhibuerit." (5)

Confirmavit idem Pontifex (1900) anteriorem legem de exploratione voluntatis puellarum, (6) et definivit potestatem admittendi adspirantes in novitiatum: "Candidatos cooptare, eosdem ad sacrum habitum vel ad profitenda vota admittere partes sunt Praesidum sodalitatum." (7) Sequenti anno S. Congregatio Episcoporum et Regularium in Normis de approbandis Novis Institutis nonnulla praecipua circa novitiatum determinavit.

Potestas nempe cooptandi candidatos rursus tribuitur Superioribus generalibus vel provincialibus. (8)

Impedimenta ad novitiatum sunt alia constitutionibus cuiusvis religionis statuta in quibus, ob iustam causam, Superiores generales, cum suis Consiliariis, dispensare possunt; alia vero communi lege sancita in quibus una Sedes Apostolica dispensare potest. Iure communi sancita sunt: defectus natalium, non sanatus rite facta legitimatione; aetas maior triginta annis vel minor quindecim; vinculum votorum in alio Instituto vel matrimonii; aes alienum, cui solvendo pares non sint candidati; obligatio ad ratiocinia litigiosa; viduitas, quoad religiones mulierum. (9)

Conditiones vero ingressus requisitae communiter pro utriusque sexus adspirantibus sequentes sunt: vocatio vera a supernaturali fine profecta; vires corporis seu valetudo; idoneitas seu requisitae qualitates. Ad comprobandam autem absentiam impedimentorum et idoneitatem candidati exhibere debent: testimonium baptismatis et confirmationis; testimonium bonorum morum, datum vel a curia episcopali vel a parocho, vel, si aliter nequeat, ab aliis viris

---

(5) Leo XIII, litt. ap. "Orientalium", 30 nov. 1894, n. X, Fontes, n. 627.
(6) Leo XIII, const. "Conditae a Christo" 8 dec. 1900, §1, n. VII, §2, n. 1, Fontes, n. 644.
(7) Ibidem, §2, n. 1.
(8) S. Congr. Ep. et Reg., Normae 28 iun. 1901, art. 63.
(9) Ibidem, art 61, 62.

ecclesiasticis; testimonium status liberi, nisi de eo aliter certo constet. (10)

Adspirantes viri debent praeterea exhibere litteras testimoniales Ordinariorum, iuxta decr. *"Romani Pontifices"*, 25 ian. 1848. (11)

Puellis praescribitur ante novitiatum praevia probatio seu postulatus per spatium non minus sex mensibus neque anno maius. (12)

Postulantes priusquam admittantur in novitiatum, debent per decem dies vacare exercitiis spiritualibus et generalem confessionem instituere secundum prudens confessarii iudicium. (13)

Novitiatus initium habet ab induto habitu Congregationis in domo novitiatus. (14)

Duplex exploratio voluntatis puellarum formaliter introducitur ad nova Instituta religiosarum; hinc Superiorissae debent Ordinarium loci, uno mense antea certiorem facere de proxima admissione ad habitum et ad professionem.

Spatium novitiatus, iuxta normas, definere debent constitutiones; in casibus vero particularibus, Superior generalis, cum voto deliberativo Consilii generalis, ob iustam causam, spatium novitiatus prorogare potest non tamen ultra tres menses; unius enim anni continui et integri tempus probationis absolute requiritur pro quolibet Instituto ad validitatem professionis. (16)

Locus novitiatus debet esse domus ad hoc approbata a S. Congregatione, et non mutanda sine beneplacito Apostolico. (17)

De sumptibus tempore probationis, ante ingressum fieri potest pactio. (18) Omnia quaecumque secumfert diligenter notanda sunt et servanda atque discedenti restituenda. (19)

In Institutis religiosarum adspirantes afferre debent

---

(10) Ibidem, art. 56, 57.
(11) Ibidem, art. 58. Cfr. etiam supra p.
(12) Ibidem, art. 65.
(13) Cfr. Ibidem, art. 77 et 78.
(14) Ibidem, art. 71.
(15) Ibidem, art. 80, 81.
(16) Ibidem, art. 72, 75.
(17) Ibidem, art. 74, 76, 88-90.
(18) Ibidem, art. 82.
(19) Ibidem, art. 84.

dotem, quae minor esse potest pro conversis. Nec tamen remitti ex toto vel ex parte potest sine licentia S. Congregationis. (20) Dos proxime ante professionem tradenda est; traditae dotis vetatur alienatio vel dispositio, debet tamen honeste tuto et fructuose collocari; (21) Sorori discedenti aut dismissae dos restituenda est sine fructibus. (22)

Omnes Novitii subduntur Magistro Novitiorum; praeter Magistrum et socium nullus religiosus professus habitare potest intra novitiatus saepta. (23) Novitiis ab initio tradendum est exemplar Constitutionum. (24)

Unus vel primus annus totus designari debet spirituali et religiosae institutioni, exclusis studiis litterarum aut artium vel exterioribus operibus Instituti. (25)

Magister novitiorum eligatur a Superiore generali cum suis Consiliariis, inter religiosos qui a decem saltem annis vota nuncupaverint aetatis vero tricesimum quintum saltem annum inchoaverint. (26) Magister ab omnibus officiis, quae novitiorum curam impedire valeant, liber sit oportet; non potest simul esse Consiliarius generalis; de agendi ratione novitiorum relationem exhibere debet. (27) Socius Magistro addi potest annos natus saltem triginta, et a prima professione saltem a quinque annis professus. (28)

Novitii denique antequam vota temporanea primo emittant, de suis bonis praesentibus et futuris per testamentum omnino libere disponant. (29)

Determinavit itaque S. Congregatio potestatem admittendi candidatos in novitiatum, impedimenta, conditiones ingressus atque regimen novitiatus; quae dispositiones efficaciter institutionem novitiatus adiuvabant.

Propter debilitatem tamen, in nonnullis regionibus, disciplinae vitae christianae, paulo post Sancta Sedes novas et severiores leges quoad ingressum in religionem postulavit.

(20) Ibidem, art. 91, 92.
(21) Ibidem, art. 93, 94.
(22) Ibidem, art. 95.
(23) Ibidem, art. 85.
(24) Ibidem, art. 87.
(25) Ibidem, art. 73.
(26) Ibidem, art. 297, 298.
(27) Ibidem, art. 300.
(28) Ibidem, art. 299.
(29) Ibidem, art. 120.

S. Congregatio Religiosorum, decreto *"Ecclesia Christi"* (1909), pro omnibus religiosis virorum familiis, decernit: "Nullimodo, absque speciali venia Sedis Apostolicae, et sub poena nullitatis professionis, excipiantur, sive ad novitiatum sive ad emissionem votorum, postulantes: 1, Qui e collegiis etiam laicis ob inhonestos mores vel ob alia crimina expulsi fuerint; 2, Qui a seminariis et collegiis ecclesiasticis vel religiosis quacumque ratione dimissi fuerint; 3, Qui, isve ut professi sive ut novitii, ab alio Ordine vel Congregatione religiosa dimissi fuerint; vel, si professi, dispensationem votorum obtinuerint; 4, Qui iam admissi, sive ut professi sive ut novitii, in unam provinciam alicuius Ordinis vel Congregationis et ab ea dimissi, in eandem vel in aliam eiusdem Ordinis vel Congregationis provinciam recipi nitantur." (30)

Dispositiones huius decreti ex declaratione eiusdem Congregationis, sequenti anno, etiam ad mulierum religiosarum familias extendantur; mutatis verbis in primo et secundo articulo reliqua fere verbotenus in declaratione exscripta sunt. (31)

Decreto vero *"Sacrosancta"* (1911) determinavit S. Congregatio tempus postulatus et novitiatus in religionibus laicalibus: "Nemo ad novitiatum admittatur, qui per duos saltem annos vel per plures, si magis diuturnum experimentum Constitutiones Ordinis praescribant, postulatum non expleverit, sub poena invalidae postea professionis. Novitiatus ante vigesimum primum aetatis annum initium non habeat, ad tramitem iuris vigentis; isque unum vel etiam duos annos perduret, iuxta proprii Ordinis Constitutiones." (32)

De novitiatus autem termino et interruptione S. Congregatio (1914) declaravit: "Annus integer novitiatus, qui solus ad validitatem professionis requiritur, in posterum non stricte de hora ad horam, sed de die in diem intelligi debet... Novitiatus interrumpitur ita ut denuo incipiendus et perficiendus sit: a) si novitius a Superiore dimissus e domo exierit; b) si absque Superioris licentia domum deseruerit; c) si ultra triginta dies etiam cum licentia Superioris extra novi-

---

(30) 7 sept. 1909, AAS., I, 700.
(31) Cfr. S. Congr. de Religiosis, declaratio crica decretum D. D. 7 sept. 1909, 4 ian. 1910, A A S, II, 63-64.
(32) 1 ian. 1911, n. 2, 3., A A S. III, 30.

tiatus saepta permanserit. Si novitius infra triginta dies, etiam non continuos cum Superioris licentia, extra domus saepta permanserit, licet sub Superioris obedientia, requiritur ad validitatem, et satis est, dies hoc modo transactos supplere: at Superiores hanc licentiam nisi iusta et gravi de causa ne impertiant." (33)

Uti supra vidimus in ultima periodo vitae religiosae legislationes ecclesiasticae, quoad novitiatum, et frequentes et maximi momenti prodierunt. Habemus itaque clare propositas uniformes et bene ordinatas leges circa admissionem in religionem, circa regimen et, in particulari, circa disciplinam novitiatus. Quae omnia opportune mutata et melius determinata in Codice recepta erant.

Die 27 mai 1917 novus Codex iuris canonici a Benedicto XV promulgatus est. De lege tamen vigenti, ex novo Codice, in secunda parte huius dissertationis sermo erit.

*Corollarium.*

Ex hucusque expositis et ex omnibus documentis historicis adductis manifeste deducuntur sequentes conclusiones: novitiatum quoad substantiam ipsis religionibus institutionem coaevam esse; in sensu vero iuridico novitiatum valde diversum temporibus diversis fuisse.

Longo enim tempore fere usque ad Conc. Tridentium quoad durationem et iuridicos effectus novitiatus magna viguit libertas ac diversitas.

Conc. Tridentinum primo statuit legem universalem quoad novitiatum; determinavit stricte durationem novitiatus unius anni pro omnibus religionibus atque iuridicos effectus definivit. Et stabilis lex Tridentina constituit usque ad Codicem fundamentum legislationis quae postea paulatim prodiit.

Moderna vero legislatio, prout in Codice invenitur, disciplinam Conc. Tridentini cum decretis posterioribus opportune mutatis et cum dispositionibus Normarum atque declarationibus S. Sedis componit.

Videamus nunc in secunda parte disciplinam vigentem in novo Codice propositam.

---

(33) S. Congr. de Religiosis, decr. "Cum Propositae", 3 maii 1914, A A S, VI, 229; dubia "de novitiis militiae adscriptis," 3 maii 1914, ibid., 230.

# PARS II.

# TRACTATUS CANONICUS.

## DE NOVITIATU.

Statum religiosum ingredi volentibus, iuxta Codicem, una tantum via patet — per novitiatum. Nemo legitime religionem hodie ingredi potest nisi valide receptus sit ad novitiatum et, rite seu canonice peracto novitiatu, professionem debite emittat.

In exponendo circa novitiatum communi iure, tota praesens dissertatio versabitur.

Sicuti in Codice ita etiam in opusculo nostro, tractatus canonicus de novitiatu, ex natura rei, in duas diversas sectiones dividendus est. Legitima enim admissio ad novitiatum et institutio novitiorum diversam prorsus materiam continent. Dicemus igitur in duplici titulo: 1°, de requisitis ut quis in novitiatum admittatur; 2°, de novitiorum institutione.

## TITULUS I.

## DE REQUISITIS UT QUIS IN NOVITIATUM ADMITTATUR.

Ex iure canonico, iuxta principium generale, in religionem admitti potest "Quilibet catholicus qui nullo legitimo detineatur impedimento rectaque intentione moveatur, et ad religionis onera ferenda sit idoneus." (1)

Fides catholica, absentia cuiusvis legitimi impedimenti, recta intentio seu divina vocatio atque idoneitas ad religionis onera ferenda, en generaliter proposita elementa de iure ingrediendi in religionem.

Ut tamen ingressus in religionem ac praecipue admissio in novitiatum prudentissime fiat, praeter generatim enumerata elementa, Codex, alio in loco, speciali modo determinat qualitates personales adspirantium et conditiones requisitas pro admissione in novitiatum.

De illis qualitatibus requisitis et conditionibus in hoc titulo dicendum est. Divisioni Codicis inhaerentes dicemus: in primo capite, de requisitis negativis seu de impedimentis

(1) Can. 538.

ad novitiatum; in secundo capite, de potestate admittendi in novitiatum; in tertio capite, de religiosa vocatione; et in ultimo capite, de requisitis positivis ut quis in novitiatum admittatur.

## CAPUT I.

## DE REQUISITIS NEGATIVIS UT QUIS IN NOVITIATUM ADMITTATUR.

seu

## DE IMPEDIMENTIS.

Impedimentum ad novitiatum in genere est circumstantia propter quam ex iure divino vel humano valida aut licita admissio in religionem prohibetur. Ratione fontis sive originis impedimenta ad novitiatum dividuntur in impedimenta iuris divini et ecclesiastici; (2) eadem subdividuntur in impedimenta quae procedunt ex iure communi ecclesiastico et impedimenta quae ex particulari iure cuiusvis instituti religiosi oriuntur. (3) Ratione effectus dividuntur in impedimenta dirimentia et impedientia. Impedimenta iuris divini positivo iure ecclesiastico sancita sunt; dicemus proinde in hoc capite de impedimentis iuris communis ecclesiastici seu: a) de impedimentis dirimentibus; b) de impedimentis impedimentibus; et in genere tantum, c) de impedimentis quae oriuntur ex particulari iure religionum.

### ART. I. — IMPEDIMENTA DIRIMENTIA.

Impedimenta dirimentia sunt circumstantiae quae ex lege generali vel probatis constitutionibus validam admissionem in novitiatum simpliciter excludant. Adspirantes qui detineantur aliquo impedimento dirimente inhabiles sunt ad ingressum in religionem; eorum admissio nulla est, immo novitiatus et professio nihil valet, nisi adsit debita dispensatio Sanctae Sedis.

Ex iure generali ecclesiastico, iuxta can. 538 et 542, n. 1, invalide ad novitiatum admittuntur: 1°, acatholici et qui sectae acatholicae adhaeserunt; 2°, qui aetatem ad novitiatum

(2) Cfr. Vermeersch — Creusen, Epit., I, 350.
(3) Cfr. Piat. I, 53.

requisitam non habent; 3°, qui religionem ingrediuntur vi, metu gravi aut dolo inducti, vel quos Superior eodem modo inductus recipit; 4°, coniux, durante matrimonio; 5°, qui obstringuntur vel obstricti fuerunt vinculo professionis religiosae; 6°, hi quibus imminet poena ob grave delictum commissum de quo accusati sunt vel accusari possunt; 7°, Episcopus sive residentialis sive titularis, licet a Romano Pontifice sit tantum designatus; 8°, clerici qui ex instituto Sanctae Sedis iureiurando tenentur operam suam navare in bonum suae dioecesis vel missionum, pro eo tempore quo iurisiurandi obligatio perdurat.

§1. *De impedimento ex defctu fidei.*

Religio est societas, a legitima ecclesiastica auctoritate approbata, in qua *fideles* per vota obedientiae, castitatis et paupertatis, ad evangelicam perfectionem tendunt. (1)

Sodales in religione sunt *soli fideles* seu membra Ecclesiae, proindeque nemo in novitiatum admitti potest nisi sit catholicus; (2) haec est prima conditio pro valida admissione.

Excluduntur igitur non baptizati: iudaei, turcae, mahumedani, pagani et omnes infideles; (3) excluduntur catechumeni seu ii, qui fidem Ecclesiae profitentur et volunt baptismum suscipere, sed nondum susceperunt.

Excluduntur deinde baptizati: haeretici, apostatae, schismatici (4) et omnes qui membra corporis Ecclesiae non sunt. (5)

Immo excluduntur etiam baptizati catholici "Qui sectae acatholicae adhaeserunt "ipsi enim" invalide ad novitiatum admittuntur." (4a)

Quae tamen verba, iuxta responsum a Pont. Commissione

---

(1) Cfr. can. 487, 488, n. 1.

(2) Can. 538. — Catholici seu fideles et membra Ecclesiae sunt omnes baptizati, qui se non separant ab eiusdem fidei professione neque ab ecclesiastici regiminis unitate. Qui autem aliam fidem profitentur, non manent in Ecclesia non sunt membra neque fideles catholici. Pariter extra Ecclesiam sunt qui se separant ab unitate regiminis per rebellionem contra regimen Ecclesiae. (Cfr. Pesch, I, 155).

(3) Isti omnes non sunt membra Ecclesiae. Infidelis dicitur iste, qui omnem fidem denegat. (Cfr. Pesch, I, 155).

(4) Qui post receptum baptismum, nomen retinens christianum, pertinaciter aliquam ex veritatibus fide divina et catholica credentis denegat aut de ea dubitat, haereticus est; qui vero post receptum baptismum subesse renuit Summo Pontifici aut cum membris Ecclesiae ei subiectis communicare recusat, schismaticus est; qui denique post receptum baptismum a fide christiana totaliter recedit, apostata est. (Can. 1325, §2; Pesch, I, 155-156; Noldin — Schonegger, 54-55).

datum, (5a) intelligenda sunt de iis, qui fuerant aliquando catholici, eo quod nati essent in ipsa catholica religione, vel ad eam ex acatholicismo venissent; deinde propria eorum voluntate a vera fide defecerunt et sectae acatholicae adhaeserunt seu nomen dederunt; tandem ad Ecclesiam catholicam redierunt iterum.

Ultima conditio animadvertenda est; quamdiu enim quis manet in acatholica secta in quam ex vera fide ruerit certe admitti in religionem non potest.

Deinde vi huius impedimenti, iuxta responsum non repelluntur ab amplectenda vita religiosa illi, qui nati sunt et aliquo tempore, etiam diu, permanserint in secta acatholica, postea vero Dei gratia moti, ad Ecclesiam ex heresi vel schismate pervenerint. Et recte quidem: "Si enim inspiciamus — ut dicit Maroto, finem vitae religiosae, cuius est proprium ducere ad christianam perfectionem, non apparet congrua ratio cur illi, qui per veram fidem illuminati abiecerunt errorem in quo nati erant et in quo forsitan bona fide diu permanserant forent impediendi ab ingressu in Religionem, ubi miseriam sui erroris efficacius possint deflere et semitas arripere virtutis, ad quam interdum vehementius divina Bonitate impelluntur illi qui a malo ad bonum conversi sunt. E contra, indecorum est equidem, imo nec satis tutum, eos admittere ad Religionem qui in eam animi perversionem arrepti fuerant ut vel a fide catholica defecerint et sectae acatholicae adhaeserint" (6)

Remanet denique dubium circa sensum verborum "sectae acatholicae".

Nonnulli auctores dicunt: sectam acatholicam proprie non esse iudaismum, paganismum vel falsam religionem, sed per ista verba intellegi debere sectam haereticam vel schismaticam. (7)

---

(5) Wernz, III, n. 628.
(4a) Can. 542, n. 1.
(5a) Commissio Pontificia ad Codicis canones authentice interpretandos, ad propositum dubium: "Utrum verba Qui sectae acatholicae adhaeserunt canonis 542 sint intelligenda de iis, qui Dei gratia moti ex haeresi vel schismate, in quibus nati sunt, ad Ecclesiae pervenerint; an potius de iis qui a fide defecerunt et sectae acatholicae adhaeserunt."
Resp. "Negative ad primam partem, affirmative ad secundam." Pont. Com. C. C. I., 16 oct. 1919, ad VII, A A S, XI, 477.
(6) CpR, I, 162.
(7) Vermeersch — Creusen, Epit., I, 351; Blat, II, 594.

Maroto tamen prorsus dubitat de hac re; et quidem non immerito; etsi enim ante novam codificationem *acatholicismus* generatim accipiebatur solummodo pro apostasia, haeresi et schismate, in novo tamen Codice videtur potius sumi lato sensu pro omnibus baptizatis et non baptizatis, qui catholici non sunt. (8)

In praesenti canone lata ista interpretatio certe a fortiori admittenda est; eadem est enim ratio repellendi ab amplectanda vita religiosa apostatas, qui adhaeserunt sectae schismaticae vel haereticae ac apostatas qui adhaeserunt iudaismo vel mahumedanismo. (9) Non possunt ergo et isti valide in novitiatum admitti.

Impedimentum dirimens, ex defectu fidei, non comprehendit tamen catholicos, qui societatibus damnatis (ex. gr. sectae massonicae) adhaeserunt; ipsi, ex iure communi, post absolutionem a censura valide et licite in novitiatum admitti possunt, nisi obstet impedimentum ex iure particulari alicuius instituti.

## §2. *De impedimento ex defectu aetatis.*

Ante novum Cadicem nulla *aetas uniformis* in iure *generaliter* praescripta erat ad hoc ut quis *valide* in novitiatum recipiatur. (1)

Codex iam clare praescribit lege generali aetatem quindecim annorum completorum, (2) pro omnibus, qui, in statu religioso, novitiatum ingredi volunt. Et conditio ista sub poena nullitatis novitiatus requiritur. "Novitiatus ut valeat, peragi debet: post completum decimum quintum saltem aetatis annum." (3)

Immo omnes qui aetatem ad novitiatum (nisi constituti-

(8) Maroto, CpR., I, 161, nota I. Cfr. can. 693, 1099, 1102, 1350, 1399.
(9) Blat, II, 594.
(1) Cfr. C. 2, 6, 8, X, **de regularibus et transeuntibus ad religionem**, III, 31; Conc. Trident. sess. XXV, **de regularibus**, c. 15, 16, Richter, 416-417; Clemens VIII, const. **"Cum ad regularem,"** 19 mart. 1603 §4, Fontes, n. 189; S. Congr. super Disciplina Regulari, decr. **"Etsi Decretis"** 16 maii, 1675, Vermeersch, De Religiosis, II, 104-105; S. Congr. super statu Regularium, litt. encycl. **"Neminem latet"** 19 martii, 1857, n. 3, Vermeersch, De Religiosis, II, 157; Bouix, I, 553; Piat I, 83-84; Wernz, III, n. 629; Ojetti v. Novitiatus; S. C. Ep. et Reg., **Normae de Novis Institutis**, 28 iun. 1901, art. 61.
(2) Cfr. can. 555, n. 1.
(3) Can. 555, n. 1.

ones maturiorem exigant aetatem) requisitam, id est decimum quintum annum completum, non habent, invalide prorsus ad novitiatum admittuntur. (4)

Nulla distinctio datur nunc in Codice, quoad aetatem, inter candidatos; tum pro istis qui ut clerici suscipiendi sunt tum pro conversis; pro omnibus generaliter eadem aetas determinata est. (5)

Non datur etiam distinctio inter religiones; nulla proinde religio potest admitti ad canonicum novitiatum, candidatos qui nondum decimum quintum annum aetatis suae expleverunt.

In religionibus, in quibus duo anni novitiatus praescribuntur, tempus canonicum novitiatus esse tempus primi anni. Id aperte tradebatur, ante Codicem in Normis S. Congr. Ep. et Reg. (6) Idem supponitur in Codice ex can. 555, §2; (7) et in aliis pontificiis documentis; (8) immo etiam "ex praxi S. Congr. Relig. non permittitur ut novitiatus constitutionalis... praecedat novitiatum canonicum." (9)

Proinde etiam probatio diuturnior seu secundi anni novitiatus, qualis a constitutionibus requiritur nonnisi post quindecim immo post sexdecim annos expletos locum habere potest. (10)

Anni aetatis requisitae, pro valida admissione in novitiatum, computandi sunt ad normam can. 34, §3, n. 3, hoc modo nempe, ut primus dies nativitatis non computetur, et annus finiatur expleto ultimo die eiusdem numeri; itaque, si quis natus est 15 die augusti anni 1912, incipere novitiatum pote-

---

(4) Cfr. can. 542, n. 1.

(5) Abrogata est igitur lex anterior quoad aetatem laicorum: "Novitiatus ante vigesimum primum aetatis annum initium non habeat." S. Congr. de Relig., **decretum quoad laicos Ordinum religiosorum**, 1 ian. 1911, n. 3, A A S, III, 30.

(6) "Ubi duo sunt novitiatus anni, horum primus prorsus insumi debet ut unicus de quo supra." (S. C. Ep. et Reg., **Normae**, 28 iun. 1901, art. 74).

(7) "Si longius tempus in constitutionibus pro novitiatu praescribatur, illud ad validitatem professionis non requiritur, nisi in eisdem constitutionibus aliud expresse dicatur." (Can. 555, §2).

(8) Cfr. S. Congr. de Relig., Instr. **de secundo novitiatus anno**, 3 nov. 1921, A A S., XIII, 539; S. Congr. de Relig., **Instructio seu elenchus Quaestionum** etc., 25 mart. 1922, n. 22 et 23, A A S., XIV, 279. — Cfr. etiam Maroto, C p R., III, 43 n. VIII.

(9) Fanfani, 216.

(10) Contrariam opinionem tenet cl. Vermeersch. Cfr. Vermeersch — Creusen, Epit., I, 355 et 369.

rit, non prius quam 16 die augusti 1927, etiamsi ipse summo mane die 15 augusti 1912 natus fuerit. (11)

Tacet denique Codex de limitatione aetatis, quae erat expresse, in Normis S. C. Episc. et Regular. 28 iun. 1901, determinata et inter impedimenta annumerata; (12)

Possunt igitur admitti in novitiatum et isti qui sunt aetate maiores triginta annis, nisi constitutiones singularum religionum aliter praescribant; ex lege communi non est hoc prohibitum. (13)

§3. *De impedimento ex defectu libertatis.*

Ut actus personarum *iure constent* eos humanos esse oportet, seu a principio intrinseco, a voluntate procedentes, scienter et libere. Sunt tamen causae et circumstantiae, quae in voluntatem personarum agentium influunt, eorumque liberam determinationem impediunt; actus positi ex his causis adeo vitiantur, ut *a iure quatenus humani*, totaliter vel saltem partialiter *recognosci non possint.* Hae causae seu vitia actus sunt: *vis,* ex qua actus a principio *extrinseco* procedunt; *metus,* ex quo *non libere* et *dolus,* ex quo *non scienter.* (1)

De influxu vis, metus et doli in admissionem ad novitiatum pauca dicemus.

a) Iuxta regulam iuris "actus, quos persona ponit ex *vi* extrinseca, cui resisti non possit, pro infectis habentur." (2) Isti actus *a iure quatenus humani* recognosci non possunt, seu sunt ipso iure invalidi.

Proinde valide in novitiatum admitti non possunt candidati, qui religionem ingrediuntur ex vi absoluta extrinseca. (3) b), Metus gravis absolute vel relative dum vere in casu gravis probetur, si sit *ab extrinseco* et *iniuste* incussus, invalidam reddit admissionem in novitiatum. (4)

---

(11) Cfr. Fanfani, 216.
(12) Art. 61: "Aetas maior triginta annis..."
(13) Cfr. can. 6, n. 6; Vermeersch-Creusen, Epit., I, 46; Vermeersch, Periodica, IX, (3) - (4); Prummer, 275.
(1) Cfr. Maroto, I, n. 394; Chelodi, 165.
(2) Can. 103, §1 — "Vis autem est maioris rei impetus, qui repelli non potest" (D. IV, 2, 2) — Absoluta dicitur "cui plene sed frustra resistitur". (Vermeersch-Creusen, Epit. I, 128).
(3) Cfr. can. 542, n. 1.
(4) Cfr. can. 103, §2; 542, n. 1; Maroto, I, n. 398; Vermeersch-Creusen, Epit. I, 351. — Metus communiter definitur: instantis vel futuri periculi causa mentis trepidatio (Cfr. D. IV, 2, 1). Metus absolute gravis est, prout animum vehementer perturbat propter malum absolute grave, et appellari

Regula de metu iusto in nostro casu non valet. Metus enim iustus, ut recte dicit Vermeersch, "hic ab iniusto non distinguitur, nec in candidato, qui unquam iuste cogi posse videtur, nec in Superiore." (5)

c), Dolus, iuxta ius romanum, in genere dicitur: omnis calliditas, fallacia, machinatio ad circumveniendum, fallendum, decipiendum alterum adhibita. (6)

Metus directum influxum exercet in voluntatem, dolus vero in intellectum in quem inducit errorem.

Quamvis actus ex dolo positi, qui errorem substantialem non generavit, valeant generaliter ex iure, (7) attamen in nostro casu lex invalidat admissionem in novitiatum eorum qui religionem ingrediuntur dolo inducti. (8)

Et nihil mirum. Ingressus enim in religionem, ut iure constet et possit producere iuridicos effectus, omnino scienter et libere procedere debet, seu ex libera determinatione. Immo ex ipsa rei natura patet: neminem nisi scientem et volentem obligari posse ad ferenda onera religionis. (9)

Omnes superius enumeratae causae, vis metus gravis et dolus, liberam determinationem impediunt; proinde admissio in novitiatum candidatorum, qui ingrediuntur in religionem in iis circumstantiis, iuridice pro nulla habetur.

Eadem ratio est pro nullitate admissionis in casu, quando superiores vi, metu gravi aut dolo inducti recipiunt candidatos ad novitiatum.

Codex ergo generaliter statuit impedimentum dirimens pro utroque casu: "Invalide ad novitiatum admittuntur: qui religionem ingrediuntur vi, metu gravi aut dolo inducti, vel

---

solet, **metus qui cadit in virum constantem**; **relative gravis**, si malum seu periculum quod timetur in se leve sit, sed grave respectu personae, seu attenta aetate, sexu, indole personae in quam cadit, et cui ideo gravem producit mentis trepidationem. Ratione originis metus dividitur: in metum **ab intrinseco** vel **ab extrinseco**, prout causam habet timenti interiorem vel exteriorem. Metus qui procedit a causa libera extrinseca, rursus distinguitur **iustus** vel **iniustus**; **iustus** est cum infertur ex causa iusta, et servato iuris ordine; iniustus cum infertur ex causa iniusta vel non servato ordine iuris, saltem ratione modi. (Cfr. Wernz-Vidal, II, n. 36; Maroto I, n. 397; Vermeersch-Creusen, Epit., I, 66-67).

(5) Vermeersch-Creusen, Epit., I, 351.

(6) Cfr. D. IV, 3, 1 §2.

(7) Cfr. can. 103, §2; Maroto I, n. 401.

(8) Cfr. can. 542 n. 1. — Dolus sicut et error quem inducit potest esse substantialis vel accidentalis, prout cadat in illa, quae ad actus substantiam pertinent aut afficiat tantum accidentia ipsius. Cfr. Wernz-Vidal, II, n. 42.

(9) Iam dudum hac de re aiebat Nicolaus Papa: "Clericum... minime debere

quos Superior eodem modo inductus recipit." (10)

Sanctio ista iuris positivi ante Codicem protegebat solam professionem solemnem nunc etiam ingressum in novitiatum. (11)

Omnes vero qui cogant quoquo modo sive virum sive mulierem ad religionem ingrediendam excommunicationis poenam ipso facto incurrunt. (12)

§4. *De impedimento ratione vinculi matrimonialis.*

Nulla amlius fit in Codice mentio de privilegiis quae iuxta leges anteriores, in favorem religionis concedantur matrimonio iunctis. Nihil de admissione in novitiatum coniugatorum in casu, quando uterque coniux ingredi religionem velit, vel saltem alter coniux validam consensum dederit, legitime non revocatum. (1)

Proinde istae dispositiones iuris anterioris abrogatae sunt. (2)

E contra constitutum est impelimentum pro valido ingressu in novitiatum in iis qui detinentur vinculo matrimonii etiam mere rati; dicitur enim in Codice *generaliter:* "invalide ad novitiatum admittitur: coniux durante matrimonio." (3)

Alio loco quidem in Codice repetita est antiqua lex ecclesiastica, quae *professioni sollemni* tribuit vim, matrimonium ratum et non consummatum solvendi; (4) attamen, ex iure

---

existimavimus sub tali violentia fieri monachum. Quod quis non elegit, nec optat, profecto non diligit; quod autem non diligit facile contemnit. Nullum ergo bonum nisi voluntarium." C. 4, C. XX, q. 3.

(10) Can. 542 n. 1. — Prima pars huius canonis est iuxta antiquam legem, ex Concilio Maguntino (813), ubi, de admittendis in religionem, iam statutum erat: "Nullus tondeatur, nisi in legitima aetate et spontanea voluntate" C. 1, X, de **regularibus et transeuntibus ad religionem,** III, 31.

(11) Vermeersch-Creusen, Epit., I, 351.

(12) Can. 2352: "Excommunicatione nemini reservata ipso facto plectuntur omnes, qualibet etiam dignitate fulgentes, qui quoquo modo cogant... sive virum aut mulierem ad religionem ingrediendam vel ad emittendam religiosam professionem tam sollemnem quam simplicem, tam perpetuam quam temporariam." Cfr. Chelodi, Ius Poenale, 108; 326-327; Cappello, De Censuris, 364-365.

(1) Cfr. C. 4, 12, 13, X, **de conversione coniugatorum,** III, 32; Schmalzgrueber, 1, III, tit. XXXI, n. 24; tit. XXXII, n. 19; Suarez, **De Stat. Relig.,** tract. VII 1, V, c. 4 n. 5, sq.; Wernz, III, n. 628; Bouix, I, 530; Piat, I, 62.

(2) can. 6 n. 6; Vermeersch-Creusen, Epit., I, 354.

(3) Can. 542, n. 1.

(4) Can. 1119: "Matrimonium non consummatum inter baptizatos vel inter partem baptizatam et partem non baptizatam, dissolvitur tum ipso iure per sollemnem professionem religiosam, tum per dispensationem a Sede Apostolica ex iusta causa concessam, utraque parte rogante vel alterutra,

communi, etiam in hoc casu donec dispensatio a Sancta Sede obtenda fuerit, admissio in novitiatum omnino invalida est; coniugati enim ad statum religiosum transire nequeunt.

Et ratio est, ut recte dicit cl. Vermeersch: "propter discidium inter ius canonicum et plerasque leges civiles, plerumque alteri coniugi integrum manet revocare e claustris coniugem etiam secuta professione sollemni. Quare S. Sedes dispensationem non concedet nisi prudenter sibi constet nihil huiusmodi timendum esse." (5)

Vinculum matrimonii rati et non consummati ex can. 1119 solvitur per professionem sollemnem religiosam non vero per vota simplicia; excluduntur proinde in hoc casu omnia Instituta votorum simplicium. Deinde per professionem sollemnem validam, quae ex iure communi absoluto valido novitiatu et post tres annos a prima professione simplici emittenda est. (6) Seu matrimonium non solvi prius nisi momento ipsius professionis sollemniter factae; attento postulatu et novitiatu fere post quinque annos. "Ideo, ne alter coniux diutius cogatur innuptus manere, una cum recursu ad S. Sedem pro dispensatione a lege canonis 542, 1° ("invalide ad novitiatum admittitur... coniux durante matrimonio") recursus etiam fiat pro obtinenda temporis praedicti abbreviatione." (7)

Monet enim Pius IX in declaratione ad Epos Mexicanos 25 ian. 1861, quod eo in casu sive ipse vir "sive eius coniux recurrere posset ad Apostolicam Sedem pro obtinenda facultate ut statim emitti possint vota sollemnia" (8)

Obtenda dispensatione a lege can. 542, n. 1, quando agitur de solutione vinculi matrimonialis per professionem sollemnem, adspirans potest valide in novitiatum admitti.

Dissoluto vero matrimonio per dispensationem a rato tantum ex iusta causa, aut non existente matrimonio propter nullitatem eius, post obtentam declarationem, candidati possunt valide admitti in novitiatum omnium religionum etiam

etsi altera sit invita." — Cfr. etiam Conc. Trident. sess. XXIV, de matrimonio, can. 6, Richter, 284.

(5) Vermeersch-Creusen, Epit., I, 352.

(6) Cfr. can. 555, §1, n. 2; 572, §2; 574, §1.

(7) Vlaming, II, 311.

(8) Bizzari, 859.

votorum simplicium, quia nec coniuges sunt neque matrimonium durat. (9)

§5. *De impedimento ratione vinculi professionis religiosae.*

"Invalide ad novitiatum admittuntur, qui obstringuntur vel obstricti fuerunt vinculo professionis religiosae." (1)

Generalis est effectus huius legis et omnes, qui aliquando vinculo professionis religiosae ligati fuerunt, tenet.

Afficit imprimis *omnes religiosos*, seu eos, qui vinculo professionis in aliqua religione (2) actu obstringuntur et manent in religione; ipso iure naturae illi nequeunt, propria voluntate, se disponere ad aliud contrahendum. (3)

Lex afficit etiam omnes, qui aliquando obligatione professionis tenebantur sed actu vinculo sunt soluti; et nihil iam refert, an ille qui post emissam professionem egressus est, religionem reliquerint voluntarie et post completum tempus votorum (4) vel ex sibi denegata iteratione professionis, aut ex dimissione vel ex saecularizatione per dispensationem, omnes sub impedimento irritante cadunt. (5)

Nulla pariter est distinctio inter vota; cuiuscumque naturae sint vota, perpetua vel temporaria, simplicia vel sollemnia, in religione iuris pontificii emissa vel in dioecesani iuris — in omnibus his casibus effectus idem est; haec una tantum conditio impedimento necessaria est, ut prior professio valida fuerit. (6)

Inhabilitas ista seu impedimentum dirimens refertur ad quamcumque religionem, quae iuxta can. 488 nomine religionis venit, sive sit eadem sive sit alia ab ea in qua quis fuerat professus; ratio enim inhabilitatis stat in vinculo professionis religiosae nunc vel olim habito. (7)

---

(9) Blat, II, 595.

(1) Can. 542, n. 1.

(2) Cfr. can. 488, n. 7.

(3) Cfr. Goyeneche, CpR., V, 337; Vermeersch, Epit., I, 352.

(4) Codex relate ad eos, qui, post emissam professionem, religionem deserunt impedimentum extendit. Haec inhabilitas est aliquod novum in iure communi. In declaratione S. C. de Relig. (5 apr. 1910), sermo tantum erat de professis dimissis et dispensatis a votis, ac proinde sub impedimento irritanti non comprehendebantur illi qui voluntarie post absoluta vota temporaria religiosam vitam relinquebant. — Cfr. S. Congr. de Relig., Declaratio **Ex Audientia** SSmi.", 5 apr. 1910, ad III, IV; A A S, II, 231-232.

(5) Cfr. Blat, II, 595; Goyeneche, CpR., V, 336; III, 14; Fanfani, 198.

(6) Cfr. can. 488, n. 1 et 7; Goyeneche, CpR., V, 338; Vermeersch, Epit. I, 352; Blat, II, 595.

(7) Cfr. Goyeneche, CpR., V, 338; Fanfani, 198; Blat, II, 595; Vermeersch, Epit. I, 352.

Proinde in omnibus, supra enumeratis casibus, candidati qui obligatione votorum religiosorum tenentur vel tenebantur, impedimento laborant irritante, a quo, nisi pontificia auctoritate, dispensari nequeunt, et admitti in novitiatum valide non possunt.

Distinguendus est tamen casus professi, qui ad aliam Congregationem *legitime* transit a casu illius qui dimittitur vel dispensatur. (8) Pariter iam non excludi qui in solo novitiatu fuerint aut qui a seminariis et collegiis ecclesiasticis vel religiosis dimissi fuerint; (9) hodie prior novitiatus iam non irritat subsequentem novitiatum. (10)

### §6. *De impedimento ex titulo criminis.*

Inhabiles declerantur ad novitiatum "hi quibus imminet poena ob grave delictum commisum de quo accusati sunt vel accusari possunt." (1)

Impedimentum hoc ex iure antiquo desumptum est.

Ante constitutionem Sixti V, *"Cum de omnibus"*, prohibitum non erat criminosos in religionem recipere. (2)

Sixtus V prohibuit, admitti candidatos qui aliquorum criminum, qualia sunt homicidia, furta, latrocinia vel alia similia, aut graviora, reos vel suspectos existere ut propterea damnati sint, aut ne damnentur formident...." (3) atque ipsorum admissionem et secutam professionem irritam et nullam pronuntiavit. (4) Postea in constitutione, *Ad Romanum"*, declaravit prefatam dispositionem de criminosis intelligendam esse *cum actis publicis constiterit* ipsos apud saecularem curiam de crimine accusatos vel inquisitos fuisse. (5)

---

(8) Cfr. can. 632, 633; Vermeersch, Epit., I, 352.

(9) Isti omnes ante Codicem laborabant impedimento irritante, ex decreto "Ecclesia Christi" 7 sept. 1909. Cfr. A A S, I, 700-701.

(10) Cfr. CpR., III, 145-146.

(1) Can. 542, n. 1.

(2) Cfr. Piat, I, 73, ubi dicitur: "siquidem S. Romualdus, Camaldulensium Institutor, prius fuerat homicida; sicut et S. Gulielmus, Dux Aquitaniae, qui postea reformavit ordinem Eremitarum S. Augustini. Item S. Bernardus aliique ordinum superiores ad habitum receperunt publicos latrones, quod certe non fecissent, si qua extitisset hac de re prohibitio."

(3) Sixtus V, const. "Cum de omnibus", 26 nov. 1587, §4, Fontes, n. 162.

(4) Ibidem, §5.

(5) Sixtus V, Const. "Ad Romanum", 21 oct. 1588, §17, Fontes, n. 164: Bouix, I, 537.

Clemens VIII dispositionem Sixti V abrogavit quoad sancitam *nullitatem* admissionis et professionis; in suo vigore reliquit quoad illiceitatem. (6)

Sanctio nullitatis Codice de uno restituta est; tenet tamen lex eos solos, *quibus poena imminet.*

Ex his sequitur intelligendum esse ius circa prohibendos criminosos in hunc modum: iuxta omnes auctores, necessarium esse primo, ut delictum sit publicum, non sufficit omnino occultum; secundo, ut delictum revera sit commissum, culpabile et grave, quale est — homicidium, furtum, latrocinium vel alia similia aut graviora; tertio, ut criminosis ob grave delictum commissum poena immineat seu ut versantur in proximo poenae periculo non in remoto; poena autem tam laici quam ecclesiastici tribunalis hic consideratur, et lex poenalis legitime lata suponitur; quarto, requiritur accusatio vel possibilitas accusationis de delicto "de quo accusati sunt vel accusari possunt" sive iuxta civiles leges sive secundum ius canonicum; in ultimo casu accusatio proprie talis, hodierno iure, iam nequit fieri a privatis viris sed ad normam canonis 1934 promotori iustitiae reservata est.

Non sunt proinde inhabiles ad novitiatum, vi huius impedimenti, isti: qui delictum leve vel occultum grave commiserint de quo actibus publicis non constat; qui accusati quidem fuerint, sed terminato iudicio declarati sint innocentes; neque criminosi, qui poenam impositam iam compleverint; Codex enim de illis tantum loquitur quibus "imminet poena", non de illis qui iam poenam solverint. (7) Nisi particulares leges alicuius religionis prohibeant, isti in novitiatum valide admitti possunt.

### §7. *De impedimento ex titulo dignitatis episcopalis.*

Valide admitti in novitiatum nequeunt Episcopi sine speciali licentia Romani Pontificis.

Episcopus residentialis (1) qui dioecesis possessionem canonice iam ceperit, absque licentia Romani Pontificis valide non potest admitti in novitiatum; et ratio impedimenti est

(6) Clemens VIII, const. "In Suprema" 2 april. 1602, §3, Vermeersch, De Religiosis, II, 101; Bouix, I, 537.

(7) Cfr. Wernz, III, n. 629; Piat., I, 73-74; Bouix, I, 537-538; Blat, II, 595; Vermeesch-Ceursen, I, 353, Fanfani, 199; Chelodi, 410; Cocchi, IV, 130.

(1) Can. 334, §1. "Episcopi residentiales sunt ordinarii et immediati pasto-

propter vinculum spiritualis connubii quod inter dioecesim et ipsum intercedit. (2)

Neque Episcopus titularis vel designatus residentialis potest admitti in novitiatum; promotus enim in bonum Ecclesiae, et totius populi dioecesani bonum commune praeferri debet privatae ipsius Episcopi utilitati. (3)

Est etiam alia ratio generalis pro omnibus Episcopis. Sunt in statu perfectionis exercendae; si religionem ingrediuntur, ex statu perfectionis exercendae descendunt ad statum perfectionis acquirendae.

Uti enim recte concludit Piat "Episcopatus iure merito dicitur status perfectior quam status religiosus; quia Episcoporum est esse perfectos, ut alios perficiant; unde in statu perfectionis sunt agentes: agens autem praestantior est patiente. Unde Episcopus invocare nequit rationem, quod unusquisque ad statum perfectiorem libere transire valeat." (4)

Denique propter reverentiam erga Romanum Pontificem non decet ut, sine ipsius Pontificis licentia, Episcopus renuntiaret dignitati.

Statuit proinde Codex generaliter impedimentum dirimens pro Episcopis: "invalide ad novitiatum admittuntur... Episcopus sive residentialis sive titularis, licet a Romano Pontifice sit tantum designatus." (5)

Dummodo actu authentico, quamvis non adhuc publico, designatio a S. Sede constet, etiam designatos Episcopos impedimentum tenet.

Non dat tamen impedimento originem electio capitularis, praesentatio patroni vel designatio gubernii. (6)

Accedente autem consensu Romani Pontificis potest Episcopus ingredi religionem et valide admitti ad novitiatum.

### §8. *De impedimento ratione iuramenti ex instituto Sanctae Sedis emissi.*

Romae vel aliis in locis catholicis fundata sunt seminaria

res in dioecesibus sibi commissis."
(2) Cfr. Vermeersch-Creusen, I, 353; Fanfani, 199.
(3) Cfr. S. Thomas, Summa Theol. 2-2, q. 185, a. 5.
(4) Piat, I, 75-76; Cfr. Fanfani, 199.
(5) Can. 542, n. 1.
(6) Cfr. Vermeesch-Creusen, Epit. I, 353; Cocchi, IV, 130.

seu collegia ecclesiastica in quibus, alumni, statim post receptionem in collegium, ex pontificia ordinatione, iureiurando se obligant, seu iuratam promissionem facere debent se velle, post peracta studia, per determinatum tempus, missioni vel dioecesi suae inservire. (1)

Patet iuramenti tempore perdurante eos ingredi in novitiatum non posse, contraria enim obligatio suscepta (2) ratio est impedimenti.

Ut autem praedictum iuramentum impedimenti det originem, necessaria est conditio de iureiurando emisso ex instituto S. Sedis; non agitur enim hic de iureiurando ad normam canonis 981, (3) quo clerici se obligant ad servitium alicuius dioecesis vel missionis. In nostro casu canon supponit impedimentum temporale dum in canone 981 titulus iuramentum perpetuum exigit. Et iureiurando servitii dioecesis, ex iure communi admissio ad novitiatum non excluditur; (4) Codex enim clare proponit et statuit impedimentum dirimens *pro solis clericis "qui ex instituto Sanctae Sedis* iureiurando tenentur operam suam navare in bonum suae dioecesis vel missionum, pro eo tempore quo iurisiurandi obligatio perdurat." (5)

Ceteris vero clericis, tum dioecesanis tum iis qui iuramento se obligant ad servitium missionis, ingressus in religionem patet. Uti enim merito hac de re animadvertit Vermeersch: "Perpetuum... servitium dioecesis promittitur, ut compenset perpetuum ius ad alimenta, sed legitima tituli commutatio non prohibetur. Iam vero, qui religionem ingreditur religione aletur et alium titulum acquiret. Intentioni

(1) Cfr. Alexander VII, const. "Cum circa" 20 iul. 1660, §3, Fontes, n. 237; S. Congr. Consist., **Responsa** 29 iul. 1909, ad XIII, A A S., I, 684; Vermeesch-Creusen, Epit., I, 353-354; Fanfani, 200 Cocchi, IV, 130; Blat, II, 596.

(2) Ex pontificia ordinatione, iuxta formulam iurisiurandi, quilibet clericus, in praedictis collegiis facere debet iuratam promissionem sequentem: "...Praeterea spondeo et iuro, me, quam diu hoc in collegio commorabor, et postquam, sive studiis expletis, sive secus, quavis de causa, inde discessero, **nulli religiosae familiae aut societati vel congregationi regulari nomen daturum**, nec in earum ulla professionem emissurum, **sine speciali Apostolicae Sedis licentia.**" Cfr. S. Congr. Consist. Responsa, 29 iul., 1909, iurisiurandi formula; A A S., I, 686.

(3) Cfr. can. 981, §1.

(4) Cfr. can. 538, 542, n. 7 et 2; Vermeersch, Periodica, XIII, (145) - (151) et (213) - (215).

(5) Can. 542, n. 1. — Cfr. etiam, Vermeersch-Creusen, Epit. I, 354; Cocchi, IV, 130; Fanfani, 200.

ergo iurisiurandi est satisfactum etiam per ingressum in religionem. Praeterea, religiosus sacerdos plerumque non inutilem dioecesi operam impendet." (6) Idem dicendum est de seminaristis, qui etiam iure communi reguntur. (7)

Ultima verba impedimenti "pro eo tempore quo iurisiurandi obligatio perdurat" intelligenda sunt in hunc modum: post determinatum tempus vel iurisiurandi obligatione sublata, per validam dispensationem, cessare praedictum impedimentum ad novitiatus inchoationem. (8)

## ART. II. — IMPEDIMENTA IMPEDIENTIA.

Impedimenta impedientia seu prohibitiva sunt circumstantiae quae ex lege generali vel probatis constitutionibus licitam admissionem in novitiatum excludant. Candidati qui detineantur aliquo impedimento impediente valide quidem sed tamen *illicite* novitiatum ingrediuntur, nisi adsit dispensatio Sanctae Sedis.

Ex iure communi, iuxta can. 542, n. 2, illicite ad novitiatum admittuntur: 1°, clerici in sacris constituti inconsulto loci Ordinario aut eodem contradicente ex eo quod eorum discessus in grave animarum detrimentum cedat, quod aliter vitari minime possit; 2°, aere alieno gravati qui solvendo pares non sint; 3°, reddendae rationi obnoxii aut aliis saecularibus negotiis implicati ex quibus lites et molestias religio timere possit; 4°, filii qui parentibus, id est patri vel matri, avo vel aviae, in gravi necessitate constitutis, opitulari debent, et parentes quorum opera sit ad liberos alendos vel educandos necessaria; 5°, ad sacerdotium in religione destinati, a quo tamen removeantur irregularitate aliove canonico impedimento; 6°, orientales in latinis religionibus sine venia scripto data Sacrae Congregationis pro Ecclesia orientali.

### §1. *De impedimento clericorum maiorum ratione obedientiae erga Ordinarium loci.*

Omnes clerici saeculares sive beneficiati sive curati absque Episcopi sui licentia, etiam ipso contradicente, valide

(6) Vermeersch-Creusen, Epit., I, 354.
(7) Cfr. Cocchi, IV, 130; Vermeersch-Creusen, Epit., I, 354.
(8) Cfr. Blat, II, 596; Vermeersch-Creusen, Epit., I, 354.

religionem ingredi et ad novitiatum admitti possunt. (1)

Codex anteriorem de hac re disciplinam retinet. (2)

Clerici enim, sicuti omnes alii, non impediti, ex iure divino *licentiam* habent statum religiosum ingrediendi. Ex ipsa status religiosi natura et divina institutione patet. (3)

Pro *licita* tamen admissione in novitiatum clericis, ex Codice, imponitur obligatio Ordinarium loci consultum adeundi. (4) Ratio obligationis est, quia per sacram ordinationem susceptam clerici Episcopi ministri sint et teneantur coadiuvare Ordinarium in sacro ministerio ad quod illa deputantur. (5) Non possunt proinde inconsulto Episcopo animas sibi commissas deserere vel alia magna negotia derelinquere.

Obligatio tenet solos clericos qui *in sacris constituti sunt* seu maiores (6) minime vero clericos minores, (7) qui sicut ad statum laicalem regredi possunt, etiam sua ipsorum voluntate (8) sic eo magis non prohibentur ad statum religiosum ascendere. (9)

Deine, clericis maioribus imponitur obligatio Ordinarium loci *consultum adeundi* seu petendi consilium, minime vero consensum obtinendi. (10)

Aliud est enim discedendi licentiam petere aliud rogare consilium et de suo in religionem secedendi proposito Ordinarium suum certiorem facere.

Non autem requiritur consensus Ordinarii; immo contradicente Ordinario suo clerici in sacris constituti *licite* ad novitiatum admittuntur; in unico tantum casu Ordinarius

---

(1) Cfr. can. 542, n. 2, et can. 538.

(2) Cfr. Conc. Toletanum, IV, (633), cap. 50, Mansi, X, 631; Benedictus XIV, ep. "**Ex quo**", 14 ian. 1747, §6, Fontes, n. 374; S. Congr. Ep. et Reg., **Resp.**, 21 iul 1837, ad 2, Vermeersch, De Relig. II, 89; Wernz, III, n. 629; Bouix, I, 542; Piat I, 77-78.

(3) Cfr. Bouix, I, 544.

(4) Quod nihil novum; iam in epist. "**Ex quo,**" Benedicti XIV: "Nemo dubitat, quin Presbyter, Ecclesiae regimen, aut ministerium domissurus, ante omnia debeat Episcopo consilium suum, eiusque capiendi rationes, quantum earum natura fert, aperire. In quo non tam officio et honestati, quam naturalis legis praecepto satisfaciot." Benedictus XIV, ep. "**Ex quo**", 14 ian. 1747; §13, Fontes, n. 374. — Cfr. etiam can. 542, n. 2; Piat, I, 79.

(5) Cfr. Blat, II, 597.

(6) "Nomine **ordinum maiorum** vel **sacrorum** intelliguntur presbyteratus, diaconatus, subdiaconatus." can. 949.

(7) Clerici minores, qui in minoribus constituti sunt: "acolythatus, exorcistatus, lectoratus, ostiariatus". can. 949; et tonsurati, cfr. can. 950.

(8) Cfr. can. 211, §2.

(9) Cfr. Blat, II, 597.

(10) Cfr. can. 542, n. 2; Vermeersch-Creusen, Epit. I, 355.

efficaciter ingressum impedire potest, si discessus cleric graviter animabus noceat, et simul damnum aliter vitari ne queat; damnum positivum supponitur; iudicium de isto grav damno, in hoc casu, per se ad Ordinarium spectat, salv recursu ad S. Sedem. (11)

In hoc unico casu clerici maiores debent obtemperare Ordi nario contradicenti et *licite* admitti ad novitiatum nequeunt. Im pedimentum enim prohibitivum clare in Codice propositum est "*Illicite*, sed valide admittuntur: clerici in sacris constituti inconsulto loci Ordinario aut eodem contradicente ex eo quo eorum discessus in grave animarum detrimentum cedat, quo aliter vitari minime possit." (12)

Proinde si Ordinarius ex alio motivo quam superius e numerato contradicat, illicite agit (13) et subditus eiden obedire non tenetur; consulto Ordinario loci et eodem contra dicante *licite* ad novitiatum admitti potest.

§2. *De impedimento ex titulo debitorum.*

Ex titulo debitorum arcentur a licito ingressu in noviti atum omnes qui aere alieno gravati solvendo pares non sint (1)

Prohibitio ex veteri iure recepta est; iam Sixtus V statui ne in religionem admittentur qui ad solvenda debita obligat sint. (2)

Ante Codicem lex respiciebat tantum eos qui ob graven suam culpam aere alieno gravati erant, et quibus saltem spe remanet solvendi in saeculo debita. (3) Nunc vero prohibitio nem videtur esse absolutam. (4)

Agitur tamen hic de solis debitis quae ex mutuo contract vel delicto proveniant seu ex iustitia obligant, non vero e amica compositione vel liberali promissione. (5)

Proinde si debita sint certa et debitor habeat unde sol vat, solvere tenetur ante ingressum, et in hoc casu cessat

(11) Cfr. can. 542, n. 2; Vermeersch-Creusen, Epit. I, 355; Cocchi, IV 131; Benedictus XIV, ep. "Ex quo", 14 ian. 1747, Fontes, n. 374.
(12) Can. 542, n. 2.
(13) Cfr. Fanfani, 200; Boulx, I, 547.
(1) Cfr. can. 542, n. 2.
(2) Const. "Cum de omnibus," 26 nov. 1587, §4, Fontes, n. 162.
(3) Piat, I, 71-72.
(4) Vermeersch-Creusen, Epit., I, 355.
(5) Ibidem; Piat, I, 69.

res causarum quae ad rempublicam spectant, ex. gr. thesaurarii, collectarii tributorum publicorum. Privatim vero reddendae rationi obnoxii sunt administratores rerum privatarum, ex. gr. procuratores, tutores, executores testamentorum. (1)

Impedimentum tenet omnes qui ex administratione rerum sive publicarum sive privatarum "reddendae rationi obnoxii (sunt) aut aliis saecularibus negotiis implicati, ex quibus lites et molestias religio timere possit." (2)

Prohibito haec statuta iam erat a Sixto V (3) et in Codice recepta, clausula vero nullitatis non est restituta.

Iuxta sensum citati canonis, adspirantes obligati ad ratiocinia reddenda ex quacumque administratione bonorum temporalium vel negotiis saecularibus implicati ex quibus certe lites vel molestiae pro religione timendae sunt, nequeunt licite novitiarum ingredi, nisi obtenda dispensatione Sanctae Sedis. Propter plurima damna, pericula et detrimenta quae secus pro Ecclesiae et religione oriri possint merito legislator statuit hoc impedimentum.

Licite tamen ingredi novitiatum possunt adspirantes qui iam liberati sunt a supra dictis obligantibus aut negotiis saecularibus et nulla lis vel molestia imminet religioni.

Etiam licite ad novitiatum admittuntur qui nondum quidem liberati sint ab istis administrationibus et negotiis, sed facile statim sese liberare possunt et rationem reddere sine ulla lite vel molestia (4) et quando in casu nullum periculum religioni imminet; impedimentum enim proponitur sub clausula "ex quibus lites et molestias religio timere possit." (5)

### §4. *De impedimento ex titulo gravis necessitatis parentum vel liberorum.*

Illicite ad novitiatum admittuntur "filii qui parentibus, idest patri vel matri, avo vel aviae, in gravi necessitate constitutis, opitulari debent..." (1)

(1) Piat, I, 72.
(2) Can. 542, n. 2.
(3) Const. "Cum de omnibus" 26 nov. 1587, §4, Fontes, n. 162.
(4) Bouix, I, 537.
(5) can. 542, n. 2.
(1) Can. 542, n. 2.

Obligatio ex iure naturali merito confirmata est in Codice; filii enim parentes honorare et adiuvare in necessitatibus debent.

In nostro casu triplex distinguitur necessitas: communis, gravis et extrema.

Communis necessitas est quae cogit parentes parce et moleste vivere. (2)

Necessitas gravis est quando parentes vitam sustentare nequeunt absque magna difficultate, aut nisi magno cum dedecore; iuxta Suarez, in casu nulla certa regula habetur praeter prudens iudicium; "explicatur autem a Doctoribus per has circumstantias, si necessarium esset parentibus mendicare vel servire aliis cum magno dedecore, iuxta conditionem suarum personarum; vel si cogantur nimium affligi aut incarcerari propter debita, vel multa incommoda corporalia pati ut aegretudinem, famen, nuditatem, frigus et similia; quae omnia non absolute tantum sed etiam respective considerata qualitate personarum pensanda sunt, ut prudens feratur iudicium." (3)

Necessitas extrema dicitur "quando homo est in eo vitae discrimine, ut nisi ei subveniatur, moraliter certa sit mors, aut gravissimum periculum eius." (4)

Nomine parentum iuxta can. 542, n. 2, veniunt non solum immediati pater et mater, sed etiam mediati avus et avia.

Impedimentum in Codice clare propositum est: filii qui parentibus in gravi et a fortiori in extrema, necessitate constitutis opitulari debent licite ad novitiatum admitti non possint. Nequit proinde licite ingredi religionem filius si parentes, propter ingressum eius, in communi hospitio recipi deberent et hoc nimis durum pro parentibus appareat; (5) pariter in casu quando parentes vitam sustentari nequeunt nisi cum magno dedecore vel probabiliter cadendo a proprio statu.

Quamdiu durat gravis necessitas filius tenetur ingressum differre; maior est enim naturalis obligatio sublevandi pa-

(2) Piat, I, 54.
(3) Suarez, **De Stat. Relig.**, tract VII, I. V, c. 5, n. 13.
(4) Suarez, **De Stat. Relig.**, tract. VII, 1, V, c. 5, n. 2.
(5) Cfr. Vermeersch-Creusen, Epit., I, 356; Cocchi, IV, 131.

rentes quam opus sectandi consilia.

A regula generali, iuxta auctores, (6) excipiuntur casus "si filius nec habeat nec sperare possit media, quibus indigentiae parentum subvenire valeat;" (7) si filius ingrediendo religionem aeque sublevare posset parentes ac in saeculo manens. (8)

Tacet Codex de parentibus in communi necessitate constitutis; nemo proinde tenetur ob necessitatem communem parentum ab ingressu in religionem se abstinere et ideo licite ad novitiatum admitti potest.

Nihil dicitur in Codice de gravi necessitate fratrum et sororum, proinde isti et alii remotiores consanguinei excluduntur; opitulatus pro illis in gravi necessitate constitutis nullum impedimentum prohibitivum facit.

Ex iure naturali etiam et parentes liberis suis alimenta ac educationem providere debent. Proinde et ipsi prohibentur novitiatum ingredi donec eorum cura sive ad sustentationem sive ad educationem filii indiguerint. (9) Eodem ergo canone legislator confirmavit ius naturale: illicite ad novitiatum admittuntur "et parentes quorum opera sit ad liberos alendos vel educandos necessaria." (10)

Tenentur itaque parentes differre suum in religionem ingressum quamdiu obligatio alendi ac educandi filios durat ista obligatio intelligenda est de filiis nondum emancipatis uti merito animadvertit Piatus "si enim de emancipatis agatur, parentes eorum curam gerere non amlius tenentur, nisi per accidens filii gravi necessitate laborent." (11)

### §5. *De impedimento ratione inhabilitatis ad sacros ordines.*

Illicite ad novitiatum admittuntur "ad sacerdotium in religione destinati, a quo tamen removeantur irregularitate aliove canonico impedimento." (1)

Legislator vult, ut adspirantes, destinati ad sacerdotium in religionibus clericalibus, non recipiantur in novitiatum nisi

(6) Piat, I, 55; Bouix, I, 538.
(7) Piat, I, 55.
(8) Fanfani, 202; Piat, I, 56.
(9) Piat, I, 56.
(10) Can. 542, n. 2.
(11) Piat., I, 56.
(1) Can. 542, n. 2.

prius, dispensatione vel alio modo, liberati sint ab irregularitatibus aut impedimentis, quibus sacros ordines suscipere prohibeantur. (2)

Prohibitio proinde admittendi ad novitiatum tamdiu perdurat quamdiu irregularitas vel impedimentum canonicum ad sacros ordines perdurat. Sublato impedimento adspirans ad novitiatum licite admitti potest.

Prohibitio afficit solos adspirantes qui ad sacerdotium in religione destinati sint et detineantur irregularitate aliove impedimento ad sacros ordines; non afficit candidatos in religione laicali aut conversos in religione clericali, quoniam ipsi ad sacerdotium destinati non sint.

Exsipiuntur etiam casus in quibus per ingressum in religionem aut per professionem ex privilegio vel iure communi irregularitas aufertur. (3)

In hisce casibus si solemnis professio praecedat ordinationem adspirans in novitiatum licite admitti potest.

Immo, iuxta auctores, (4) si agatur de impedimentis, quae cessabunt certo tempore antequam susceptio ordinum locum habeat, adspirantes etiam in his casibus ad novitiatum licite admitti possunt. Opinio ista videtur esse certa et iuxta mentem legislatoris; tota enim ratio prohibitionis consistit in impedimento ad sacros ordines, quod impedimentum tempore ordinationis amplius non erit. Confirmatur etiam ex communi praxi quoad adspirantes qui ordinarium militare servitium nondum expleverint et, iuxta can. 987, n. 5, impediti sint, nihilominus tamen in religionem recipiantur. (5)

In aliis casibus necessaria est praevia dispensatio S. Sedis pro licita admissione ad novitiatum adspirantium qui irregularitate vel alio impedimento canonico detineantur; etiam in casu quando dispensatio, ut speratur sit obtendu facilis; legislator enim non vult "ut Superiores iudicium S. Sedis praevertant, futuram dispensationem praesumendo." (6)

---

(2) Irregularitates et impedimenta canonica ad ordinationem Codex enumerat alio in loco, in canonibus 984-987.

(3) Ex. gr. Iuxta can. 984, n. 1, irregularitas ex defectu natalium solemni professione tollitur. — Cfr. etiam Vermeersch-Creusen, Epit. I, 357.

(4) Cfr. Vermeersch-Creusen, Epit. I, 358; Voltas, CpR., II, 369; Fanfani, 203.

(5) Cfr. Voltas, CpR., II, 369.

(6) Vermeersch-Creusen, Epit. I, 357; Cfr. etiam: Voltas, CpR., II, 368.

## §6. *De impedimento ratione ritus orientalis.*

Per verba "Orientales" intelliguntur fideles catholici, qui ad ritum Ecclesiae catholicae orientalem pertinent. Isti nequeunt licite admitti ad novitiatum in latinis religionibus sine venia scripto data Sacrae Congregationis pro Ecclesia Orientali. (1)

Legislator respicit casum, quando fideles ex Ecclesia Orientali in latina religione admittantur eo fine ut maneant semper in religione latina, et eo ipso deberent aut mutare suum ritum aut saltem cogantur semper uti ritu latino, quod non est iuxta mentem Ecclesiae; commixtio enim rituum ab Ecclesia aegre pirmittitur. (2) Propterea singulis vicibus, pro licita admissione, petenda est dispensatio a Sacra Congregatione pro Ecclesia Orientali; ad ipsam enim nunc pertinet facultatem tribuere ritum mutandi sive ad tempus sive in perpetuum. (3)

Impedimentum tamen non afficit orientalis, qui, proprio retento ritu, in latina religione praeparantur ad constituendos domus et provincias religiosas ritus orientalis. (4) Ut casus melius intelligatur pauca explicanda videntur de conditione eorum.

Aliquando evenire potest ut religio ritus latini legaliter constituat nonnullas domus vel etiam provincias religiosas ritus orientalis, in quibus nondum habeatur novitiatus proprius pro orientalibus; vel etiam ex aliqua necessitate nonnulli orientales debeant ingredi novitiatum ritus latini, eo in fine ut postea mittantur ad formandas domus et provincias ritus orientalis; in hisce casibus orientales, sine venia Sacrae Congregationis pro Ecclesia Orientali licite ad novitiatum ritus latini admitti possunt: isti enim non mutant ritum orientalem et non in perpetuum sed ad determinatum tempus admittuntur in latinam religionem. (5)

---

(1) Can. 542, n. 2.
(2) Cfr. can. 98, §2, 3; Maroto, CpR., VII, 29.
(3) Cfr. can. 257; can. 542, n. 2.
(4) Cfr. Pont. Com. C. C. I., 10 nov. 1925, ad VI, A A S., XVII, 583.
(5) Cfr. Maroto, CpR., VII, 29.

## ART. III. IMPEDIMENTA EX IURE PARTICULARI.

Praeter impedimenta quae in Codice e iure communi statuta sint, etiam ex iure particulari in quolibet instituto religioso inveniuntur varia impedimenta ad novitiatum sive dirimentia sive impedientia. (1)

Si religio eiusque constitutiones approbatae sint a Sancta Sede tunc impedimenta legitime statuta eundem valorem habent, pro illa religione, ac impedimenta ex iure universali. (2) Reddunt proinde admissionem in novitiatum aut invalidam aut illicitam, pro diverso casu.

Ut tamen effectum suum produceant necessaria est in constitutionibus clausula irritans vel prohibens. (3)

Ab impedimentis ex iure particulari dispensare possunt, vel Sancta Sedes vel in religionibus iuris dioecesani loci Ordinarius vel in casibus particularibus, prout plerumque in constitutionibus provisum est, Superiores maiores.

---

(1) Ex. gr. iuxta Constitutiones Fratrum S. Ordinis Praedictorum (n. 35), invalide ad novitiatum admittuntur: qui ex iudaismo vel mahumetanismo convertuntur, vel sectae massonicae adscripti fuerint; qui habitum Ord. Praed. vel alterius ordinis ante professionem sponte vel coacte dimiserunt; qui in eodem vel alio Ordinis conventu, reiecti fuerunt. — Ex Constitutionibus Gener. Fr. Minorum (n. 15), illicite ad novitiatum admittuntur: qui illegitimo toro aut inhonestis parentibus sunt nati; qui habent maculam notabilem famae.

(2) Cfr. Can. 542.

(3) Uti habetur v. g. in Constit. Fr. Minorum: "Ex iure nostro peculiari etiam illicite sed valide admittuntur:" (Cfr. Regula et Constit. Fr. Minorum, n. 15)

## CAPUT II.

## DE POTESTATE ADMITTENDI IN NOVITIATUM.

Potestas admittendi candidatos ad novitiatum et ad religionem principaliter est in Romano Pontifice sicuti in Supremo Superiore (1) qui tamen illa immediate uti non solet sed eamdem proxime relinquit Superioribus institutorum religiosorum. (2)

Ante Codicem deerat uniformis lex universalis quoad ius admittendi in novitiatum; (3) Codex universaliter decernit "ius admittendi ad novitiatum et subsequentem professionem religiosam tam temporariam quam perpetuam pertinet ad Superiores maiores cum suffragio Consilii seu Capituli, secundum peculiares cuiusque religionis constitutiones". (4)

Statuit igitur Codex legem universalem et quoad substantiam uniformem pro omnibus institutis religiosis. Potestas admittendi candidatos ad novitiatum universaliter tribuitur Superioribus maioribus cum suffragio Consilii seu Capituli.

Nomine Superiorum maiorum veniunt: "Abbas Primas, Abbas Superior Congregationis monasticae, Abbas monasterii sui iuris, licet ad monasticam Congregationem pertinentis, supremus religionis Moderator, Superior provincialis, eorundem vicarii aliique ad instar provincialium potestatem habentes". (5)

---

(1) Cfr. Can. 499, §1.
(2) Cfr. can. 543.
(3) Cfr. v. g. Sixtus V, const. "Cum de omnibus" 26 nov. 1587, §4, Fontes, n. 164; S. C. super Statu Regularium, decr. "Regulari disciplinae" 25 ian. 1848, Pars prima, Vermeersch, De Religiosis, II, 114; Leo XIII, const. Conditae a Christo" 8 dec. 1900, §2, n. I, Fontes, n. 644.
(4) Can. 543.
(5) Can. 488, n. 8: cfr. CpR., IV, 113-119; CpR., VII, 249-251.

Nulla mentio fit inter enumeratos de Ordinario loci, ideoque caret potestate admittendi candidatos ad novitiatum etiam in religionibus dioecesanis, nisi ei detur ex constitutionibus facultas admittendi adspirantes in novitiatum invitis Superioribus propriis religionis. (6).

Codex in can. 543 generaliter dicit de Superioribus maioribus et de suffragio Consilii seu Capituli: nihil aliud determinavit in particulari; ultimis tamen verbis praescripti "secundum peculiares cuiusque religionis constitutiones" (7) legislator tribuit cuilibet approbato instituto religioso potestatem determinandi, speciali modo, coetum eorum a quibus Superior suffragium requirere debet, naturam seu vim suffragii atque ipsum Superiorem. (8)

Constitutiones igitur libere stabilire possunt: quisnam ex Superioribus maioribus, super enumeratis, ius habeat admittendi; a quo Consilio vel Capitulo suffragium expetendum sit; (9) an suffragium deliberativum vel consultivum sit. Hoc modo, pro diversitate religionum et circumstantium, substantia legum uniformiter servatur, varietates vero legitime per constitutiones moderantur ex ipsius Codicis praescripto. (10)

Animadvertenda sunt denique in canone, maioris momenti verba "cum suffragio Consilii vel Capituli". (11)

Ius admittendi ad novitiatum exercere debet quidem Superior maior, constitutionibus designatus: attamen *cum suffragio* Consilii seu Capituli, deliberativo aut consultivo, iuxta determinationem constitutionum; non potest proinde Superior admittens agere omisso suffragio a constitutionibus determinato; *ad valorem* enim *actus*, in nostro casu sufragium Consilii aut Capituli absolute et semper requiritur. (12)

Iuxta can. 105 "cum ius statuit Superiorem ad agendum indigere consensu vel consilio aliquarum personarum: 1° Si consensus exigatur, Superior contra eorundem votum invalide

(6) Cfr. Vermeersch-Creusen, Epit. I, 360.
(7) Can. 543.
(8) In hoc omnes commentatores conveniunt. — Cfr. can. 543; Vermeersch-Creusen, Epit., I, 360; Blat. II, 599; Cocchi, IV, 132.
(9) Sunt enim plura: generale, provinciale et locale; pariter et consilia. Cfr. can. 516, §1.
(10) Cfr. Cocchi, IV, 132.
(11) Can. 543.
(12) Cfr. can. 105, 543.

agit; si consilium tantum, per verba, ex. gr.: *de consilio consultorum*, vel *audito Capitulo, parocho*, etc. satis est *ad valide agendum* ut Superior illas personas audiat; quamvis autem nulla obligatione teneatur ad eorum votum etsi concors accedendi"... In nostro ergo casu Superior, admittens candidatos ad novitiatum, tenetur aut consensum obtinere aut saltem Capitulum seu Consilium audire pro diversitate peculiarium cuiusque religionis constitutionum; omisso suffragio sive deliberativo sive consultivo invalide aget; non satisfaciet enim conditioni ad validitatem admissionis requisitae. Invalide etiam aget si constitutiones non consilium sed consensum Capituli exigant et ipse contra istius votum candidatos admittat. (13)

Superiores quorum est admittere ad novitiatum et professionem possunt ad eosdem actus alios delegare. (14)

In pluribus religionibus ante Codicem, pro novitiis, currente anno probationis suffragia dabantur a professis domus novitiatus. Codex nihil expresse de ista votatione statuit, proinde ex iure communi non est necessaria. Ex iure tamen particulari, ubi probatis constitutionibus praescribitur, servanda est. (15)

Licet tandem adnotare in hoc loco can. 2411, vi cuius "Superiores religiosi qui candidatum non idoneum contra praescriptum can. 542, aut sine requisitis litteris testimonialibus contra praescriptum can. 544, ad novitiatum receperint, vel ad professionem contra praescriptum can. 571, §2, admiserint, pro gravitate culpae puniantur, non exclusa officii privatione."

---

(13) Cfr. Goyeneche, CpR., III, 265.
(14) Cfr. Acta Ordinis Fratrum Minorum, vol. XLII, 138.
(15) Cfr. ibidem, 139.

## CAPUT III.

## DE RELIGIOSA VOCATIONE.

Quaestio haec de vocatione religiosa theologice potius quam iuridice considerari debet, et ideo non videtur directe pertinere ad nostram thesim, attamen quoniam stricte coniungitur cum admissione in novitiatum, breviter saltem attingenda est.

Duplex distinguitur vocatio ad statum religiosum: generalis et specialis. (1)

Generalis est invitatio a Christo omnibus hominibus facta ad perfectionem vitae, per praxim consiliorum evangelicorum. (2)

Haec vocatio etiam ordinaria dicitur "prout originem trahit a deliberatione rationis qua iuvante utique gratia, ex evangelicis documentis et perpensis adiunctis, edocetur quispiam sibi meliorem esse et praeferendam viam consiliorum evangelicorum." (3)

Vocatio specialis seu extraordinaria est actus divinae providentiae, quo Deus aliquem prae ceteris specialiter vocat, atque fortiter et constanter per gratiam movet ad vitam religiosam amplectendam. (4)

Duae sunt opiniones circa necessitatem vocationis. Nonnulli theologi, pro admissione ad statum religiosum, specialem seu extraordinariam vocationem requirunt (5) et sententiam suam probare nituntur triplici argumento, scilicet: divina

---

(1) Cfr. Suarez, De Stat. Relig., tract. VII, 1. V, c. 8, n. 4, 5; Piat, I, 35.
(2) Mah. V, 48: "Estote ergo vos perfecti, sicut et Pater vester coelestis perfectus est." Et in alio loco: "Si vis perfectus esse vade, vende quae habes... et veni sequere me" (Math. XIX, 21). Cfr. etiam Piat, I, 35.
(3) Vermeersch, De Religiosis, II, (48).
(4) Cfr. Piat, I, 35; Suarez, De Stat. Relig., tract. VII, 1. V, c. 8, n. 5.
(5) Cfr. ex. gr.: Lessius, Opusc. de statu vitae deligendo n. 56, cfr. apud

providentia; (6) exemplo et verbis Christi; (7) et praxi Ecclesiae. (8)

Concludunt denique patroni huius opinionis: graviter peccare qui religionem ingreditur, si defectum specialis vocationis ex parte sua clare noverit. (9)

Alii tamen theologi, S. Thomas, Suarez et recentiores, necessitatem specialis vocationis negant, et docent sufficere vocationem generalem seu ordinariam, nam omnibus licet viam consiliorum in statu religioso sequi, dummodo canonico impedimento non prohibeantur et bono fine moveantur. (10)

Sententiam suam probant: verbis Christi (11); verbis S. Pauli Apostoli; (12) doctrina SS. Patrum, (13) et praxi Ecclesiae. (14)

---

Prummer, 264, nota 1; S. Alphonsus, Theolog. Moral. 1. 6, n. 78; Gury, Comp. Theol. moral., II, 148-156; et alii citati apud Piat, I, 36, nota 3.

(6) a) Deus omnia in ordine naturali gubernat, modo singulis proprio; a fortiori ergo in ordine supernaturali; necesse est ideo ut ad statum excellentiorem et perfectiorem quis a Deo vocetur. b) Gratiae necessariae ad statum religiosum amplectendum et prosequendum a Deo conceduntur illis solis quos Deus ad hunc statum vocavit. — Cfr. Piat, I, 36.

(7) a) Paucos tantum Christus vocavit ad sui imitationem in via perfectionis. b) Proponendo consilia evangelica hominibus, de continentia loquens, expresse agnovit in omnium potestate non esse illud donum servare: **Non omnes capiunt verbum istud, sed quibus datum est... Qui potest capere capiat.** (Math., XIX, 11 et 12). **Non vos me elegistis sed ego elegi vos.**" (Joan., XV, 16). — Cfr. Piat, I, 36-37.

(8) Ecclesia pluribus ingressum in religionem interdicit, saltem ad tempus, quod facere non posset, si Deus cunctos vocaret. Immo omnium religionum regulae quasdam requirunt conditiones et dotes in recipiendis, et ideo multi qui carent dotis ab ingressu excluduntur. Statuta illa ab Ecclesia approbata sunt. Ergo ex praxi et sensu Ecclesiae non omnes sunt vocati. — Cfr. Piat, I, 37.

(9) Tum ob iniuriam Deo illatam, tum ob reverentiam religioni debitam, tum ob periculum salutis quod incurrit, dum suscipit obligationes, quibus moraliter satisfacere non poterit utpote carens specialibus auxiliis, quae solis a Deo vocatis conceduntur. Cfr. Piat, I, 37; Prummer, 264.

(10) S. Thomas, Summa theol. 1-2, q. 108, a. 4; Ibidem 2-2, q. 189, a. 10; Suarez, De Stat. Relig., tract. VII, 1. V, c. 4. n. 1. "Quilibet homo per se est capax perfectionis christianae, ad quam religio tendit, unde consilia perfectionis per se pro omnibus dantur" (Ibidem, tract. VII, 1. V, c. 8, n. 5.; Cfr. etiam Piat, I, 38-41; Vermeersch, De Religiosis, II, (42) - (44).

(11) **Si quis vult post me venire...** (Mth. XVI, 24) **Omnis, qui reliquerit domum...** (Math. XIX, 29) **Qui potest capere, capiat.**" (Math. XIX, 12). Haec enim verba, quibus statum religiosum instituit, omnino generalia sunt et neminem excludunt. (Cfr. Piat, I, 38).

(12) **De virginibus praeceptum Domini non habeo: consilium autem do, tamquam misericordiam consecutus a Domino, ut sim fidelis. Existimo ergo hoc bonum esse propter instantem necessitatem, quoniam bonum est homini sic esse** (I Cor. VII, 25 et 26). Piat, I, 38; "His verbis omnes fideles hortatur ad consiliorum evangelicorum magis arduum, quod facere non potuisset, si illi soli virginintatem colere possent quibus illud donum specialiter a Deo concessum est." Bellarminus, De Monachis, lib. II, c. 31 "Quis, ergo, sapiens hortaretur unquam ad id, quod non est in potestate? Num, quis unquam hortatus est homines, ut prophetae fiant, aut robusti ex debilibus, proceri ex parvis: formosi ex deformibus?"

(13) Piat, I, 38-39: "Qui unanimiter docent in uniuscuiusque potestate

Signa ordinariae verae vocationis, ab ipsis indicata sunt: "carentia impedimenti et voluntas firma, Deo confisa, Ipsi in statu religioso serviendi." (15)

Prior opinio de necessitate specialis seu extraordinariae vocationis ad statum religiosum videtur esse nimis severa et non iuxta mentem, Ecclesiae. Non est enim ratio cur pro ingressu ad statum religiosum semper exspectanda sit vocatio extraordinaria. (16)

Deinde ex novissima Codicis disciplina pro admissione in religionem requiritur recta intentio, idoneitas ad onera religionis ferenda et absentia cuiusvis legitimi impedimenti. "Quibus verbis omnia habentur quae ad vocationem theologice et iuridice consideratam requiruntur". (17)

Seu aliis verbis specialis divina vocatio non requiritur, sufficit vocatio generalis. Recta intentione enim movetur etiam is, qui iuvante gratia ex evangelicis documentis et perpensis adiunctis edocetur sibi meliorem esse et praeferendam viam consiliorum evangelicorum.

Proinde quilibet homo secundum corpus et animam capax, si sit catholicus, idoneus ad onera ferenda, habeatque firmam voluntatem Deo serviendi et observare regulas status religiosi et qui nullo legitimo impedimento detineatur tuto atque

---

esse consilia evangelica sequi si velit, non quidem propriis viribus innixi sed divinae auxilio gratiae, quae rite petenti semper conceditur." Et citat plurimos Patres.

(14) Piat, I, 39: "Diu in Ecclesia viguit disciplina ut parentes monasteriis offerent filios etiam antequam isti rationis haberent usum. Iam autem his pueris, cum puberes effecti erant, a monasterio discedere fas non erat, sed per ecclesiasticas leges in eo vitae instituto, cui semel addicti erant, manere cogebantur.

Quae Ecclelae praxis aliter explicari ac iustificari nequit nisi dicendo omnes habere vel saltem habere posse, si velint, gratias certe sufficientes ad statum religiosum sancte percurrendum, seu, quod idem est, necessariam non esse specialem vocationem".

(15) Vermeersch, De Religiosis, II, (50).

(16) "Quia hoc ipsum potest merito in consultationem venire, an scilicet expediat religionem ingredi sine alio speciali desiderio, aut affectu superius immisso ex vi solius efficacis electionis factae maturo iudicio post talem consultationem: nam quod hoc saepe expediat, et experientia compertum est, et ratione, quia in aliis operibus virtutum saepe conveniens est, vel potius necessarium hoc modo operari; ergo et in praesenti, quia non est ratio cur hic semper expectanda sit extraordinaria gratia vel vocatio Spiritus Sancti, qua tribuatur desiderium de se efficax priusquam humana consultatio ac deliberatio praecedat; non est ergo semper illud genus vocationis exspectandum, sed quaelibet occasio vel sancta cogitatio a Spiritu Sancto data arripienda est, saltem ut prudens consilium, ac deliberatio fiat" (Suarez, De Stat. Relig., tract. VII, 1. V, c. 8, n. 5.). Cfr. etiam Piat, I, 39-41.

(17) De Meester, II, 428.

licite religionem ingredi potest; iuridice non prohibetur ei ingressus ad statum religiosum, etiamsi speciali extraordinaria vocatione careat. (18)

In praxi tamen magna cum prudentia ea omnia applicari debent.

---

(18) Cfr. De Meester, II, 428; Prummer, 264-265.

## CAPUT IV.

## DE REQUISITIS POSITIVIS UT QUIS IN NOVITIATUM ADMITTATUR.

In primo capite huius tituli enumeravimus — impedimenta quibus arcetur ingressus adspirantis in novitiatum. Absentia istorum impedimentorum necessaria est quidem pro legitimo ingressu in novitiatum; nihilominus tamen necessaria est recta intentio et idoneitas candidati. Ut ergo carentia impedimentorum, recta intentio atque idoneitas adspirantis comprobari possit legislator praecepit ac determinavit quaenam documenta in particulari exhibenda ac determinavit quaenam praeterea positive requisita sint pro admissione in novitiatum. Sunt autem requisita communia seu varia documenta pro viris ac mulieribus in genere, et speciatim requisita pro admissione mulierum in novitiatum; deinde ad probandam idoneitatem imposita est adspirantibus obligatio peragendi postulatum antequam in novitiatum admittantur.

Dicemus itaque: in primo articulo de positive requisitis in genere seu de necessariis documentis; in secundo articulo de requisitis speciatim pro mulierum admissione in novitiatum; et in tertio articulo de obligatione peragendi postulatum.

### ART. I. DOCUMENTA NECESSARIA PRO ADMISSIONE IN NOVITIATUM.

Superiores, quibus ius est adspirantes in religionem cooptandi, obligati sunt dignos ac idoneos tantum candidatos in novitiatum recipere. Ut qualitates istae comprobari possint varia testimonia (1) ex iure communi requiruntur, nempe: documenta recepti baptismatis atque confirmationis; et diversae litterae testimoniales pro diversis casibus. De illis documentis ac de normis, quae sequendae sunt in conficiendis testimoniis, seorsim in tribus paragraphis aliqua dicenda sunt.

(1) Testimonia seu litterae testimoniales, in nostro casu, sunt documenta

§I. *De requisitis testimoniis recepti baptismatis et confirmationis.*

"Baptismate homo constituitur in Ecclesia Christi persona cum omnibus christianorum iuribus....; (2) nemo itaque habet ius ingrediendi religionem et nemo admitti potest nisi sit baptisatus atque catholicus; (3) haec est prima conditio pro admissione in novitiatum.

Ideoque in quavis religione, (4) virorum aut mulierum, omnes adspirantes, antequam admittantur, exhibere debent testimonium recepti baptismatis, (5) ad comprobandum ius ingrediendi religionem. Excipiuntur tantum clerici et religiosi professi ad aliam religionem, ex apostolico indulto transeuntes. (6) Praeter testimonium recepti baptismatis exigitur etiam testimonium recepti confirmationis. (7)

Utrumque, sub legitima forma, (8) a parocho baptismati obtineri potest. (9)

In casu vero, si nemini fiat praeiudicium, ad collatum baptismum comprobandum satis est unus testis omni exceptione maior, vel ipsius baptizati iusiurandum, si ipse in adulta aetate baptismum receperit. (10)

Pariter, "ad collatam confirmationem probandam, modo nemini fiat praeiudicium, satis est unus testis omni exceptione maior, vel ipsius confirmati iusiurandum, nisi confirmatus fuerit in infantili aetate." (11)

Ex sensu canonis 544, §1, patet, testimonium utriusque recepti sacramenti exhibendum esse antequam adspirantes in novitiatum admittantur. Non potest enim valide admitti

---

a competenti auctoritate ecclesiastica edita, quibus comprobantur qualitates adspirantium. (Cfr. Fanfani, 205).

(2) can. 87.

(3) Cfr. can. 538, 693, §1.

(4) Verbum "religio" intelligendum est iuxta can. 488.

(5) Cfr. can. 544, §1.

(6) Cfr. can. 544, §4, 5.

(7) Cfr. can. 544, §1.

(8) Iuxta can. 384, §2.

(9) Cfr. can. 470, §1, 2.

(10) Cfr. can. 779.

(11) Can. 800.

in novitiatum adspirans nisi de eius baptismate constet. (12)

Confirmatio quidem *ad validitatem* admissionis in novitiatum necessaria *non est,* (13) iuxta praeceptum tamen legislatoris adspirans confirmari debet et testimonium recepti confirmationis exhibere obligatus est antequam admittatur ad novitiatum. (14)

§2. *De requisitis litteris testimonialibus.*

Praeter testimonia recepti baptismatis et confirmationis, requirendae sunt *pro adspirantibus* viris litterae testimoniales tum ab Ordinario originis tum ab aliis Ordinariis locorum in quibus adspirantes, post expletum decimum quartum aetatis annum, morati sint ultra annum moraliter continuum. (1)

Praedictas litteras testimoniales induxit Pius IX decreto "Romani Pontifices"; (2) postulavit, ut Superiores religiosi, "antequam ad religiosum habitum postulantes reciperent, de illorum vita, moribus, ceterisque dotibus et qualitatibus sedulo inquirerent, ne indignis ad religiosas familias, non sine maximo illarum detrimento, ostium adaperirent." (3) et decernit ut "nemo ad habitum admittatur absque testimonialibus litteris tum Ordinarii originis tum etiam Ordinarii loci in quo Postulans post expletum decimum quintum annum aetatis suae ultra annum moratus fuerit." (4)

Codex, mutata aetate ex 15 annorum in 14 annos, anteriorem legem de litteris testimonialibus retinuit.

Requirendae sunt igitur omnino litterae testimoniales pro omnibus adspirantibus viris in quavis religione *virorum* "sublato quolibet contrario privilegio." (5)

Adspirantes exhibere debent testimoniales litteras *Ordinarii Originis;* (6) et quidem merito; iuxta enim decretum

(12) S. C. super Statu Regularium, 29 maii 1857, iam declaravit: "Documentum recepti Baptismatis exhibendum esse ante admissionem ad habitum". Cfr. S. C. super Statu Regularium, declar., 29 maii 1857, ad 2, Vermeersch, De Religiosis, II, 111.

(13) Indirecte patet ex. can. 787, et 542, n. 1.

(14) Cfr. can. 544, §1.

(1) Cfr. can. 544, §2.

(2) Cfr. S. C. super Statu Regularium, decr. **"Romani Pontifices"** 25 ian. 1848, n. I, Vermeersch, De Religiosis, II, 107.

(3) **Ibidem,** prooemium.

(4) **Ibidem,** n. I.

(5) Cfr. can. 544, §2.

(6) Seu ab Ordinario loci originis; iuxta can. 90, §1, "Locus originis filii, etiam neophyti, est ille in quo, cum filius natus est, domicilium, aut in defectu domicilii, quasi - domicilium habebat pater vel, si filius sit illegitimus aut postumus, mater."

Pii IX "quamlibet Moderatores Ordinum diligentiam adhibeant in informationibus exquirendis, in gravi tamen ut plurimum versantur periculo deceptionis, *nisi ab locorum antistitibus testimonium exquirant* circa eorum qualitates qui ad habitum religiosum admitti postulant: Ordinarii enim vi pastoralis officii oves suas prae ceteris agnoscere possunt, et saepe saepius ea manifestare impedimenta quae alios latent." (7)

Non sufficit proinde testimonium datum a parocho, sed omnino requiruntur litterae testimoniales ab *Ordinario originis.* Si vero adspirans in pluribus dioecesibus ultra annum moraliter continuum (8) habitaverit, post expletum decimum quartum aetatis annum, requiruntur pariter litterae testimoniales omnium Ordinariorum, in quorum dioecesi adspirans habitavit.

Si agatur de admittendis illis qui in Seminario, collegio vel alius religionis postulatu aut novitiatu fuerunt, requiruntur, non tantum praedicta testimonia, sed etiam litterae testimoniales datae pro diversis casibus a Rectore Seminarii vel collegii, audito Ordinario loci, aut a maiore religionis Superiore. (9)

De adspirantibus igitur viris qui fuerunt in Seminario et de adspirantibus, sive viris sive mulieribus qui fuerunt in collegio requiruntur litterae testimoniales vel a Rectore Seminarii vel collegii, in utroque tamen casu hac reservata conditione: *audito Ordinario loci* sive Seminarii sive collegii.

(7) S. C. super Statu Regularium, decr. "Romani Pontifices" 25 ian. 1848, prooem., Vermeersch, De Religiosis, II, 107.

(8) Moraliter continuum: proinde absentia aliquorum dierum vel etiam unius mensis, iuxta auctores, nihil impedit in temporis supputatione. Cfr. Vermeersch-Creusen, Epit., I, 363; Blat, II, 601.

(9) Cfr. can. 544, §3. "Seminarium est proprie institutum clero dioecesano educando et litteris, prius profanis et dein sacris, erudiendo: deputatum, ita ut vox cum maiora tum minora Seminaria complectatur." Vermeersch-Creusen, Epit. I, 362.

Per vocem "collegium" intelligendum est institutum in quo alumni, sive iuvenes sive puellae, ad amplectendum statum ecclesiasticum aut religiosum praeparantur. Hoc patet ex declarationibus S. Congr. de Religiosis, 5 apr. 1910, ubi clare de solis collegiis ecclesiasticis agebatur; canon vero ex his declartionibus desumptus est. Altera ratio: in §3 can. 544 et in §4 can. 545, collegium ponitur absque discrimine inter alia ecclesiastica instituta, in quibus alumni praeparantur ad statum sacerdotalem vel religiosum.

Cfr. S. Congr. de Religiosis, declar. 4 ian. 1910, A A S, II, 36; S. Congr. de Religiosis, declar. 5 apr. 1910, ad II-IV, Ibidem, 231-232; Cfr. etiam Vermeersch-Creusen, Epit., I, 362; Fanfani, 206; Cocchi, IV, 133.

Nihil valent proinde litterae testimoniales datae a Seminarii vel collegii Rectore, qui, in casu Ordinarium loci non audiret. (10)

De adspirantibus, sive viris sive mulieribus, qui fuerunt in postulatu aut novitiatu alius religionis, requiruntur litterae testimoniales datae a maiore religionis Superiore; (11) non vero ab alio Superiore.

Si autem agatur de admittendis clericis (12) requiritur: testimonium ordinationis (13) et litterae testimoniales Ordinariordum in quorum dioecesibus post ordinationem ultra annum moraliter continuum sint commorati; (14) non sunt necessariae in hoc casu litterae testimoniales Ordinariorum vel originis vel cuiusque loci in quo adspirantes commorati fuerunt ante supradictam ordinationem, iam enim tempore ordinationis de anteacta vita explorati erant.

Additur tamen pro clericis clausula "salvo praescripto §3" (15) eiusdem canonis; seu pro clericis, qui, post ordinationem, in alieno Seminario aut collegio degerint requiruntur etiam litterae testimoniales datae a Rectore Seminarii vel collegii, audito Ordinario loci.

Deinde pro religiosis, sive viris sive mulieribus, ex apostolico indulto ad aliam religionem transeuntibus, satis est testimonium Superioris maioris prioris religionis; (16) in hoc casu nec testimonia baptismi vel confirmationis nec aliae litterae testimoniales requirenda sint.

Lex tamen afficit solos professos, etiam post primam professionem temporalium votorum, legitime transeuntes ad aliam religionem; (17) non vero saecularizatos; et non postulantes vel novitios.

Superioribus maioribus imponitur denique obligatio investigandi adspirantes circa illorum mores et indolem, antequam candidatos reciperent; atque praeter testimonia supra

(10) Cfr. can. 105, n. 1. — Superiores iuramento testimonia firmare debent. (Can. 545, §1).
(11) Maiores Superiores iuxta can. 488, n. 8.
(12) Clerici: saltem post primam tonsurum. Cfr. can. 108.
(13) Cfr. can. 950 et 949.
(14) Cfr. can. 544, §4.
(15) Cfr. can. 544, §4.
(16) Cfr. can. 544, §6.
(17) Ad normam can. 632.

enumerata, a iure communi requisita, possunt Superiores maiores alia testimonia exigere quae ipsis ad hunc finem necessaria sunt aut opportunata videantur. (18)

Pro postulantibus mulieribus, praeter testimonium baptismatis et confirmationis sufficit ut constet, ex documentis vel ex aliis investigatiobus diligenter factis, circa earum indolem et mores, (19) nisi agatur de illis quae in collegio vel in aliae religionis postulatu aut novitiatu fuerint, in hoc enim casu litterae testimoniales requiruntur a Rectore collegii vel a maiori Superiorissa prioris religionis. (20)

§3. *De normis quae sequendae sunt in conficiendis et transferendis litteris testimonialibus.*

Legislator non tantum praescribit iure communi, pro omnibus religionibus diversa documenta ad hoc, ut carentia impedimentorum et idoneitas adspirantium comprobari possit, sed etiam, lege generali, determinavit modum conficiendi praedicta documenta seu statuit normas quae omnino sequendae sunt in conficiendis et transferendis litteris testimonialibus.

Modus transferendi determinatus est sequens: "Qui testimoniales ex praescripto iuris dare debent, eas non ipsis adspirantibus, sed Superioribus religiosis dent gratuito intra trimestre spatium ab earum requisitione, sigillo clausas et, si agatur de illis qui in Seminario, collegio vel alius religionis postulatu aut novitiatu fuerint, a Superiore iuramento firmatas". (1)

Imprimis agitur hic de litteris testimonialibus proprie dictis, quae respiciunt qualitates postulantis; non vero de testomoniis recepti baptismatis et confirmationis, quae ipsis adspirantibus tradi possint.

Litteras testimoniales, ex praescripto iuris, dare debent: Ordinarius loci, Rector Seminarii vel collegii, Superior ma-

(18) Cfr. can. 544, §6, 7.
(19) Cfr. can. 544, §7.
(20) Cfr. Can. 544, §7 et 3.
(1) Can. 545, §1.

ior vel Superiorissa religionis; (2) illi omnes *legitime requisiti*, a Superiore maiori religionis, obligati sunt dare litteras testimoniales, propter secretum servandum, non ipsis adspirantibus, sed Superioribus religionis; litterae dandae sunt gratuito, sigillo clausae et intra trimestre spatium ab earum requisitione. (3)

Trimestre spatium temporis designatum est pro investigationibus diligenter faciendis: intelligi debet maximum spatium. Litterae testimoniales editae de illis qui in Seminario, collegio vel alius religionis postulatu aut novitiatu fuerint, a Superiore iuramento firmari debent. In casu vero quo Rector Seminarii vel collegii aut Superior religionis iuramento litteras testimoniales firmare nollet "Ordinarius, si agatur de Institutis iuris dioecesani aut laicalibus, sive collegiis aut Seminariis; vel Supremus Moderator in institutis clericalibus aut in Ordinibus Regularibus, contra tales Superiores renuentes procedant, eos cogendo etiam per poenas, usque ad privationem oficii. Quod si nihilominus litterae iuratae haberi non possint, res deferatur ad S. Congregationem." (3a) Interea autem candidati ad novitiatum licite admitti non poterunt.

Si tamen litterae testimoniales ob graves causas dari nequeant, illi, qui eas dare debent, intra trimestre spatium ab earum requisitione, causas Apostolicae Sedi exponere obligati sunt. (4)

Si Superiores requisiti post investigationes factas, reposuerint adspirantem non esse sibi satis cognitum tunc Superior religiosus debet supplere defectus notitiae per aliam accuratam investigationem ac fide dignam relationem; si denique Superiores requisiti intra trimestre nihil reposuerint, Superior requirens de non recepta responsione Sanctam Sedem certiorem reddat, (5) atque responsio exspectanda est.

In ultima paragrapho eiusdem canonis 545, legislator praescribit modum conficiendi litteras testimoniales, et de-

---

(2) Cfr. can. 544, §2, 3, 4, 5.
(3) Cfr. can. 545, §1.
(3a) S. Congr. de Religiosis, Responsum, 21 nov. 1919, A A S., XII, 17.
(4) Cfr. can. 545, §2.
(5) Cfr. can. 545, §3.

terminavit quid continere debeant.

Nempe, Ordinarii locorum qui ex praescripto iuris praefatas litteras dare debent, obligati sunt diligenter investigare, etiam per secretas opportunas informationes de omnibus adspirantis qualitatibus. In litteris vero testimonialibus referre debent, *graviter eorum conscientia onerata super veritate expositorum*, de adspirantis natalibus sitne natus ex legitimis et honestis parentibus; de moribus: utrum adspirans sit pius an aliquo vitio habituali laboret; de ingenio: si vacet litteris aut artibus; de vita anteacta: quomodo eam ducat; de fama eius generaliter; de conditione: utrum liber sit an coniugatus, sitne clericus vel religiosus aut saecularizatus; de scientia: utrum adspirans sit inquisitus apud Ecclesiam vel a potestate civili; utrum aliqua censura, aut irregularitate vel alio impedimento canonico irretitus, ad normam can. 542; num adspirantis familia eius auxilio indigeat; et denique, si agatur de illis adspirantibus qui in Seminario, collegio, aut alius religionis postulatu aut novitiatu fuerint, quanam de causa dimissi sint vel sponte discesserint; (6) ultimum praeceptum afficit Rectores Seminariorum vel collegiorum atque Superiores maiores religionum; ipsi enim, iuramento confirmatas litteras testimoniales, dare debent de adspirantibus praedictis.

Omnes vero Superiores et examinatores vel extranei qui litteras testimoniales receperint vel legerint, *stricta obligatione tenentur secreti servandi* circa notitias habitas et personas quae illas tradiderunt. (7) Obligatio haec merito statuta est in Codice, ut omnia supra dicta sine timore et rite impleri possint.

## ART. II. REQUISITA PROPRIA PRO MULIERUM ADMISSIONE IN NOVITIATUM.

Praeter documenta necessaria tam pro omnibus in genere quam pro mulieribus in particulari ad hoc ut carentia impedimentorum et idoneitas comprobari possit, sunt etiam alia specialiter et positive requisita pro mulierum admissione in novitiatum; nempe: dotes requisitae; et canonica exploratio

(6) Cfr. can. 545, §4; Fanfani, 207.
(7) Cfr. can. 546.

voluntatis puellarum ante admissionem in novitiatum. De his in duplici paragrapho dicemus.

## §1. *De dote.*

Nomine dotis venit summa pecuniae vel bonorum temporalium, quam adspirans religionem ingrediens secumfert pro congrua sui sustentatione. (1) Praxis exigendi dotem inducta erat circa finem saeculi decimi septimi. (2)

Codex obligationem dotis diverso modo determinavit; facta est distinctio inter monasteria monialium et religiones votorum simplicium: "In monasteriis monialium postulans afferat dotem in constitutionibus statutam aut legitima consuetudine determinatam." (3) Sed "in religionibus votorum simplicium, quod ad religiosarum dotem pertinet, standum constitutionibus." (4)

Iure communi exigitur dos in monasteriis monialium; quantitas dotis tamen, lege generali, non est determinata; iuxta constitutiones cuiusvis monasterii aut secundum consuetudinem exigenda est. (5)

Quoad adspirantes in religionibus votorum simplicium non solum quantitas dotis sed etiam ipsa necessitas dotis constitutionibus definiri debet. Possunt proinde religiones votorum simplicium statuere ut nulla dos exigatur, vel possunt postulare dotem tantum pro sustentatione tempore novitiatus; aut exigere pro solis choristis non vero conversis; immo possunt determinare, ut locum dotis tenere possit aliquid aequivalens ex. gr. diploma ad docendum, vel aliud simile. Post approbationem tamen constitutionum, tum in monasteriis monialium quoad quantitatem dotis tum in re-

(1) Cfr. Fanfani, 188; Vermeersch-Creusen, Epit. I, 366; Cocchi, IV, 136.
(2) Cfr. Benedictus XIV, De Synodo dioec., 1. 11, c. 6, n. 1 ss; Baczkowicz, I, 550. — Prioribus Ecclesiae saeculis prohibitum fuit aliquid exigere ab ingredientibus religionem. Plures leges et poenae statutae erant contra monachos qui ratione alimentorum pecuniam a candidatis exigebant. Cfr. Conc. Gen. Lateranense III (1179), cap. X, Mansi XXII, 1051; cc. 8, 19, 25, 30, 40, X, 5, 3.) Postea tamen S. Thomas et alii rem melius declarabant, quod iure divino non sit prohibita solutio, si haec non ratione ingressus sed pro alimentis personae daretur. (Cfr. S. Thomas, 2-2, q. 100, a 4, ad IV; Suarez, De Stat. Relig., tract. VII, 1. V, c. 9, n. 15, 16.) Exinde aperta est via dotibus et paulatim inducitur dos non tantum pro monialibus supranumerariis in monasteriis, sed etiam pro omnibus. (Cfr. Chelodi, 414)
(3) Can. 547, §1.
(4) Can. 547, §3.
(5) Consuetudo legitima iuxta can. 27.

ligionibus votorum simplicium quoad necessitatem et quantitatem dotis standum est constitutionibus. Et iam "dos praescripta condonari ex toto vel ex parte nequit sine indulto Sanctae Sedis, si agatur de religione iuris pontificii; sine venia Ordinarii loci, si de religione iuris dioecesani". (6)

Dos tradenda est monasterio ante susceptionem habitus vel saltem traditio dotis tuta reddi debet per formam iure civili validam. (7)

Praedictum praeceptum afficit monasteria monialium; de religionibus votorum simplicium Codex nihil dicit, proinde standum est constitutionibus, quae definire debent tempus et modum tradendi dotem. Religio tamen vel monasterium proprietatem irrevocabilem dotis non acquirit nisi post obitum religiosae, quae vota saltem temporaria nuncupaverit. (8)

Canones 549, 550, 551, determinant quomodo administranda, conservanda et restituenda sit dos, quae omnia pertinent potius ad tractatum de bonis temporalibus, ideo breviter tantum in hoc loco commemoranda sunt.

Dos ordinario solvenda est in numerata pecunia. In casu tamen, si quando adspirans bona immobilia affert haec post primam professionem alienanda esse videntur; lex enim praecepit: "post primam religiosae professionem dos in tutis, licitis ac fructiferis nominibus collocetur ab Antistita cum suo Consilio, de consensu Ordinarii loci et Superioris regularis, si domus ab hoc dependeat; omnino autem prohibetur eam quoquo modo ante religiosae obitum impendi, nec ad aedificandam quidem domum aut ad aes alienum exstinguendum." (9)

Dotes caute integre et fructuose administrandae sunt, ut absit periculum amissionis tum quoad capitale tum quoad fructus. (10)

Codex adminstrationem dotis committit monasterio, si agatur de religionibus in quibus Superiorissae maiores distinctae sunt a localibus, dos administranda est integre et fructuose apud domum habitualis residentiae supremae Mo-

(6) Can. 547, §4.
(7) Cfr. can. 547, §2.
(8) Cfr. can. 548.
(9) Can. 549.
(10) Cfr. can. 549, 550, §1.

deratricis aut Antistitae provincialis. (11)

Durante postulatu et novitiatu dos conservari debet in sua natura; post primam professionem religiosae Antistita, cum Consilio monasterii vel provinciae vel religionis, determinare debet modum collocandi dotem; atque in hoc casu requiritur consensus Ordinarii loci in quo posita est domus habitualis residentiae illius Antistitae et Superioris regularis tamen sub conditione: si domus dependeat a Superiore regulari. Ordinarii vero ius et officium est dotibus conservandis invigilare et de eiusdem rationem exigere. (12)

Si vero contra praescriptum can. 549 Superiorissae maiores dotes puellarum receptarum quoquo modo impendere praesumpserint religiosarum etiam exemptarum Antistitae, pro gravitate culpae, non exclusa, si res ferat, officii privatione, ab Ordinario loci puniantur. (13)

Quoad restitutionem dotis, Codex generalem et claram regulam statuit: "dos religiosae professae sive votorum sollemnium sive votorum simplicium quavis de causa discedenti integra restituenda est sine fructibus iam maturis." (14)

Quaecumque religiosa tum monialis tum votorum simplicium sive post primam professionem sive post perpetuam, quocumque tempore, et quavis de causa libere vel coacte, licite aut illicite a religione discedat, integra dos discedenti restituenda est. Ante Codicem dos sollemni professione monasterio acquirebatur irrevocabiliter, (15) nunc vero religio proprietatem dotis definitive non acquirit nisi post obitum religiosae; discedenti vero etiam post vota sollemnia dos restituenda est. Restitutio dotis peragi debet iuxta valorem tempore discessus; attamen damnum, si aliquod patiatur a religiosa in diminutione valoris dotis, ratione negligentiae administratorum, ab illis ex integro reparandum est. (16)

Eo magis restituenda est dos discedenti novitiae, non enim pertinet ad monasterium, si tamen moriatur durante no-

(11) Cfr. can. 550, §1 et can. 549.
(12) Cfr. can. 549, et 550, §2, cfr. can. 533, §I, n. I, 2.
(13) Cfr. can. 2412, n. 1.
(14) can. 551.
(15) Cfr. Piat. 96.
(16) Cfr. Cocchi, IV, 137; Prummer, 274.

vitiatu dos tradenda est haeredibus vel personis quas ipsa designaverit. (17)

Si denique quaevis religiosa professa ad aliam religionem legitime seu ex apostolico indulto transeat, durante novitiatu soli fructus dotis novae religioni debentur; et quidem sub conditione, si in constitutionibus novae religionis vel expressa conventione pro alimentis et habitu religiosis in novitiatu aliquid solvendum statutum fuerit iuxta can. 570, §1, secus fructus in religione a qua manebunt; post emissam novam professionem primam, etiam dos ipsa novae religioni tradenda est; in transitu vero professae ad aliud eiusdem religionis monasterium dos ipsa statim huic debetur a die transitus. (18)

## §2. *De exploratione voluntatis.*

Ut puellae in novitiatum prudenter et plena cum libertate admittantur iam Concilium Tridentium postulavit explorandam voluntatem admittendarum ad novitiatum et professionem in monasteriis monialium, (1) quod praescriptum Leo XIII extendit ad omnes mulierum congregationes. (2)

Codex vigentem disciplinam de adspirantium vocationis exploratione retinuit et legem clarius determinavit. Duabus paragraphis can. 552 praescribit quaenam facienda sint ex parte Antistitae et quaenam ex parte Ordinarii.

Antistita seu Superiorissa maior in omnibus religionibus tum monialium tum religiosarum etiam exemptarum duobus saltem ante mensibus, certiorem facere debet Ordinarium loci, de proxima admissione adspirantis ad novitiatum, novitiae ad primam professionem, et professae ad perpetuam, sive sollemnem sive simlicem, professionem. (3)

Antistita intelligenda est illa Superiorissa maior, quam constitutiones designant; pro monialibus localis, pro sororibus intelligenda est provincialis aut generalis.

Proinde Superiorissae maiores omnium religionum et

(17) Cfr. can. 570, §2, et can. 569, §3.
(18) Cfr. can. 551, §2.
(1) Cfr. Conc. Tridentinum, sess., XXV, de regularibus, c. 17, Richter, 420-421.
(2) Cfr. Leo XIII, const. "Condite a Christo," 8 dec. 1900, §1, n. VII, Fontes, 644.
(3) Cfr. can. 552, §1.

monialium et sororum *ter* certiorem facere debent Ordinarium loci; ante novitiatum de proxima admissione ad novitiatum; ante primam professionem de admissione novitiae ad professionem temporariam primam, non vero ulteriorem temporariam; atque ante professionem perpetuam, de admissione professae ad professionem perpetuam sive sollemnem sive simplicem.

Antistitae imponitur obligatio certiorem reddendi Ordinarium loci tribus vicibus et semper saltem duobus mensibus ante admissionem ad novitiatum vel ad professionem primam aut perpetuam. Non est ergo repetendum examen ante ceteras professiones temporarias post primam.

Codex imponit obligationem Antistitae certiorem reddendi Ordinarium loci eo fine, ut ipse Ordinarius in casibus indicatis aut per se aut per alium deputatum explorationem peragat.

Ius enim et officium peragendi canonicam voluntatis religiosarum explorationem ad Ordinarium loci pertinet. (4)

Ordinarius loci seu Episcopus residentialis eiusque Vicarius generalis, si absens vel impeditus sit, potest delegare sive pro uno sive pro pluribus casibus alium sacerdotem ad peragendum praedictum officium. (5) Explorationem voluntatis religiosarum perficere debet saltem triginta diebus vel prius, ante admissionem adspirantis ad novitiatum, ante admissionem novitiae ad primam professionem temporariam et tertio ante professionem perpetuam sive sollemnem sive simplicem. (6)

Exploratio in eo consistit ut Ordinarius diligenter per opportunas interrogationes investigat utrum puella sciens, volens, plena cum libertate et recta intentione statum religiosum suscipere intendat an vero coacta vel seducta sit; an sciat quid agat ingrediens religionem. (7)

Codex nihil aliud interrogare postulavit; proinde ad alias interrogationes puella seu novitia respondere minime tenetur.

Ordinarius vel eius deputatus sacerdos explorationem voluntatis puellae perficere debet sine ingressu in clausuram

(4) Cfr. can. 552, §2.
(5) Cfr. Ibidem.
(6) Cfr. Ibidem.
(7) Cfr. Ibidem.

et quidem gratuito; nequit exigere taxam pro canonica volutatis religiosarum exploratione, (8) etiam in casu contrariae consuetudinis; (9) prohibitum est quidem aliquid exigere, attamen donum spontanee datum non est prohibitum accipere.

Si tandem de recta intentione, de pia ac libera voluntate puellae plane constiterit, Ordinarius hoc declarare debet, et tunc adspirans ad novitiatum vel novitia ad professionem admitti potest. E contra, si aliquid admissioni in novitiatum vel professioni obstare invenerit veti interponat. (10)

## ART. III. OBLIGATIO PERAGENDI POSTULATUM.

Inter alia, quae requisita sunt ut quis in novitiatum admittatur, legislator in can. 542 enumeravit etiam praescriptum de obligatione peragendi postulatum. Breviter itaque de illa obligatione dicere debemus.

"In religionibus a votis perpetuis mulieres omnes et, si agatur de religione virorum, conversi, antequam ad novitiatum admittantur, postulatum ad sex saltem integros menses peragant; in religionibus vero a votis temporariis, ad necessitatem et tempus postulatus quod attinet, standum est constitutionibus". (1)

Postulatus est praevium experimentum candidatorum antequam in novitiatum admittantur. Introductus est eo fine ut adspirantes melius cognoscere possint religionem, religio vero idoneitatem adspirantium." (2)

Ex Codice lex de peragendo postulatu obligat: omnes mulieres quae volunt ingredere religionem cum votis perpetuis sive sollemnibus sive simplicibus; omnes conversos in quacunque religione virorum a votis perpetuis. In religionibus vero a votis temporariis quoad necessitatem et tempus postulatus standum est constitutionibus.

---

(8) Cfr. Ibidem.
(9) Cfr. S. Congr. de Religiosis, Responsio, 20 mart. 1922, A A S., XIV, 352.
(10) Cfr. Ibidem.
(1) Can. 539, §1.
(2) Cfr. De Meester, II, 429; Prummer, 266; Chelodi, 408. — Ex iure communi postulatus est institutum recens. Praescriptus erat postulatus in Normis (1901 art. 64, 65) congregationibus mulierum. Deinde a Pio X pro laicis varis (Cfr. S. Congr. de Relig., decr. "Sacrosancta" 1 ian. 1911, n. 2, A A S., III, 30) et pro omnibus monialibus (Cfr. S. Congr. de Relig., decretum "De postulatu in monasteriis votorum sollemnium" 15 aug. 1912, A A S., IV, 565).

Non requiritur proinde postulatus pro clericis vel illis adspirantibus qui volunt fieri clerici. (3)

Obligatio peragendi postulatum non est condicio valoris pro novitiatu vel professione; nullibi enim in Codice hoc dicitur; (4) est tamen lex praeceptiva ex can. 539 et ex can. 542.

Minimum tempus pro postulatu ex Codice dterminatum est sex menses; tempus a Superioribus maioribus abbreviari nequit, dicitur enim in Codice "*postulatum ad sex saltem integros menses peragant;*" (5) prorogari autem potest non tamen ultra aliud semestre. (6) Ubi tamen ad normam constitutionum maius tempus pro postulatu determinatum est, standum est constitutionibus.

Iuxta auctores computatio temporis quoad continuitatem postulatus non tam stricte quam in novitiatu sed moraliter aestimanda est. Exinde absentia ex. gr. quindecim dierum non videtur interrumpere postulatum. (7)

Postulatus peragi debet sub speciali cura probati religiosi vel in domo novitiatus vel in alia religiosa domo in qua disciplina ad normam constitutionum accurate servetur. (8)

"Postulantes vestem induant modestam ac diversam a veste novitiorum". (9) In religionibus tamen in quibus sodales laicali veste utuntur nulla videtur esse differentia inter vestem novitiorum et postulantium.

In monasteriis monialium postulantes durante tempore postulatus lege clausurae tenentur. (10) Ideoque puellae admissae ad postulatum non indigent speciali permissione ad ingrediendam clausuram; postea tamen durante postulatu e clausura egredi nequeunt sine debita permissione ad normam can. 601. (11)

Denique "postulantes, antequam novitiatum incipiant,

---

(3) Cfr. Prummer, 266.
(4) Cfr. can. 542; 555; 572; ii; Vermeersch-Creusen Epit. I, 347.
(5) Can. 539, §1.
(6) Cfr. can. 539, §2.
(7) Cfr. Vermeersch-Creusen, Epit., I, 347; Fanfani, 210.
(8) Cfr. can. 540, §1.
(9) Can. 540, §2.
(10) Cfr. can. 540, §3.
(11) Cfr. Fanfani, 213.

exercitiis spiritualibus vacent per octo saltem integros dies; et iuxta prudens confessarii iudicium, praemittant generalem anteactae vitae confessionem." (12)

## TITULUS II.

## DE NOVITIORUM INSTITUTIONE.

Partis secundae, priorem iam titulum exposuimus, in quo de requisitis ut quis in novitiatum admittatur egimus.

Nunc in praesenti titulo secundo de ipsa novitiorum institutione disserendum est.

Institutio candidatorum ad vitam religiosam peragi debet in legitime erecta domo novitiatus et iuxta normas a legislatore definitas. Successive de hisce infra sermo erit.

Dicemus itaque: 1°, de sede et initio novitiatus; 2°, de conditionibus ad novitiatus validitatem; 3°, de novitiatus regimine; 4°, de novitiorum privilegiis et spiritualibus gratiis; 5°, de novitiorum bonis temporalibus; et 6°, de novitiatus termino.

### CAPUT I.

### DE NOVITIATUS LOCO, ERECTIONE ET INCEPTIONE.

Articulus primus huius capitis erit de loco novitiatus, in quo articulo breviter agetur de historica evolutione legislationis quoad locum novitiatus et de lege vigenti. Articulus secundus erit de domus novitiatus erectione, et tertius de novitiatus inceptione.

#### ART. I. LOCUS NOVITIATUS.

Ad instititutionem novitiatus requiritur imprimis locus seu domus in qua novitii legitime admissi determinatum tempus probationis rite transigere possint.

Iam ab initio vitae communis religiosae sub regula Schenuti, (1) Basilii (2) et Benedicti (3) in monasteriis locum seperatum atque designatum pro novitiatu praescribebatur.

(12) Can. 541.
(1) Cfr. Leipoldt, 112-113.
(2) Cfr. Reg. fus. tract. 16, M P G, XXXI, 890-1051.
(3) Cfr. S. Benedicti Regula, c. 58, M P L, LXVI, 803.

Nulla tamen lege generali ecclesiastica ante Concilium Tridentinum conditiones quoad sedem novitiatus determinatae fuerunt. (4)

Synodus Tridentina exigit ut professionem emissurus *per annum in probatione steterit*, secus professio foret nulla nullosque effectus habeat, (5) et ex hoc tempore necesse erat ut novitiatus regulariter perageretur in aliquo monasterio seu intra conventum illius ordinis religiosi cui novitius per professionem adscribendus est. (6)

Concilium enim Tridentinum statuens annualem probationem, sub poena nullitatis professionis, loquitur iuxta mentem institutorum religiosae vitae; in regulis vero S. Basilii, S. Benedicti et aliorum ordinum, sicuti supra vidimus, probatio instituta est tanquam in monasterio habenda, (7) pro obtinendo novitiatus fine; ut nempe ipse novitius valeat experiri austeritates religionis seseque informare ad vitam religiosam, et ut religio possit probare mores atque dotes illius eumque praeparare ad professionem. Mutua ista probatio et praeparatio impossibilis esset extra conventum. (8)

---

(4) Cfr. Fagnanus, commentaria in 1. IV, c. Insinuante, VII, Qui Cler. vel voventes, n. 26 et 41; De Angelis, t. XXXI, n. 8, p. 95.

(5) Sess. XXV, de regularibus, c. 15, Richter, 416.

(6) Cfr. Fagnanus, commentaria in 1. IV, c. Insinuante, VII, Qui cler. vel voventes, n. 26 et 41; etiam commentaria in 1. III, c. Porrectum, XIII, De Regularibus, n. 26; Schmalzgrueber, 1. III, tit. XXXI, n. 60.

(7) Cfr. Piat, I, iii.

(8) Paulo post Concilium Tridentinum Clemens VIII statuit, in Italia atque insulis adiacentibus novitiatum peragi debere **in conventibus a S. Sede designatis**; idque sub poena nullitatis professionis. (Cfr. Clemens VIII, const. "**Regularis disciplinae**" 12 mart. 1596, §1, Fontes, n. 183; decretum, "**Sanctissimus**" 20 iun. 1599, Fontes, n. 186). Decreta ista pluries confirmata fuerunt tum ab eodem Pontifice (Cfr. Clemens VIII, decr. "**Nullus omnino**" 25 iul. 1599, §20, Fontes, n. 187), tum ab Urbano VIII (Cfr. S. C. C. decr. 21 sept. 1624, §1, Bull. Rom., t. 5, p. 5, 249; S. Congr. Ep. et Reg., Florentina. 30 maii 1626, Fontes, n. 1724).

Nonnulli canonistae, inter quos De Angelis (Prael. I. C. tit. XXXI, n. 8, p. 99), Ferraris (v. Annus prob., n. 36), Giraldi (I, s. 534, nota I), Bargilliat (tom II, n. 1124, edit. 24) leges istas, de loco novitiatus in solis conventibus a S. Sede designatis, referunt quasi universales et proinde arbitrantur legibus istis omnes religiones per universum orbem teneri.

Hoc tamen non videtur esse verum.

Patet ex verbis decretorum, ubi est clara restrictio, et ex responso S. C. Concilii atque S. Congr. Ep. et Reg.; S. Congregationes declaraverunt, decreta et constitutiones (de quibus supra) non comprehendere Regulares extra Italiam (Cfr. S. Congr. Conc., Resp. 4 febr. 1648, Vermeersch, De Religiosis, II, (65); S. Congr. Ep. et Reg., resp. 22 apr. 1796, Anal. Iur. Pont. s. 16, col 733, n. 1427, ad 5, Vermeersch, De Religiosis, II, (67).)

Auctores proinde communiter docent in aliis regionibus, extra Italiam non requirebatur ad validitatem, ut novitiatus omnino in conventibus a S. Sede designatis perageretur. (Cfr. Fagnanus, Commentaria in 1. IV, c.

Praescribebatur itaque, ex lege Tridentina, locus pro novitiatu intra conventum Ordinis.

Magis vero explicitam et accuratius determinatam legem, de loco novitiatus, dedit Clemens VIII, in const. *"Cum ad Regularem"*.

Quod enim attinet loci novitiatus qualitatem ipse Summus Pontifex postulavit:

I. ut "locus huiusmodi propria clausura ab ea parte Conventus, et Monasterii, in qua degunt professi, segregatus sit, atque distinctus; habeatque tot ad dormiendum cellulas separatas, quot erunt numero Novitii, vel Dormitorium ita capax, ut pro singulis singuli lectuli commode sterni possint; in quo etiam cellula, vel certus, ac determinatus locus pro Magistro, eiusque Socio reperiatur." (9)

II. "In quo etiam, praeter alias communes commoditates, aptus locus adsit ad spirituales collationes, seu conferentias faciendas, ac lectiones, instructionesque Magistri audiendas, et in quem hiemis tempore ad calefaciendum se igne communi recipiantur." (10)

III. "Oratorium insuper, seu Cappella, si commode fieri poterit, ad Novitios in spiritualibus, praesertim in ceremoniis, Ecclesiasticisque functionibus exercendos." (11)

IV. "Hortus quoque peculiaris ad honestam recreationem, bene conslusus, atque munitus adsit; sin minus, hortum caeteris fratribus communem recreationis tempore ingrediantur. Ipsis vero Novitiis ibi commorantibus, curabit Magister cum loci Superioris auctoritate, si opus fuerit, ne in eumdem quisquam alius ingrediatur." (12)

V. "Ad huiusmodi locum Novitiatus nemini eiusdem, vel alterius Ordinis Regulari etiam Conventus, et Monasterii officiali, ullo umquam tempore, sub quovis praetextu aditus pateat, praeterquam Magistro, eiusque socio, ac etiam Monasterii, aut Conventus Superiori, si quandocumque ingrediendum

---

Insinuante, VII, Qui cler. vel voventes, n. 44; Bouix, I, 579; Piat, I, 110-115; Wernz, III, n. 636; Vermeersch, De Religiosis, II, (62) - (67).

(9) Clemens VIII, const. "Cum ad Regularem", 19 mart. 1603, §8, Fontes, n. 189.

(10) Ibidem.

(11) Ibidem.

(12) Ibidem.

sibi necessario existimaverit; quo tamen casu aliquem semper ex senioribus Conventus, vel Monasterii Patribus Socium assumat" (13)

VI. "Huius loci clausurae clavis apud Magistrum semper asservetur, illique soli liceat ex gravi tantum causa ingressum illuc alicui permittere." (14)

Leges anteriores Clementis VIII, uti supra vidimus, in particulari determinaverunt omnes loci novitiatus qualitates, quoad clausurae segregationem, cellulas, oratorium hortum et alia necessaria pro communi vita novitiorum. (15)

Antiqua disciplina Concilii Tridentini et Clementis VIII, de loco novitiatus vigebat usque ad Codicem. (16)

Codex vero vigentem disciplinam generatim retinet. Ex iure enim communi locus pro novitiatu in quacunque religione designari oportet in domo religiosa quae specialiter pro novitiatu a competente auctoritate ecclesiastica legitime est erecta. (17)

Praeter illam generalem dispositionem quoad domum novitiatus, postulavit etiam legislator, lege communi, segregationem ipsius loci specialiter separati pro novitiis ab alia parte domus novitiatus, seu separationem quoad septa novitiatus: "Novitiatus ab ea parte domus, in qua degunt professi, sit, quantum fieri potest, segregatus ita ut, sine speciali causa ac Superioris vel Magistri licentia, novitii nullam habeant communicationem cum professis neque hi cum novitiis." (18)

Canon praedictus refert legem ex constitutione Clementis VIII. *"Cum ad Regularem"*, sub numero I et V, supra adnotatam; cetera vero praescripta const. de qualitatibus loci novitiatus (sub n. n. II, III, IV et VI) hodie solam utilem

(13) Ibidem.
(14) Ibidem.
(15) De vi obligatoria istius decreti vide supra p. 69, nota 20.
(16) Cfr. Piat, I, 115; Bouix, 578-579; Wernz, III, n. 636. Iuxta Normas de Novis Institutis, locus pro novitiatu debet esse domus religiosa ad hoc probata a S. Congregatione, (Cfr. S. Congr. Ep. et Reg. Normae 28 iun. 1901, art. 74, 76).
(17) Cfr. can. 554, §1, 2.
(18) Can. 564, §1. — Domus novitiatus est totum institutum ad normam iuris et constitutionum erectum, de quo agit can. 554 et 555, §1, n. 3; septa novitiatus tantum pars est in domo novitiatus specialiter pro novitiis designata et ab alia parte domus novitiatus segregata; de septis novitiatus agit can. 564 et can. 556, §3. (Cfr. etiam Voltas, C p R., II, 77 nota 2.

instructionem de loci novitiatus dispositione exhibent.

Verba canonis clara sunt. Legislator evidentissime loquitur de totali segregatione loci novitiatus ab ea parte domus religiosae in qua degunt professi; seu quoad habitationem, clausuram, oratorium, hortum et alia necessaria pro vita communi novitiorum; secus separatio a professis impossibilis esset. Verba tamen "quantum fieri potest" admittunt aliquam moderationem, in casibus extraordinariis, quoad loci novitiatus qualitates.

Tandem pro conversis novitiis, iuxta Codicem, locum separatum adsignare oportet. (19)

Statuit igitur Codex, lege communi, generalia tantum principia de loco novitiatus; reliqua particularia et necessaria, seu omnes loci novitiatus qualitates quoad domus dispositionem ac religiosas observantias determinanda sunt constitutionibus cuiusvis instituti religiosi. (20)

Valde vero utilem ac practicam instructionem, pro constitutionibus, de novitiatus loci dispositione anteriores leges exhibent.

## ART. II. ERECTIO DOMUS NOVITIATUS.

Verbum "domus" in iure ecclesiastico non raro pro aedibus materialiter sumptis seu pro habitationis loco, vulgari sensu accipitur. (1)

Sensu tamen proprio, magis specifico et formali "domus" in Codice non pro aedificio ipso, sed potius pro communitate et persona morali, praecipue in iure religiosorum, sumitur. (2)

Quod cl. P. Larraona accurate hisce verbis declarat: "In iure religiosorum vigente domus, scilicet religiosa, formaliter et proprio sensu accepta, significat religiosam communitatem, nempe personam moralem collegialem, quae ultimam efformat partem, seu societatem, earum quae, iure communi, in Religionibus inveniuntur. Non tamen domus religiosa communi-

(19) Cfr. can. 564, §2.

(20) Can. 554, §1, ait: "Erigatur domus novitiatus ad normam constitutionum."

(1) Cfr. ex. gr. Can. 508; 540, §1; 556, §1; 564, §1; 597, §1, 2; 599, §1; 604; 1477; 1483, §2; 2156, etc.

(2) Cfr. Can. 536, §1. — Non solum Religio (Ordo aut Congregatio religiosa) vel Provincia personae morales sunt sed etiam domus religiosa, ergo et domus novitiatus.

tatem in abstracto indicat sed in concreto, quatenus in loco sedem seu domicilium habet." (3)

In casu nostro, ubi Codex dicit de erectione domus novitiatus, (4) non de aedibus materialiter sumptis sed *de persona morali* loquitur, idcirco "domus novitiatus" formaliter et sensu proprio intelligenda est. Dicitur enim hic de iuridica domus erectione.

Erectio vero iuridica stricto sensu est concessio personalitatis moralis seu, aliis verbis, est actus competentis auctoritatis ecclesiasticae vel iuris praescriptum, quo aliqua communitas aut institutum aliquod rationem moralis personae in Ecclesia sortitur. (6)

Ad erigendam domum novitiatus seu ad tribuendam personalitatem moralem domui novitiatus opus est obtinere scriptam licentiam competentis Superioris ecclesiastici et adimplere iuris praescripta. (7)

Si vero agatur de erectione novae domus novitiatus pro eadem provincia, in hoc casu requiritur speciale apostolicum indultum. (8)

His omnibus prae oculis habitis perveniamus nunc ad ipsam nostram quaestionem.

Clara est hodie generalis lex, pro omnibus religionibus, de Novitiatus erectione.

Novitiatus erigi debet *in quacumque religione*, et non solum iuxta normam constitutionum uniuscuiusque instituti religiosi (9) sed etiam praehabita licentia aut S. Sedis aut Ordinarii loci, pro diverso casu. (10)

Si agatur nempe de religione iuris pontificii, (11) ad

(3) Larraona, C p R., III, 47. — Cfr. etiam Can. 520, §1; 521, §1; 531; 532, §1; 536, §1, 3; 537; 582, n. 1; 594, §2, etc.

(4) Can. 554, §1: "Erigatur domus novitiatus ad normam constitutionum."

(6) Cfr. Larraona, C p R., V, 418. — Tantum Catholica Ecclesia et Sancta Sedes rationem moralis persone habent ex ipsa ordinatione divina. Aliae omnes personae morales sive collegiales sive non collegiales in iure ecclesiastico non existunt nisi intercedat actus competentis Superioris ecclesiastici, qui personalitatem moralem tribuat sive iuris praescripto sive per formale erectionis decretum. (Cfr. can. 100, §1; 687; 708).

(7) Cfr. can. 554, §1, 2; 100; 497, §1.

(8) Cfr. can. 554. — Cfr. etiam Larraona, C p R., I, 112-114.

(9) Cfr. can. 554, §1; 555, §1, n. 3.

(10) Cfr. can. 554, §1; 492, §2; 100, §1; 497, §1.

(11) Nomine religionis iuris pontificii venit "religio quae vel approbationem vel saltem laudis decretum ab Apostolica Sede est consecuta" (Can. 488, n. 3).

erigendam domum novitiatus necessaria est omnino licentia Sedis Apostolicae; (12) si vero agatur de religione iuris dioecesani (13) erectio domus novitiatus peragi debet cum licentia Ordinarii loci Episcopi. (14)

In utroque casu opus est specialem licentiam obtinere ad erigendam domum novitiatus, tum a Sancta Sede pro religione iuris pontificii tum a loci Ordinario Episcopo pro religione iuris dioecesani ad valorem erectionis, ut sedes novitiatus valeat et effectus iuridicos producere possit. (15)

Requiritur proinde et sufficit licentia Ordinarii loci Episcopi ad erigendam domum novitiatus in religione iuris dioecesani, utriuslibet sexus, donec religio ista laudis decretum ab Apostolica Sede obtinuat; sed in casu quando religio approbationem vel saltem laudis decretum ab Apostolica Sede iam est consecuta, permissio obtinenda est omnino a Sancta Sede. (16) Secus sedes novitiatus iuridice nihil valeat.

Pariter insufficens est licentia simpliciter data ad erigendam domum religiosam, de qua erectione tractavit can. 497, nisi expresse mentio sit etiam de permissione erigendi domum novitiatus. (17)

Porro, in casu quando religio in plures provincias divisa sit, unica tantum debet esse sedes novitiatus pro unaquaque provincia; ad erigendas plures domus novitiatum in eadem

(12) Cfr. can. 554, §1. — Controversia erat ante Codicem, num necessaria sit licentia S. Sedis ad erigendam domum novitiatus etiam pro ordinibus, (Cfr. Piat, I, 114; Prummer, 274). Nunc Codex clare proponit legem generalem. Haec licentia necessaria est omnino pro omnibus religionibus iuris pontificii.

(13) Nomine religionis iuris dioecesani venit Congregatio religiosa, quae ab Ordinariis erecta, laudis decretum ab Apostolica Sede nondum obtinuit. (Cfr. can. 488, n. 3). — Congregatio religiosa remanet dioecesana "etsi ad plurimas dioeceses extendatur diversarum nationum et plures numeret sodales ac provincias etiam religiosas habeat, usque dum, ex interventu pontificiae auctoritatis, ad superiorem categoriam Congregationum iuris pontificii elevetur" (Larraona, C p R., V, 147). Cfr. etiam can. 492, §1, 2.

(14) Cfr. can. 554, §1; 492, §2; 100, §1; 497, §1. Diximus Ordinarii loci "Episcopi", quoniam Vicarius Generalis domum religiosam erigere non potest, neque veniam ad erectionem concedere absque speciali mandato Episcopi. (Cfr. can. 1162, §1, 4; 497, §; Goyeneche, C p R., I, 114-115; Larraona, C p R., V, 424.

(15) Cfr. can. 100, §1; 492, §2; 497, §1; 554, §1.

(16) Decretum laudis "est primus actus quo Sancta Sedes ad novae Congregationis opus manum ita admovet, ut desinat esse simpliciter dioecesana." (Cfr. S. Congr. de Relig., Normae, 6 mart. 1921, c. 1, n. 6, A A S., XIII, 313.)

(17) Cfr. can. 497; Augustine, III, 230; Blat, II, 613.

provincia requiritur gravis causa et speciale indultum Sedis Apostolicae. (18)

Si igitur religio nondum divisa est in provincias, non est etiam prohibita pluritas novitiatuum; nullus canon hoc vetat; (19) sufficit itaque rationabilis causa et debita licentia ad erigendas novas sedes novitiatuum, absque speciali apostolico indulto.

Alia est quaestio, si religio in provincias divisa sit. (20) Tunc unica tantum sedes novitiatus, ex iure communi, pro unaquaque provincia, cum debita permissione erigenda est; plures, etiam duae (21) domus novitiatus designari nequeunt.

Ratio est evidens, nempe: religiosae disciplinae rigor uniformitas et reformatio; (22) facilius est enim in una domo novitiatus bene formata novitios praeparare atque rite instruere quam in plurimis domibus, maiori reformatione indigentibus.

Verum addit tamen in Codice legislator: "nisi gravi de causa et cum speciali Apostolico indulto." (23)

Si nempe necessitas id postulet, datur exceptio. Attamen eo in casu ad legitime erigendam secundam sedem novitiatus in eadem provincia, sive sit iuris dioecesani religio sive iuris pontificii, omnino duplex conditio requiritur: gravis causa atque speciale apostolicum indultum.

Primo, gravis sausa. Permultae difficultates ratione

---

(18) Cfr. can. 554, §2. — Iam Clemens VIII primo postulavit, pro Italia et insulas adiacentes, ut in singulis provinciis erigatur una tantum sedes novitiatus atque cum speciali licentia Apostolicae Sedis. (Cfr. Clemens VIII, const. "**Regularis disciplinae**", 12 mart. 1596, §1, et decret. "**Sanctissimus**", 20 iun. 1599, §1, Fontes, n. 183 et n. 186.) Hodie iuxta Codicem, lex ista, opportune mutata, universalis est pro omnibus religionibus.

(19) Cfr. Vermeersch-Creusen, Epit., I, 371.

(20) Terminus "provincia" stricte interpretandus est; iuridice nomine provinciae venit: "plurium religiosarum domorum inter se coniunctio sub eodem Superiore, partem eiusdem religionis constituens" (Can. 488, n. 6).

(21) "Pluralis locutio duorum numerum est contenta," Reg. 40, R. I., in VIo.

(22) De qua ratione iam Clemens VIII ait: "Regularis disciplinae restitutioni... illud imprimis magnum impedimentum afferre quotidiano usu compertum est, quod in omnibus conventibus iis praesertim, qui maiori reformatione indigent, singuli ad Religionem venientes passim recipiuntur. Unde fit, ut quo magis Nos variis Constitutionibus male affectas radices amputare studemus, eo magis in dies depravatae infructuosaeque eiusmodi noviter profitentium succrescant" (Clemens VIII, const. "**Regularis disciplinae**" 12 mart. 1596, prooem., Fontes, n. 183).

(23) Can. 554, §2.

linguarum; permagnus numerus novitiorum; (24) distantia nimis longa (ex. gr. inter Europam et Americam), aliaque similia videntur esse causae graves et sufficientes ad erigendam novam domum novitiatus in eadem provincia.

Secundo, speciale indultum apostolicum. Insufficiens esset simplex permissio consecuta etiam a Sancta Sede ad erigendam domum novitiatus, de qua permissione tractavit §1, can. 554, sed necesse est obtinere *speciale Apostolicum indultum ad hoc, seu ad erigendam secundam sedem novitiatus in eadem provincia.*

Proindeque in litteris oportet afferre *gravem ac veram causam* et quidem *petitionem pro obtinendo apostolico indulto ad erigendam secundam domum novitiatus in eadem provincia.* Secus indultum nihil valeat. (25)

Ultima clausula, de unica domo novitiatus pro unaquaque provincia, non afficit tamen Congregationes monasticas, ubi plura monasteria sui iuris sunt; singulis enim monasteriis competit per se ius novitiatus. (26)

Sedes novitiatus erigi debet non solum praehabita licentia competentis auctoritatis ecclesiasticae, de qua supra diximus, sed etiam ad normam constitutionum; haec est altera conditio ex iure communi pro erectione novitiatus. Servandae sunt igitur normae constitutionum uniuscuiusque religionis in erectione sedis novitiatus, quoad omnia particularia.

De his particularibus addit tantum legislator monitionem: ne collocent Superiores in domo novitiatus nisi religiosos exemplaros sub omni respectu; (27) et quidem merito, "nam

(24) Cfr. Augustine, III, 231.

(25) Cfr. can. 554; 40; Blat, II, 613.

(26) Cfr. can. 488, n. 2; Fanfani, 215; Vermeersch-Creusen, Epit., I, 371. — Monasteria sui iuris iuridice provinciae aequiparantur; Superiores monasteriorum sui iuris Superioribus provincialibus seu maioribus aequiparantur. Cfr. can. 488, n. 2, n. 8; 494, §1; 632; 647, §1; 896; 1395, §3; 1579, §1; Vermeersch, Periodica, X, (7) - (10); Larraona, C p R., III, 133-138; Cocchi, IV, 139.

(27) Cfr. Can. 554, §3. — "Sac. Congreg. Sanctitatis Suae auctoritate committit et in virtute S. oboedientiae praecipit praefatis Superioribus ad quos pertinet, ut in supradictis Conventibus non collocent nisi Religiosos graves, devotos, exemplares, regularis observantiae et puritatis regulae studiosos, orationi praesertim ac mortificationi, sine quibus non potest Religiosa vita consistere, addictos, quique consentiant exacte servare Vitam Communem, atque inde amoveant eos omnes qui tam Sanctae ordinationi contradicere seu verbis aut factis quoquomodo sese opponere audeant." (Innocentii XII Decretum "Sanctissimus" 18 iul. 1695, n. 3, Vermeersch, De Religiosis, II, 146.) Cfr. etiam: Normae S. C. Ep. et Reg., 28 iun. 1901, art. 86.

domus novitiatus refulgere debet zelo regularis disciplinae cum sit *spiritualis matrix* omnium sodalium;" (28) et novitii propter bonum exemplum efficaciter promoveri possunt in religiosa disciplina.

Notanda est quaestio denique de mutatione domus novitiatus; utrum scilicet eo etiam in casu debita licentia necessaria sit an non. Et hic rem nostram sapienter quoque declarat cl. Vermeersch, his verbis: "Ad mutandum domum novitiatus nova licentia requiritur vel non requiritur, prout extra terminos concessae licentiae versemur vel non. Plerumque mutatio in eodem loco, dummodo ceterae praescriptae conditiones impleantur, sine nova licentia fieri poterit." (29)

Aliis verbis, pro translatione domus novitiatus in eodem loco, seu intra eandem civitatem, scilicet ab una ad aliam ipsius partem nulla requiritur licentia competentis Superioris ecclesiastici: attamen pro translatione sedis novitiatus ab una ad aliam civitatem certe necessaria est debita licentia sive Ordinarii Episcopi loci sive Sedis Apostolicae, iuxta diversitatem casuum; agitur enim hic iuridice de erectione novae personae moralis. (30)

## ART. III. NOVITIATUS INCEPTIO.

In antiqua disciplina novitiatus generatim incipiebat susceptione habitus nisi aliud in aliqua religione praescribebatur. (1)

Codex ex iure communi modum diversum inchoandi novitiatum admisit: "Novitiatus incipit susceptione habitus, vel alio modo in constitutionibus praescripto." (2)

Standum est proinde constitutionibus cuiusvis religionis.

---

(28) Cocchi, IV, 139.
(29) Vermeersch-Creusen, Epit., I, 371.
(30) Cfr. Larraona, C p R., V, 419-420, et nota (342).
(1) Cfr. Conc. Trident., sess. XXV, de **regularibus**, c. 15, Richter, 416; Schmalzgrueber, 1, III, lit. XXXI, n. 56; Piat, 99; Bouix, 581; S. Congr. Ep. et Reg., **Normae** 28 iun. 1901, art. 71; S. Congr. de Relig., decretum "**De postulatu in monasteriis votorum** solemnium, 15 aug. 1912, n. 3, A A S., IV, 565.
(2) Can. 553. — Susceptionem habitus non esse necessariam ad validitatem novitiatus, nunc clarum est.

In religionibus in quibus habitus (3) determinatus praescribitur, ordinarius modus incipiendi novitiatum est susceptio habitus; sed non unicus, possunt enim et istae religiones alium modum incipiendi novitiatum determinare.

Plures sunt tamen religiones quae habitum proprium non habent sed clericali aut laicali veste utuntur; in his religionibus constitutiones determinatum modum inchoandi novitiatum, loco susceptionis habitus, praescribere possunt, ex. gr., novitiatus incipit a momento quo adspirans in novitiorum consortium admittitur; vel per ingressum in domum novitiatus etc.

---

(3) Placet hic definitionem habitus adnotare cl. Larraona: "**Habitus** duplici sensu sumitur in iure religiosorum scilicet **sensu proprio** et sensu **latiori** et **minus proprio**.

**Sensu proprio** habitus religiosus est vestis peculiaris alicuius Religionis, quae scilicet diversa est a veste clericali et laicali, accurate determinata est in regulis vel constitutionibus, una insuper eademque est pro integra Religione et denique ab ipsius membris ubique gestari debet.

Hic habitus religiosus proprie dictus potest esse **regularis** et **simpliciter religiosus**, nam etiam vestis qua Congregationes utuntur si descriptas habeat dotes, verus habitus, ad normam iuris, dicenda est.

**Sensun latiori** habitus religiosus est vestis qua religiosi utuntur et ex qua generatim, in unaquaque saltem regione, dignoscuntur, etsi ipsa nec differat proprie a veste clericali, nisi in parvis quibusdam adiunctis, nec sit in constitutionibus determinata, nec eadem ubique sit recepta etc." (Larraona, C p R., V, 151).

## CAPUT II.

## DE CONDITIONIBUS AD NOVITIATUS VALIDITATEM.

Ad novitiatus validitatem requiruntur sequentes conditiones: valida admissio, seu ex parte candidati absentia impedimentorum et ex parte religionis legitima receptio a Superiore competente; aetas requisita, seu quindecim anni completi; tempus probationis per annum integrum et continuum; probatio in domo novitiatus; probatio in novitiatu pro sua classe. (1)

De valida admissione in novitiatu seu de omnibus negative et positive requisitis, ut quis in novitiatum admittatur iam sermo erat in primo titulo huius partis. (2)

De requisita aetate ad novitiatum et quomodo computandi sint anni pariter diximus iam in primo titulo. (3)

In praesenti capite dicemus de obligatione peragendi novitiatum: 1° per annum integrum; 2° per annum continuum; 3° in domo novitiatus; 4° in sua classe.

### ART. I. OBLIGATIO PERAGENDI NOVITIATUM PER ANNUM INTEGRUM.

Novitiatus ut valeat, peragi debet per annum integrum. (4)

Iam quidem antiquis temporibus regula S. Benedicti (480-543) interdicit monachum ante unius anni probationem effici; (5) generaliter tamen longo tempore magna viguit libertas, in iure religiosorum, quoad durationem novitiatus atque iuridicos effectus. (6)

Universim duratio novitiatus uti res iuris privati censebatur cui novitius et religio renuntiare poterant. (7)

Prima lex ecclesiastica, ab Innocentio IV (1243-1254)

(1) Cfr. can. 555; 558.
(2) Vide supra p. 54-68; 78-80.
(3) Vide supra p. 57-59.
(4) Can. 555, §1, n. 2.
(5) Cfr. supra p. 23.
(6) Cfr. supra in parte historica p. 9-38.
(7) Cfr. Fagnanus, Commentaria in 1. IV, c. Insinuante, VII, Qui Cler. vel voventes, n. 26; Piat, I, 99.

lata, Ordinibus Praedicatorum et Minorum praescripsit annum novitiatus necessarium ad valorem professionis; (8) quam legem ad omnes mendicantes extendit Bonifacius VIII (1294-1303); (9) Concilium vero Tridentinum, lege generali, pro omnibus religionibus integrum annum probationis statuit atque prohibuit, ne is "qui minore tempore quam per annum post susceptum habitum in probatione steterit ad professionem admittatur," (10) idque sub poena nullitatis professionis. (11)

Codex vigentem disciplinam quoad tempus probationis retinuit. Novitiatus, juxta Codicem, debet durare per annum integrum completum atque continuum; et quidem sub poena nullitatis. (12)

Mutavit tamen legislator modum computationis. Olim usque ad annum 1914 computabatur tempus probationis mathematice, stricte de hora ad horam, (13) seu a momento suscepti habitus usque ad expletam ultimam horam anni probationis. Anno 1914 S. Congr. de Religiosis definivit: "Annus integer novitiatus, qui solus ad validitatem professionis requiritur, in posterum non stricte de hora ad horam, sed de die in diem intelligi debet"; (14) seu novitiatus, sine ulla horae consideratione finitur incipiente ultimo die eiusdem numeri. Petrus, ex. gr., qui hora vespertina die 1 ianuarii 1915 novitiatum inchoaverit valide posset mane 1 ianuarii 1916 primis votis se Deo dicare.

Nunc in novo Codice mutata est ratio computandi tempus; alio modo annus novitiatus computatur; nempe, prout est in calendario, et juxta normam can. 34, §3, n. 3. "Si terminus a quo non coincidat cum initio diei, ex. gr.,... annus novitiatus... etc., primus dies ne computetur et tempus finiatur expleto ultimo die eiusdem numeri." (15)

---

(8) C. 2, de regularibus et transeuntibus ad religionem, III, 14, in VIo.
(9) Ibidem, C. 3.
(10) Conc. Trident., sess. XXV, de regularibus, c. 15, Richter, 416-417.
(11) Ibidem: "Professio autem antea facta sit nulla, nullamque inducat obligationem ad alicuius regulae vel religionis vel ordinis observationem, aut ad alios quoscumque effectus."
(12) Cfr. can. 555, §1, n. 2.
(13) Cfr. Piat, I, 100; Bouix, I, 576.
(14) S. Cong. de Religiosis, decretum "Cum propositae" 3 maii, 1914, AAS., VI, 229.
(15) Can. 34, §3, n. 3.

Sensus canonis sequens est.

Si terminus a quo, id est, momentum in quo ponatur actio (aliis verbis factum ex quo tempus enascitur) non coincidit cum initio diei (16) (seu non incipit media nocte) sed aliquo momento intra diem, tunc primus dies, quia est mancus, incompletus, non computatur; tempus computari incipit a media nocte insequente et finitur expleto ultimo die eiusdem numeri ac fuit dies in quo posita erat actio seu finitur ad mediam noctem in qua expletur ille ultimus dies. (17)

In nostro casu terminus a quo non coincidit cum initio diei; seu novitiatus non semper incipiendus est primo momento diei, media nocte; neque necessario inchoari debet; proinde primus dies quo inceptus erat novitiatus, quia ille dies est mancus et incompletus non computatur sed annus novitiatus computari incipit a media nocte insequente, finitur vero sequenti anno, expleto ultimo die seu ad mediam noctem eiusdem numeri ac fuit dies in quo inceptus erat novitiatus.

Longum iter per praecepta, breve et efficax per exempla. Afferamus exemplum.

Adspirans, ex. gr., die 7 octobris quacumque hora novitiatum inchoaverit. Ipsius annus probationis computari incipit die 8 octobris a media nocte; annus novitiatus, sive fuerit bissextilis sive non, finitur sequenti anno die 7 octobris, sed ultima hora, id est, vigesima quarta ad mediam noctem; ita ut non possit valide professionem emittere nisi postquam 8 dies octobris sequentis anni incepit; sed tunc qualibet hora, etiam statim post mediam noctem primis votis possit se Deo dicare. (18)

Annus integer, ex can. 555, §1, n. 2, est conditio essentialis ad validitatem novitiatus; annus hic sumendus et computandus est omnino iuxta normam statutam in can. 34, §3, n. 3; secus, nisi computaretur ad normam huius canonis, non esset annus integer et novitiatus nihil valeret; supra

(16) Initium diei in iure est media nox. (cfr. can. 32, §1.).
(17) Cfr. Maroto, I, 283; Cicognani, II, 195; Lacau, 43-44.
(18) Cfr. can. 555, §1, n. 2; 34, §3, n. 1, 3; Maroto, I, 283; Lacau, 44; Vermeersch-Creusen, Epit., I, 369; Fanfani, 220; Cocchi, IV, 140; Prummer, 275.

allata enim norma computandi annum in ordine ad novitiatum servanda est etiam ad validitatem novitiatus. (19)

Ex iure communi novitiatus peragi debet per annum integrum. Codex non praescribit faciendum de iure communi nisi tantum unum novitiatus annum tum pro clericis tum pro conversis.

Generaliter enim spatium unius anni sufficit ad novitiorum animos informandos; probatio atque praeparatio ad vitam religiosam per unum annum facile fieri potest.

Sunt tamen plures religiones quarum sodales "operibus exterioribus dant operam, quippe qui variis distracti curis saeculi periculis magis obnoxii, solidiore atque firmiore spiritus fundamento egent;" (20) in istis religionibus annus communis insufficiens visus est ad formationem novitiorum ob specialem earum finis difficultatem, et ideo longius tempus, nempe, pro uno anno duo anni novitiatus constitutionibus praescribuntur. (21)

Codex, quamvis agnoscat longius tempus constitutionibus praescribi posse, (22) de moderatione tamen istius temporis et de ratione ordinandi alterum novitiatus annum pror-

---

(19) Cl. Blat in suo commentario, contrariam tenet sententiam. Ipse dicit, computationem ad normam can. 34, §3, n. 3 esse pro liceitate non autem pro validitate novitatus (Cfr. Blt, II, 614).

Similiter et cl. Augustine non recte modum computationis in commentario declaravit. Qui novitiatum — dicit Augustine — inchoaverit mane 21 junii 1919, posset professionem emittere 21 junii 1920 qualibet hora diei (Cfr. Augustine, III, 232).

Sententia cl. Blat et declaratio cl. Augustine non sunt verae. Hoc patet ex supra expositis; immo nunc etiam ex ipsa declaratione Pont. Com. C. C. I. 12 nov. 1922, AAS, XIV, 661, ubi revera propositum dubium de hac quaestione solutum fuit:

1. "Utrum annus integer novitiatus, praescriptus in can. 555, §1, 2, computandus sit juta normam statutam in can. 34, §3, 3.

Et quatenus affirmative:

2. Utrum eiusmodi norma computandi annum in ordine ad novitiatum servanda sit ad validitatem, an tantum ad liceitatem.

Resp. Ad 1-um affirmative, seu servandum esse praescriptum canonis 34, §3, 3.

Ad 2-um affirmative ad 1-am partem, negative ad 2-am, seu canonem servandum esse ad validitatem novitiatus." —

Lex quoad normam computandi annum in ordine ad novitiatum certissima in novo Codice erat; immo in ipso can. 34, §3, n. 3, annus novitiatus inter exempla computationis enumeratur. Responsiones Pont. Commissionis supra adnotatae declarant tantum verba legis in se certa, et declaratio in hoc casu valet retrorsum. (Cfr. can. 17, §2; cfr. etiam Maroto, CpR., IV, 202).

(20) S. Congr. de Relig., "Instructio de secundo novitiatus anno." 3 nov. 1921, n. I, AAS., XIII, 540.

(21) Cfr. Ibidem.

(22) Cfr. can. 555, §2.

sus silet; moderatio temporis reliquitur constitutionibus.

Monet tantum legislator in Codice de validitate secundi anni novitiatus his verbis: "si longius tempus in constitutionibus pro novitiatu praescribatur, illud ad validitatem professionis non requiritur, nisi in eisdem constitutionibus aliud expresse dicatur." (23)

Mens legislatoris et verba clara sunt: si constitutiones alicujus religionis duos annos novitiatus vel etiam longius tempus praescribant et quidem expresse in constitutionibus dicatur hoc tempus esse ad validitatem novitiatus praescriptum, tunc standum est constitutionibus, et duo anni novitiatus computandi sunt, ad validitatem juxta normam can. 34, §3, n. 3, supra expositam.

Et contra, si in constitutionibus nulla inveniatur clausula sed tantum simpliciter dicatur duos annos praescriptos esse pro novitiatu, tunc secundus annus seu tempus excedens annum communem et ipsius computatio est tantum ad liceitatem et per se in novitiatus validitatem non influit.

In hoc ultimo tamen casu ubi constitutionibus alter novitiatus annus praescribitur vere canonicus, ex jure communi, est primus annus novitiatus, (24) in quo omnia servanda sunt, quae a iure pro novitiatu statuuntur.

Debemus etiam in hoc articulo adnotare quaestionem de termini novitiatus prorogatione.

Exacto tempore probationis novitius vel ad professionem admittatur vel dimittatur; si vero dubium sit de idoneitate novitii Superiores maiores possunt ei tempus probationis prorogare non tamen ultra sex menses. (25)

---

(23) Can. 555, §2.

(24) Jam in normis de Novis Institutis S. C. Ep. et Reg., 28 jun. 1901, editis, in art. 74 dicebatur: "Ubi duo sunt novitiatus anni, horum primus prorsus insumi debet ut unicus..."

b) Ipse Codex supponit **primum** annum novitiatus esse canonicum ad validitatem necessarium (Cfr. can. 555, §2; 563, 565, §3).

c) Tandem ex Instructione S. Congr. de Relig., de secundo novitiatus anno, hoc patet. Per totam instructionem sermo est tantum de **secundo novitiatus anno,** in quo, in certis adiunctis, admittitur novitiis exercitatio in operibus externis; primus vero annus censetur pro canonico. (Cfr. S. Congr. de Religiosis, **Instructio de secundo novitiatus anno.** 3 nov. 1921, AAS., XIII, 539-540). — Cfr. etiam auctores, qui de his argumentis loquuntur: Maroto, CpR., III, 41, 43; Fanfani, 216; Goyeneche CpR., VI, 85; Chelodi, 165. — Cl. Vermeersch contrariam tenet opinionem (Cfr. Vermeersch-Creusen, Epit., I, 369).

(25) Cfr. can. 571, §2. — In normis prorogatio pro novitiatu tantum ad

Si itaque in religione constitutionibus praescribitur tantum canonicus novitiatus unius anni, Superiores maiores, ex iure communi, possunt prorogare tempus probationis, in casu supra allato, praeter annum canonicum usque ad sex menses non autem ultra sex menses, seu duratio novitiatus ad 18 menses extendi potest.

Ubi vero constitutionibus praescribuntur duo anni novitiatus, exacto tempore duorum annorum novitiatus adhuc prorogari potest per sex menses, seu integer terminus novitiatus in altero casu non ultra 30 menses extendi potest.

Codex in can. 555, §2, agnoscit longius tempus pro novitiatu, etiam ad validitatem professionis ubi id expresse dicatur. Verba igitur "exacto novitiatu" can. 571, §2, non possunt applicari in his religionibus nisi expleto secundo novitatiatus anno; et tunc tempus prorogari potest ad sex menses. (26)

## ART. II. OBLIGATIO PERAGENDI NOVITIATUM PER ANNUM CONTINUUM.

Codex statuit iure communi non solum annum integrum ad validitatem novitiatus sed etiam continuum. (1)

Tempus continuum illud intelligitur, quod semel inceptum nullam patitur interruptionem; (2) seu est tempus non intermissum, non seiunctum; aliis verbis; in nostro casu, est continuatio unius et ejusdem anni naturalis.

Hinc, ex. gr., novitius, qui per sex menses in novitiatu fuit et postea, dimissa religione, egressus est et in saeculo mansit per aliud tempus, et deinde poenitentia motus iterum religionem ingressus ac receptus, per sex alios menses in probatione fuit, non integrum et non continuum annum probationis perageret. Sex menses, quibus prima vice in probatione fuit computari ei non poterunt, continuitas enim

tres menses extendi poterat. (Cfr. S. C. Ep. et Reg., Normae 28 Jun. 1901, art. 75).

(26) Cfr. Augustine, III, 251.

(1) Cfr. can. 555, §1, n. 2.

(2) Cfr. can. 35. — "Tempus enim, de sua natura, physice et objective consideratum, independenter a nostra intentione et voluntate, semper currit sine intermissione,ita ut de continuo et indesinenter momenta succedant momentis, horae horis, dies diebus, et ita porro. En tempus continuum." (Lacau, 47.)

unius et eiusdem anni per egressum interupta erat. (3) Computatur ei tantum sex menses secunda vice incepti.

Integer proinde annus probationis in novitiatu debet esse continuus et non potest esse interruptus.

Leges de interruptione novitiatus uniformes sunt hodie in novo Codice et, ex iure communi, obligant omnes religiones sive Ordines sive Congregationes.

Logice et practice diversae regulae seu normae de interruptionae novitiatus dividi possunt generatim in duas partes: A) prima pars normarum agit de casibus, in quibus novitiatus absolute interrumpitur, ita ut ad validitatem denuo incipiendus et perficiendus est; B) secunda vero pars normarum tractat de casibus, in quibus novitiatus non quidem interrumpitur, attamen: aliquando suspenditur ita ut tempus absentiae ad validitatem omnino suppleri debet; aliquando novitiatus non suspenditur at tempus absentiae suppleri potest; aliquando absentia novitii pro legitima aestimanda est et neque novitiatum interrumpit neque suspendit nulloque supplemento indiget.

## §1. *De Novitiatus absoluta interruptione.*

In triplici casu novitiatus absolute interrumpitur, ita ut denuo sit incipendus ac perficiendus, nempe: 1°, si novitius a Superiore dimissus, e domo novitiatus exierit; 2°, si novitius domum novitiatus sine licentia Superioris non reversurus deseruerit; 3°, si novitius extra domum novitiatus etsi reversurus, ultra triginta dies sive continuos sive intermissos permanserit quacunque ex causa, etiam de Superiorum licentia. (4)

A) Primus casus. Novitiatus absolute interrumpitur, ita ut denuo sit incipiendus ac perficiendus, si novitius a Superiore dimissus e domo novitiatus exierit.

Necesse est ut existat in casu utraque *simul* requisita conditio: valida dimissio ex parte Superioris atque verus exitus novitii e domo novitiatus; deficiente alterutra conditione. novitiatus non interrumpitur.

(3) Cfr. Suarez, De Stat. Relig., tract. VII, 1. V, c. 15, n. 1; Schmalzgrueber, 1. III, tit. XXXI, n. 68.
(4) Can. 556, §1.

Ideo primo, dimissio valida esse debet, a legitimo et competente Superiore (5) atque non revocata.

Si igitur novitius invalide dimissus sit a Superioribus, (6) aut valide quidem dimissus, sed antequam e domo novitiatus exierit, ex rationabili causa, revocatus est et iterum in religionem admittatur, nulla accidit interruptio. (7)

Deinde insufficiens est animus deserendi novitiatum; oportet ut novitius, valide dimissus, revera e domo novitiatus egressus sit. (8) Donec enim novitius, etiamsi valide dimissus, in domo novitiatus permaneat nulla erit interruptio. Interim Superior dimissionem revocare potest; vel dimissus novitius, permanens tanquam hospes in domo, per recursum ad Superiores aut alio modo retractationem dimissionis obtinere potest; eo in casu nulla adest obligatio denuo novitiatum incipiendi.

Si tamen utraque conditio simul adsit; si nempe et valida dimissio et egressus e domo novitiatus coniungantur, statim novitiatus prorsus interrumpitur adeo ut denuo incipiendus ac perficiendus sit. (9) Dimissio valida et verus egressus e domo novitiatus producit suum effectum, dissolvit vinculum novitiatus. Etiam si novitius dimittatur a Superiore propter falsam accusationem, statim post egressum e domo novitiatus accidit interruptio. (10) Verba enim canonis absoluta sunt: "Novitiatus interrumpitur, ita ut denuo incipiendus ac perficiendus sit, si novitius, a Superiore dimissus, e domo exierit." (11)

Lex non distinguit et nullam clausulam continet, neque nos distinguere debemus. (12)

---

(5) Juxta can. 571, §1, "novitius potest... a Superioribus vel a Capitulo, secundum constitutiones, quavis iusta de causa dimitti."

(6) Ex. gr., contra votum Capituli, ubi ad agendum in hoc casu, iuxta constitutiones alicuius religionis, consensus Capituli est necessarius (Cfr. can. 105); vel a Superiore incompetente, illegitimo.

(7) Cfr. Vermeersch-Creusen, Epit., I, 370; Fanfani, 222; Voltas, CpR., II, 78.

(8) Non e septis novitiatus sed e domo novitiatus. "Exitus e domu novitiatus non est exitus e septis novitiatus; Primum requiritur, alterum non sufficit pro interruptione novitiatus, eoque magis quod sumus in odiosis" (Voltas, CpR., II, 77, nota 2). — Differentiam inter domum novitiatus et septa novitiatus vide supra p. 180, nota 18.

(9) Cfr. Voltas, CpR., II, 78; Augustine, III, 234; Blat, II, 615.

(10) Cfr. Voltas, CpR., II, 79; Augustine, III, 234.

(11) can. 556, §1.

(12) "Leges ecclesiasticae intelligendae sunt secundum propriam verborum significationem in textu et contextu consideratem" (can. 18). Cfr. etiam can. 571, §1.

B). Secundus casus, in quo novitiatus absolute interrumpitur, ita ut denuo sit incipiendus ac perficiendus, sequens est: si novitius domum novitiatus sine licentia Superioris non reversurus deseruerit. (13) Sicuti in primo casu ita et hic utraque simul conditio necessaria est. Nempe: animus in novitio deserendi religionem, et discessus e domo novitiatus sine licentia Superioris.

Novitius discedens e domo novitiatus ad breve tempus cum permissu aut de mandato Superioris non est desertor; degit extra domum novitiatus sub obedientia Superiorum, non est egressus cum animo deserendi religionem.

Pariter non est desertor, qui sine licentia quidem Superioris discedit e domo novitiatus ex, gr., ad ambulandum, vel parentes invisendi causa, cum animo tamen redeundi.

Non est etiam desertor qui habet quidem internam intentionem deserendi domum manet tamen adhuc in novitiatu vel intra septa novitiatus in secreto loco se abscondat.

His omnibus modis novitiatus non interrumpitur.

Necesse est ut existant simul duo; verus egressus e domo novitiatus sine licentia Superioris et animus non redeundi externe manifestatus sive declaratione sive aliis signis, sive facto quod novitius non regrediatur seu non reversurus deseruit. (14)

Existente utraque simul conditione, statim ac desertor, etiam retento habitu, domum novitiorum egressus est, novitiatus ipso facto interrumpitur; et nihil refert utrum egressus sit ad longius an ad brevissimum spatium temporis. (15)

Interruptio enim in hoc casu non a spatio temporis sed a voluntate novitiii dependet, qui actu externo aperte animum deserendi manifestavit et revera domum novitiatus non reversurus deseruit.

Placet hic integrum commentarium Suarez afferre, qui ad rem dicit: "Mihi autem videtur magis esse considerandam gravitatem actionis, per quam interrumpitur probatio novitiatus, quam temporis diuturnitatem, quia alias nihil certam

---

(13) Cfr. can. 556, §1.

(14) Cfr. Vermeersch-Creusen, Epit., I, 370; Voltas, CpR., II, 81; Blat, II, 615; Augustine, III, 234.

(15) Ibidem.

de hac interruptione eiusque sufficientia dici poterit, sed relinquendum erit uniuscujusque arbitrio; alicui enim videbitur parva mora trium vel quatuor dierum, alii vero magna. Quocirca censeo, si quis, dimisso religionis habitu, egressus est, eo ipso interrumpi annum probationis, etiamsi paulo post infra diem poeniteat, quia eo ipso amisit statum quem habebat, et indiget nova receptione et admissione, ut possit iterum novitius esse. Sicut ergo haec posterior receptio distincta est a prima, ita novitiatus incipit esse distinctus." (16)

Si igitur constet, post desertionem novitii, de ipsius animo non amplius redeundi, novitiatus interrumpitur, etiamsi desertor, facti poenitens paulo post, regrediatur atque admittatur; proinde et in hoc casu novitiatus denuo incipiendus ac perficiendus est.

Si tamen in casu de voluntate seu de animo non redeundi sufficienter non constet et prudens ac verum dubium facti maneat novitiatus interrumpi dici non potest; sumus enim in odiosis. (17)

C) Tertius casus. Novitiatus absolute interrumpitur, ita ut denuo sit incipiendus ac perficiendus, si novitius extra domum novitiatus etsi reversurus, *ultra triginta* dies sive continuos sive intermissos permanserit quacunque ex causa, etiam de Superiorum licentia. (18)

Imprimis distinguendus est casus tertius a primo et secundo casu. Dimissus enim novitius et novitius desertor existentibus supra expositis conditionibus, ipso momento quo egressus sit e domo dissolvit vinculum novitiatus; cessat esse novitius et ipso facto novitiatum interrumpit.

Hic vero in tertio casu novitiatus non prius interrumpitur quam ultra triginta dies sive continuos sive intermissos absentiae novitii e domo novitiatus.

---

(16) Suarez, De Stat. Relig., tract. VII, 1. V. c. 15, n. 6. — Disputabatur in antiqua lege, utrum habitus dimissio necessaria sit ad interruptionem novitiatus an non; pariter, utrum breve spatium temporis an longius requiratur ad novitiatus interruptionem. Iuxta nonnullos antiquiores auctores, si novitius per breve tempus et retento habitu domum deseruerit, praesumebatur novitiatum non interrumpi. Defuit tamen concordia quoad spatium temporis (Cfr. Piat, I, 102-103. Bouix, 577). Hodie lex clara est et absoluta. In Codice nulla distinctio quoad habitus dimissionem neque clausula quoad spatium temporis habetur.

(17) Cfr. Voltas, CpR., II, 82.

(18) Cfr. can. 556, §1.

In primo et secundo casu interruptio novitiatus dependet a voluntate Superiorum aut novitii servatis requisitis conditionibus; in tertio casu novitiatus interrumpitur ex ipso iure communi, post determinatum tempus absentiae novitii, independenter a voluntate Superiorum et novitii.

Lex nova anno 1914 decreto S. Cong. de Religiosis statuta in Codice magis moderata, (19) definivit clare et distincte spatium temporis ultra quod absentia novitii absolute novitiatum interrumpit, et quidem in omnibus religionibus.

Usque ad decretum S. Cong. de Relig. 3 maii 1914 defuit lex uniformis et generalis in hac materia. (20)

Hodie ius commune accurate determinavit tempus absentiae ultra triginta dies, nec plus nec minus.

Uti patet ex canone 556, §1, supra adnotato, lex respicit solum unum factum absentiae novitii e domo novitiatus, ultra triginta dies sive continuos sive non continuos, quidquid sit de licentia Superioris vel de causa absentiae aut de animo novitii.

Nulla causa etiam gravissima excusat, neque causa infirmitatis curandae, neque gravissimum negotium religionis; nihil prodest etiam licentia Superiorum — nisi a Sancta Sede obtenda sit. Si novitius extra domum novitiatus, etsi reversurus (seu cum animo redeundi) ultra triginta dies sive continuos sive intermissos permanserit novitiatus interrumpitur et post regressum denuo incipiendus ac perficiendus est (21) aut dispensatio a Sede Apostolica petenda est.

Triginta dies sive continui (22) sive intermissi de momento ad momentum computandi sunt ad normam can. 34 §2.

Duplex est quidem sententia hodie circa modum compu-

---

(19) "De novitiatus termino et interruptione," 3 maii 1914, n. 2, (AAS., VI, 229) cuius n. 2 statuitur: "si (novitius) ultra triginta dies etiam cum licentia Superioris extra novitiatus septa permanserit," In can. 556, §1, de eodem casu dicitur: "si novitius... extra domum, etsi reversurus, ultra triginta dies sive continuos sive non continuos permanserit quacumque ex causa, etiam de Superiorum licentia."

(20) Cfr. Schmalzgrueber, 1. III, tit. XXXI, n. 68-69; Piat, I, 102-103; Fagnanus, commentaria in 1. IV, c. Insinuante VII, Qui Cler. vel voventes, n. 36-40; Vermeersch, Periodica, IV, 199-200.

(21) Cfr. can. 556, §1.

(22) Tempus continuum est illud "quod nullam patitur interruptionem" (can. 35).

tandi huiusmodi dies absentiae: sententia prima (23) innixa can. 34, §2, ait dies absentiae, quoad interruptionem novitiatus, supputandos esse de momento ad momentum; seu computanda sunt continua et integra spatia 24 horarum a momento egressus novitii e domo novitiatus usque ad momentum regressus.

Altera sententia (24) proponit applicationem can. 32, §1, ubi legimus: "Dies constat 24 horis continuo supputandis a media nocte." Seu tot computandi sunt dies absentiae quot spatia 24 horarum continuarum a media nocte ad mediam noctem novitius afuerit.

Secundus modus computandi (iuxta can. 32, §1) valde favorabilis quidem est, primus tamen ad normam legis propriae applicatus est.

Videamus legem de supputatione dierum.

Duplex distinguitur in novo jure dierum supputatio:

a) Una quae vocatur "de momento ad momentum" et consistit in hoc quod tempus incipiat infra diem a momento determinato per aliquam actionem (ex. gr., per egressum novitii e domo novitiatus), et compleatur eodem determinato momento alterius diei. (25)

b) Altera supputatio dicitur de die ad diem, et consistit in eo quod tempus incipiat non a momento determinato per aliquam actionem infra diem sed ab initio diei seu a media nocte et compleatur ad finem diei seu ad alteram mediam noctem, atque independenter a momento actionis. (26)

Nunc investigare oportet regulas, quando nimirum applicandus est modus supputationis dierum *de momento ad momentum* et quando applicandus est modus supputationis *de die ad diem;* et quomodo denique in nostro casu.

Regula circa modum supputationis dierum in iure duplex est:

---

(23) Cfr. Blat, II, 615; Chelodi, 415 nota 3; Voltas, CpR., II, 83.

(24) Cl. Vermeersch scribit: "Quia haec supputatio fit per dies, applicandus est c. 32, §1, quo "dies constat 24 horis continuo supputandis a media nocte". Itaque, quot spatia 24 horarum continuarum a media nocte ad mediam noctem novitius afuerit, tot nec plus nec minus, erunt dies absentiae... et qui, mane profectus die lunae, redierit vespere sabbato, solos quattuor dies afuisse dicendus sit" (Vermeersch-Creusen, Epit., I, 370). Similem computationem admittit et Fanfani, (Cfr. Fanfani, 223-224).

(25) Cfr. can. 34, §2.

a) Regula computationis dierum *de momento ad momentum.*

"Si terminus a quo nec explicite nec implicite assignetur, ex. gr., *suspensio a Missae celebratione per mensem aut duos annos, tres in anno vacationum menses,* etc., tempus supputetur de momento ad momentum." (27)

b) Regula computationis dierum *a media nocte ad mediam* noctem seu ad dies.

"Si tempus constet uno vel pluribus... diebus, et terminus *a quo* explicite vel implicite assignetur," (28) tunc dies computantur sub hac duplici ratione:

I. "Si terminus a quo (ponitur actio) coincidat cum initio diei (sc. quando negotium incipit ipsa media nocte, ex. gr., duo vacationum menses a die *15 augusti* (sc. ab initio diei 15 augusti, tunc) primus dies ad explendam numerationem computetur (quia est dies completus) et tempus finiatur incipiente ultimo die eiusdem numeri; (seu, in allato exemplo, initio diei 15 octobris, seu media nocte inter 14 et 15. Et hoc plane constat, quia ab initio diei 15 augusti usque ad incipientem diem 15 octobris, certe invenies duos menses absolute completos)" (29)

II. "Si terminus *a quo* non coincidat cum initio diei, (sed ponitur alio quolibet diei momento) ex. gr., *decimus quartus aetatis annus* (pro illo qui natus non est praecise ad mediam noctem), *annus novitiatus* (qui incipit a momento ingressus; sed iste ingressus non solet fieri media nocte;), *octiduum a vacatione sedis episcopalis* (quando ista vacatio non evenit praecise media nocte), *decendium* ad appellandum (quod spatium computatur a momento sententiae iudicialis primae instantiae, quae non solet pronuntiari media nocte. Tunc, in istis exemplis et similibus), primus dies ne computetur (quia est mancus "et dies inceptus nunquam haberi potest pro completo,") et tempus finiatur expleto ultimo die eiusdem numeri". (30)

---

(26) Cfr. can. 34, §3 et 32, §1: "Dies constat 24 horis continuo supputandis a media nocte." — cfr. etiam, Lacau, 42.

(27) Can. 34, §2.

(28) can. 34, §3.

(29) Lacau, 43, can. 34, §2 n. 2.

(30) Lacau, 43-44; Can. 34, §3, n. 3.

Ecce regulae circa modum supputationis dierum.

Quaenam nunc ex duabus supra expositis applicanda est in nostro casu? Utrum prima regula computatonis dierum *de momento ad momentum,* an secunda regula computationis a media nocte ad mediam noctem seu ad dies?

Secundam regulam computationis, *a media nocte ad mediam noctem*, applicare oportet in singulis casibus quando terminus a quo (sc. momentum in quo ponitur actio seu factum ex quo tempus enascitur) *explicite vel implicite assignatur* in iure vel ab auctoritate ecclesiastica — tunc datur locus computationis ad dies; aliis verbis in nostro casu applicanda esset regula computationis dierum a media nocte ad mediam noctem si in iure explicite vel implicite definitus fuisset terminus a quo; sed in Codice nihil praecise determinatum est hac de re, neque explicite neque implicite; legislator in can. 556, §1, in genere tantum dixit: "Novitiatus interrumpitur, ita ut denuo incipiendus ac perficiendus sit, si novitius... extra domum, etsi reversurus, ultra triginta dies sive continuos sive non continuos permanserit quacumque ex causa, etiam de Superiorum licentia." (31)

Quocirca secunda regula, seu modus computationis dierum a media nocte ad mediam noctem, in nostro casu applicari non potest.

Applicandus est modus primae regulae seu supputatio dierum absentiae novitii *de momento ad momentum* juxta normam can. 34, §2.

Terminus a quo seu factum ex quo tempus enascitur nec explicite nec implicite in iure assignatur; dicitur simpliciter in Codice *ultra triginta dies* absentiae novitii; proinde ille terminus a quo alio modo determinari debet, nempe per egressum novitii e domo novitiatus, et tempus supputatur ab illo momento quo novitius relinquit novitiatum ad aequale momentum in die termini ad quem seu ad regressum.

(31) Nec dicas, terminum a quo implicite assignatum esse in canone, nempe initium absentiae novitii! Sed hoc incertum est. Pari modo enim dicere possumus et de, supra allato, casu can. 34. §2, ("tres in anno vacationum menses"): terminum a quo implicite assignatum esse, per inceptionem vacationis. Attamen hoc verum non est. Casus iste enim habetur in Codice uti exemplum supputationis pro aliis similibus casibus in quibus terminus a quo nec explicite nec implicite assignetur.

Ac tempus debet esse omnino completum. (32)

Accedit insuper alia ratio propter quam applicare oportet modum supputationis de momento ad momentum; nempe mens legislatoris et finis legis.

In can. 18 dicitur: "Leges ecclesiasticae intelligendae sunt secundum propriam verborum significationem in textu et contextu consideratam; quae si dubia et obscura manserit, ad locos Codicis parallelos, si qui sint, ad legis finem ac circumstantias et ad mentem legislatoris est recurrendum."

Mens legislatoris et finis legis, in nostro casu, est limitare nimis longam absentiam novitii e domo novitiatus, ut probatio et formatio novitiorum fieri possit per annum continuum. Hoc patet ex canone 555, §1, 2, 3, 565 et praecipue ex can. 556, ubi ad amussim accurate enumerati sunt dies absentiae et circumstantiae. Maximum spatium absentiae novitii triginta dies sive continuós sive non continuos legislator admittit. Absentia novitii ultra trigintos dies sive continuos sive non continuos, ex quacumque causa, etiam de Superiorum licentia novitiatum interrumpit.

Modus supputationis dierum absentiae novitii *de momento ad momentum* videtur esse ad mentem legislatoris et correspondet fini legis.

Aplicando enim hunc modum supputationis unumquodque continuum spatium 24 horarum computetur novitio uti unus dies absentiae; et absentia ultra triginta dies intermissos protrahi non potest sine interruptione novitiatus.

Modus supputationis dierum absentiae novitii "ad dies," seu *a media nocte ad mediam noctem*, non videtur esse ad mentem legislatoris, est nimis favorabilis et contra finem legis.

Applicando modum supputationis a media nocte ad mediam noctem, praecipue in ordine ad dies intermissos, novitius potest extra domum novitiatus per 46 horas ambulare, pro qualibet vice et nullus dies absentiae ei computaretur (ex. gr., si novitius prima hora post mediam noctem die dominica novitiatus domum relinquit et sequenti die feria secunda hora undecima ante mediam noctem regrediatur, continua ab-

(32) Cfr. Maroto, I, 277, 282; Cicognani, II, 193-194; Blat, I, 121.

sentia 46 horarum, eo in casu, pro nihilo ei computari possit; deest enim continuum spatium 24 horarum a media nocte ad mediam noctem).

Applicando hunc modum supputationis, novitius potest, cum licentia Superiorum, qualibet tertia die summo mane exire e domo novitiatus et sequenti die vespere redire; hoc modo absentia etiam 200 dierum, intra annum, pro nihilo ei computetur et consequenter novitiatus interrumpi non possit.

Ad quid ergo lex de interruptione novitiatus? Inutilis prorsus limitatio dierum absentiae ad triginta et altera limitatio ad quindecim dies.

Hoc certe est contra mentem legislatoris et contra finem legis, immo etiam contra finem novitiatus.

Idcirco ex hucusque expositis manifeste deduci potest haec conclusio: usque dum prodeat authentica declaratio, dies absentiae novitii quoad interruptionem novitiatus computandos esse *de momento ad momentum*, iuxta normam can. 34, §2.

Afferramus nunc, pro praxi, nonnulla exempla computationis.

Si itaque novitius hora decima meridiem die 1 ianuarii, etiam de Superiorum licentia, domum novitiatus relinquit et die 31 ianuarii ante horam decimam mane regrediatur, novitiatus non est interruptus; Codex non dicit intra vel per, sed ultra triginta dies absentiae novitiatus interrumpitur. At contra, si die 31 ianuarii post horam decimam antemeridianam regrediatur, novitiatus est interruptus. (33)

Simili modo, de momento ad momentum, computandi sunt non continui dies absentiae novitii e domo novitiatus; semper tamen integros dies seu continua spatia 24 horarum intelligi debere. (34)

Si igitur novitius per bimestre quotidie per dimidiatos

(33) Tempus enim de momento ad momentum computatur physicae, non moraliter; et intelligitur incipere ab uno momento determinato (terminus a quo) atque absolvitur adveniente eodem praecise momento subsequentis termini (terminus ad quem). "Non datur parvitas materiae, nec fit locus regulae **minimum pro nihilo reputatur**; itaque etsi momentum temporis desit aut praeterierit, computabitur." (Maroto, I, 274). Cfr. etiam ibidem p. 275.

(34) Cfr. Chelodi, 415, nota 3; Blat, II, 615.

tantum dies extra domum novitiatus fuerit, vel per triginta dies quotidie a mane usque ad vesperas extra domum commoratus fuerit, novitiatus non interrumpitur. Defuerunt enim dies integri (seu continua spatia 24 horarum) absentiae; commoratio vero extra domum per aliquot diei horas attendenda non est, et fractiones non sunt coniungendae. (35)

E contra si novitius per semestre unoquoque mense per quinque continuos dies sive intermissos extra domum commoratus fuerit et tempus absentiae seu summa dierum universim ultra triginta *integros dies* protrahitur, tunc novitiatus absolute interruptus est, ita ut post ultimam interruptionem denuo incipiendus ac perficiendus est. Erat enim certe absentia ultra triginta dies integros, quidquid sit de causa deque licentia Superioris aut etiam de animo novitii.

Pariter si novitius unaquaque hebdomada per unum integrum diem (continuum spatium 24 horarum) extra domum commoratus fuerit et summa dierum absentiae universim ultra triginta integros dies protrahitur tunc novitiatus interruptus est.

## §2. *De novitiatus suspensione.*

In praecedenti paragrapho sermo erat de absoluta novitiatus interruptione; nunc respiciendi sunt casus in quibus novitiatus quidem non interrumpitur, attamen: 1°, aliquando suspenditur, ita ut tempus absentiae ad validitatem novitiatus omnino suppleri debeat; 2°, aliquando novitiatus non suspenditur at supplementum potest utique a Superioribus praescribi sed hoc non est ad validitatem necesarium; 3°, aliquando vero absentia novitii ex iure communi pro legitima aestimanda est et neque novitiatum interrumpit neque suspendit nulloque supplemento indiget.

I. Novitiatus non interrumpitur propter absentiam novitii e domo "si novitius ultra quindecim, sed non ultra triginta dies etiam non continuos, *de Superiorum licentia* vel *vi coactus* extra domus septa permanserit sub Superioris obe-

(35) Cfr. Agustine, III, 235.
(36) Cfr. Ibidem.

dientia, [attamen] ad validitatem novitiatus necesse et satis est dies hoc modo transactos supplere." (1)

Imprimis declaranda sunt nonnulla verba legis. De absentia novitii ultra triginta dies iam legislator tractavit in primo paragrapho huius canonis 556, et utique in praecedenti paragrapho exposuimus absentia ultra triginta dies semper novitiatum interrumpit, adeo ut iterum incipiendus ac perficiendus sit aut petenda sit dispensatio Sanctae Sedis.

Hic agitur de absentia novitii e domo novitiatus non ultra triginta dies, sed ultra quindecim dies et infra triginta dies. Seu practice agitur eo in casu de numero dierum absentiae a quinto decimo usque ad trigesimum inclusive. (2) Dies absentiae sicuti in superiore paragrapho sunt vel continui vel etiam intermissi. Computatio dierum eadem. (3) Verba "de Superiorum licentia" clara sunt. Absentia enim novitii praecipue per triginta dies et sine licentia Superiorum ex alio praescripto novitiatum interrumpit, nempe novitius praesumitur desertor, nisi aliud probetur. Proinde sermo est hic de absentia cum permissu Superiorum. Verba si novitius "vi coactus extra domus septa permanserit sub Superiorum obedientia" indigent declaratione.

Iuxta regulam iuris "actus, quos persona sive physica sive moralis ponit, ex vi extrinseca, cui resisti non possit, pro infectis habentur." (4) Et nihil mirum procedunt enim isti actus ex principio extrinseco.

Si novitius proinde vi coactus extra domus septa permanserit eius absentia est involuntaria, contra ipsius intentionem; manet itaque sub habituali obedientia Superiorum. (5) Practice non solum ille novitius dicitur "Vi coactus" qui

(1) can. 556, §2. — Lex nova decreto S. Congr. de Relig. anno 1914 statuta et in Codice accuratius determinata. (S. Congr. de Relig., decr. "De novitiatus termino et interruptione" 3 maii, 1914, n. 3, AAS., VI, 229; Parisien. "De novitiis militiae addictis," 3 maii, 1914, ad I, AAS., VI, 230.

(2) Numerus dierum triginta dividitur in duas partes; de numero primae partis seu de absentia 15 dierum aliud praescriptum in Codice habetur; de numero secundae partis seu de absentia novitii maiore a 16 usque ad 30 diem inclusive presens lex agit.

(3) Vide supra p. 219 sq.

(4) Can. 103, §1. — "Vis est autem, majoris rei impetus qui repelli non potest." (D. IV, 2. 2.).

(5) Cfr. S. Congr. de Religiosis, decr., "De Novitiatus terminus et interruptione." 3 maii, 1914, n. 3. AAS, VI, 229, unde lex ista fere verbatim desumpta est. Cfr. etiam Vermeersch-Creusen, Epit., I, 370; Voltas, CpR., II, 84.

ex. gr. extra domum septa permanserit causa incarcerationis, revolutionis, terremotus vel incendii, (6) sed etiam qui causa militiae coactus sit e domo novitiatus exire et extra domus septa permanere. (7)

His omnibus declaratis facile intelligitur primus casus.

In praxi igitur si novitius ultra quindecim dies, seu sexdecim vel plus, usque ad triginta, sive continuos sive intermissos, de Superiorum licentia aut vi coactus sub obedientia Superiorum extra septa domus permanserit (8) tunc "ad validitatem novitiatus necesse et satis est dies hoc modo transactos supplere." (9)

Clausula canonis "dies hoc modo transactos" refertur ad omnes dies absentiae sive continuos sive intermissos non vero ad unos qui numerum quindecim dierum superant. Tenetur proinde novitius ad validitatem novitiatus omnes illos dies absentiae supplere; aliis verbis: quotquot dies novitius durante novitiatu ultra quindecim dies extra domum permanserit tot ad valorem novitiatus debet supplere. (10) Secus novitiatus suspenditur professio vero ante supplementum facta nulla sit.

II. Secundus casus. Si novitius non ultra quindecim dies sive continuos sive intermissos, de Superiorum licentia vel vi coactus extra domus septa permanserit sub Superioris obedientia, supplementum potest a Superioribus praescribi, sed non est ad validitatem necessarium. (11)

---

(6) Cfr. Volata, CpR., II, 83.

(7) Responsio S. Congr. de Relig., 3 maii 1914 data in eodem casu proposito, melius quaestionem illustrare potest. Questio erat proposita: "Utrum novitiatus illorum qui coguntur e domo probationis exire aut ad eandem militiam denuo vocati, censendus sit interruptus, ita ut ab initio sit repetendus, nulla ratione habita temporis novitiatus iam expleti; an vero sit aestimandus tantummodo suspensus, ita ut debeat solum compleri."

Responsio erat: "Affirmative ad primam partem; negative ad secundam, si novitius ultra triginta dies completos servitio militari reapse addictus fuerit. Si infra triginta dies, hi supplendi erunt. 't in quacumque casu ad professionem votorum admitti nequit nisi saltem per triginta dies probetur." (S. Congr. de Religiosis, Parisien., "De novitiis militiae addictis" 3 maii 1914, I, AAS., VI, 230). — Responsio moderata est in Codice et conditio abrogata; ultima lex aliis verbis in canone proposita est: "ad validitatem novitiatus necesse et satis est dies hoc modo transactos supplere." (Can. 556, §2.)

(8) Si ex. gr., causa infirmitatis curandae iaceret in hospitali extra domum novitiatus vel propter causas supra allatas.

(9) Can. 556, §2.

(10) Cfr. Goyeneche, CpR., III, 84-85.

(11) Cfr. can. 556, §2. Lex in Codice, prorsus nova, moderavit anteriorem severitate.

Verba legis nullum dubium patiuntur. Ea quae diximus supra in casu praecedenti de Superioris licentia, de causa absentiae atque de obedientia, pari iure valent applicari in presenti casu. Tempus vero absentiae ad quindecim tantum dies sive continuos sive intermissos limitandum est. (12) Attamen neque absentia novitiatum interrumpit neque tempus absentiae supplendum est ex iure communi. Supplementum quidem a Superiore praescribi potest, sed tale supplementum quidem a Superiore praescribi potest, sed tale supplementum ad valorem novitiatus non est necessarium. (13) Quindecim dies proinde longissimum est tempus absentiae novitii quoad novitiatum nec interrumpit nec eum suspendit.

Addit tamen protinus legislator monitionem in eodem canone hisce verbis: "Superiores licentiam manendi extra septa novitiatus, nisi iusta et gravi de causa, ne impertiant." (14)

Omnia quae in Codice statuta sunt, et quae supra diximus, de interruptione novitiatus, de eiusdem suspensione atque supplemento respiciunt absentiam novitii *e domo novitiatus* non absentiam e loco reservato et specialiter segregato pro novitiis, (septa novitiatus). (15)

Monitio vero respicit utramque absentiam e loco reservato pro novitiis et, a fortiori absentiam novitii e domo novitiatus. Cum respectu ad clausulas paragraphi 2 can. 556 "de Superiorum licentia" legislator hic monet ne Superiores hanc licentiam manendi extra domum et *etiam extra septa novitiatus* concedant, nisi iusta et gravi de causa. (16)

Causa iusta esse debet, proportionata permanentiae relativae extra septa vel extra domum novitiatus; (17) pariter non repugnans legibus generalibus aut constitutionibus.

Causa gravis ex. gr., infirmitas novitii, quae indiget curatione in hospitali; periculosus morbus parentum, etc.

---

(12) Computatio dierum eadem ac in prima paragrapho vide supra p. 124 sq.
(13) Cfr. Augustine, III, 235.
(14) Can. 556, §3.
(15) Cfr. Voltas, CpR., II, 109; Blat, II, 616; — Differentiam inter septa novitiatus et domum novitiatus vide supra p. 103, nota 18.
(16) Ratio est evidentissima, nempe, ut "novitii nullam habeant communicationem cum professis neque hi cum novitiis." (can. 564.)
(17) Blat, II, 616.

Licentia tamen Superiorum etiam ob non gravem causam data semper valida est.

III. Ultimus casus, in quo absentia novitii e domo non interrumpit novitiatum et eum non suspendit, continetur in paragrapho 4 can. 556.

"Si novitius a Superioribus in aliam novitiatus domum eiusdem religionis transferatur, novitiatus non interrumpitur."

Casus specialissimus est seiunctus et differens ab omnibus supra expositis.

Paragraphi 1 et 2 can. 556 de egressu agunt e domo novitiatus et de regressu iterum ad eandem domum novitiatus; in paragrapho vero 4 can. 556 agitur de egressu ab una domo novitiatus et de ingressu in aliam domum novitiatus eiusdem tamen religionis. In supra expositis casibus tempus absentiae stricte determinatum est, atque effectus absentiae enumerati. In presenti casu Codex prorsus silet de tempore; nulla distinctio aut limitatio invenitur quoad numerum dierum translationis. Verba legis tamen clara sunt; legitima translatio novitii in aliam novitiatus domum eiusdem religionis novitiatum non interrumpit.

Quocirca lex interpretanda est ad normam can. 18, et sensus canonis sequens esse videtur. Tempus absentiae novitii *necessarium* pro legitima translatione ad aliam domum novitiatus eiusdem religionis novitiatum non interrumpit. (18)

Aliquando enim pro translatione novitii sufficit breve tempus, aliquando vero translatio indiget spatio temporis longioris (ex. gr., ab Europa in American Latinam vel in Australiam), et in hoc casu etiam tempus ultra triginta dies pro legitimo censeri debet; nisi adsit alia ratio accidentalis

(18) Cfr. can. 556, §1, 2, 4, can. 18. — Cfr. etiam Voltas CpR., II, 107-109. — Fanfani limitavit tempus ad triginta dies, (Cfr. Fanfani, 224), sed hoc admitti non potest. In illo enim casu lex prorsus inutilis esset. Paragrapho enim 1 can. 556, ubi dicitur de absoluta interruptione novitiatus, si novitius quacumque ex causa ultra triginta dies extra domum permanserit, legislator statuit generalem regulam de interruptione novitiatus; in paragrapho vero 4 eiusdem canonis statuta est lex nova prorsus diversa et specialissima, quae exceptionem regularum tam paragraphi 1 quam 2 eiusdem canonis constituit. 't in hac nova lege nulla est clausula de limitatione temporis ad triginta dies vel de supplemento dierum absentiae. Legislator aliis in locis eiusdem canonis stricte ad amussim tempus absentiae determinavit. In hoc vero casu nulla mentio de tempore facta est. Unde ergo limitatio temporis ad triginta dies. Quocirca lex interpretanda est ad normam can. 18.

et extraordinaria, quae, occasione itineris, tempus absentiae novitii protrahat ad nimis longum; tunc enim diversus casus est et applicandae sunt regulae generales can. 556 §1et2. (19)

## ART. III. OBLIGATIO PERAGENDI NOVITIATUM IN DOMO NOVITIATUS.

Probationem novitiorum oportet fieri in domo novitiatus; et quidem sub poena nullitatis ipsius novitiatus et consequenter professionis. (1)

Quid sit domus novitiatus et quomodo erigenda sit, diximus iam in capite primo huius tituli; (2) in presenti articulo dicemus tantum de obligatione peragendi probationem in domo novitiatus.

Et primum animadvertenda sunt verba legis: "in domo novitiatus." (3) Domus novitiatus in hoc loco intelligi debet totum institutum de quo agit can. 554; seu universa domus ad normam constitutionum, de licentia competentis auctoritatis ecclesiasticae specialiter pro novitiatu canonice erecta; non agitur hic de ea parte domus quae praecise pro novitiis tantum ad normam, can. 564, reservata et segregata est. Aliis verbis legislator non de septis novitiatus loquitur sed de universa domo novitiatus. (4)

Deinde consideranda est conditio validitatis. Dicitur enim in Codice: "novitiatus ut valeat peragi debet in domo novitiatus." (5) Obligatio perangendi probationem *in domo novitiatus,* ad hoc iuridice erecta, per annum integrum, completum et continuum est "conditio sine qua non" quae ad valorem novitiatum pertinet.

Exinde alibi, neque in altera quacumque domo religiosa neque in domo privata novitiatus peragi valide potest.

Si igitur Magister novitiorum simul cum novitiis, valetudini consulendi gratia, per plures dies in villa (seu in domo quam ruri conventus habet) maneat, probatio novitiorum vel interrupta vel suspensa dicenda est, ad normam can. 556.

(19) Cfr. Voltas, CpR., II, 107-109.

(1) Cfr. can. 555, §1, n. 3. — Vide etiam can. 572, §1, n. 3.

(2) Vide supra p. 182-193.

(3) Can. 555, §1, n. 3.

(4) Cfr. can. 554; 555, §1, n. 3; 556.

(5) Can. 555, §1, n. 3.

Villa enim non est domus novitiatus. "Haec non est per se domus religiosa, ita ut sine beneplacito apostolico et venia Ordinarii loci haberi possit. Quare, sine indulto apostolico, vel facultate in ipsa venia erectionis novitiatus iam concessa, dies *integri* quos ibi novitii, etiam cum suo Magistro, transigant, in canonico novitiatus anno computari non possunt." (6)

Pariter et novitio aegroto, qui extra domum novitiatus, ex. gr., in hospitali iaceat, dies integri quos ibi transigat computari ei nequeunt.

At nihil tamen obstat, si novitius valetudini curandae in communi infirmaria extra septa, sed intra domum novitiatus decumbat; (7) in hoc enim casu non extra sed in domo novitiatus manet et obligationi satisfacere potest.

## ART. IV. OBLIGATIO PERAGENDI NOVITIATUM IN SUA CLASSE.

Plures sunt religiones in quibus duae inveniuntur sodalium classes. In religionibus virorum: clerici et coadiutores fratres. In religionibus mulierum: choristae et conversae.

Pro istis omnibus religionibus, ex iure communi praescripta est diversitas novitiatus. Requiritur, nempe ad valorem, ut novitiatum unusquisque in sua classe peragit. Ait enim can. 558: "In religionibus in quibus duae sunt sodalium classes, novitiatus pro altera classe peractus, pro altera non valet."

Inter praeparationem clericorum ad ministeria spiritualia, et praeparationem fratrum coadiutorum ad officia, quae illis committi consueverunt magna est differentia; pariter in religionibus mulierum inter choristas et conversas; exinde diversitas novitiatus. (1)

Adspirans debet novitiatum peragere in sua classe; si tamen post inceptum vel etiam post peractum novitiatum velit transire ad alteram classem opus est novitiatum in

---

(6) Vermeersch-Creusen, Epit., I, 371. Cfr. Fanfani, 223; Voltas, CpR., II, 110; can. 554, §2.
(7) Cfr. Blat, II, 614.
(1) Cfr. Vermeersch-Creusen, Epit., I, 371.

altera classe iterare; anteactus enim novitiatus non valet. (2)

Pro transitu ab una ad alteram classem opus non est ulla dispensatione neque ullo indulto Sedis Apostolicae. Si agatur de novitio, potest simpliciter incipere novitiatum in altera classe. Si agatur de professo pariter novitiatum statim incipere petest; temporaliter professus peractum tempus votorum temporariorum repetere non tenebitur; perpetue professus, finito novitiatu denuo in eadem classe professionem emittere debet. (3)

(2) Cfr. Clemens VIII, const. "**Cum ad regularem,**" 19 mart. 1603, §16; Fontes, n. 189.
(3) Cfr. CpR., III, 10-13; 82-84.

# CAPUT III.

## DE NOVITIATUS REGIMINE.

Finis propter quem novitiatus instituitur, non solum est mutua probatio adspirantium et religionis, sed etiam informatio atque debita novitiorum praeparatio ad vitam religiosam.

Ad hunc tanti momenti finem efficaciter obtinendum diversa media adhibentur in regimine novitiatus: 1°, instituitur caput seu persona pro novitiorum regimine; 2°, determinantur normae institutioni novitiorum seu disciplina pro novitiis; 3°, ad internam spiritualem formationem animarum deputantur diversi confessarii pro novitiatu.

### ART. I. MAGISTER NOVITIORUM EIUSQUE SOCIUS.

Caput seu rector pro regimine novitiatus est Magister novitiorum. Qui, ex iure communi, non solum est verus et unicus spiritualis informator ac instructor novitiorum sed etiam eorum immediatus, lato sensu, superior atque revera director. (1)

Munus et officia Magistri novitiorum eiusque socii iam olim accurate determinavit Clemens VIII in constitutione "*Cum ad regularem,*" (2) et leges in novo Codice, de Magistro novitiorum eiusque socio, fere ex integro ius vetus Clementis VIII referunt; quocirca ex veteris iuris auctoritate aestimendae sunt. (3)

Ut disciplina de Magistro novitiorum eiusque socio melius cognosci possit, dicemus in hoc articulo: 1°, de Magistri eiusque socii qualitatibus; 2°, de modo eligendi utrumque; 3°,

(1) Cfr. can. 559, 561, 562, 564, 565, §1, 633. Magister novitiorum stricto sensu et iuridice non est proprie dictus superior religiosus; nullibi enim in Codice hoc dicitur; ratione tamen muneris sui potest dici Superior novitiorum lato sensu. (Cfr. Vermeersch-Creusen, Epit., I, 376).

(2) Mart. 1603, §9, Fontes, n. 189. — Iam quidem in antiquitate vitae religiosae S. Benedictus (480-543) praecepit instruere ac praeparare novitios sub vigilantia Magistri (Cfr. supra p.), et Clemens V (1305-1314) monet "Novitiis etiam fidelis deputatur instructor tam in divinis officiis quam in observantia" (c. 1, de statu monachorum vel canonicorum regularium, III, 10, in Clem.); attamen legem accurate determinavit demum Clemens VIII in supra citata constitutione.

(3) Iuxta normam can. 6, n. 2.

de Magistri iuribus et obligationibus; 4°, de Magistri novitiorum eiusque socii immunitate ab aliis officiis.

§1. *De Magistri novitiorum eiusque socii qualitatibus.*

Institutioni novitiorum, ex iure communi, in omnibus religionibus pro unoquoque novitiatu praeficiendus est specialis rector, qui ex antiqua praxi ipse solus in Codice nomine Magistri novitiorum designatus est. (4)

"Qui sit annos natus quinque saltem ac triginta, decem saltem ab annis a prima professione professus, prudentia, caritate, pietate, religionis observantia conspicuus et, si de clericali religione agatur, in sacerdotio constitutus.

"Si ob novitiorum numerum vel aliam iustam causam expedire visum fuerit, Magistro novitiorum adiungatur socius, eidem immediate subiectus in iis quae ad novitiatus regimen spectant, annos natus saltem triginta, quinque saltem ab annis a prima professione professus, cum ceteris dotibus necessariis et opportunis." (5)

Ex antiqua disciplina anni requisiti pro Magistro novitiorum eiusque socio debent esse completi. Clemens VIII etenim in const. "*Cum ad regularem*", praecipiebat: "Ipse Magister sacerdotali ordine sit initiatus, ac quinto saltem *supra* trigesimum aetatis suae anno constitutus, et per decennium a professione emisso in Religione perstiterit. Socius vero trigesimum annum *excedat....*" (6)

Haec antiqua disciplina recepta est in Codice et eodem modo ac antea interpretanda est. Proinde, triginta quinque anni pro Magistro novitiorum et triginta anni pro eius socio requisiti, debent esse expleti et nunc computandi sunt ad normam can. 34, §3, n. 3; (7) pariter decem anni a prima professione pro Magistro novitiorum et quinque anni a prima professione pro eius socio debent esse completi ac eodem modo domputandi sunt. (8) Si itaque "iuniores constituendi

(4) Cfr. can. 559, §1.
(5) Can. 559, §1, 2.
(6) Clemens VIII, const. "Cum ad regularem" 19 Mart. 1603, §9, Fontes, n. 189.
(7) Can. 34, §3, n. 3: "si terminus a quo non coincidat cum initio diei, ex. gr., decimus quartus aetatis annus..., primus dies ne computetur et tempus finiatur expleto ultimo die eiusdem numeri."
(8) Cfr. Fanfani, 232; Blat, II, 617.

videantur dispensatio a S. Sede petenda est." (9) Prima professio illa est, quae statim post expletum novitiatum emittitur, etiam temporaria et votorum simplicium; (10) tempus igitur computandus est a die illius professionis.

Ceteras qualitates pro Magistro novitiorum et pro eius socio Clemens VIII in const. *"Cum ad regularem"* hisce verbis describat: "sintque ambo doctrina, et quantum per Superiorum diligentiam, et curam fieri poterit, vitae etiam anteactae exemplo praestantes, orationis praeterea et mortificationis operibus addicti, prudentia, caritateque referti, non sine affabilitate graves, zelum Dei cum mansuetudine praeseferentes, ab omni cordis, ac animi perturbatione, ira praesertim, et indignatione, quae in se, et erga alios caritatem impedire consueverunt, quam longissime alieni, et tales demum, qui in omnibus seipsos bonorum operum exemplum praebeant, ut ii, qui eorum curae subsunt, illos non tam metuant, quam revereantur, nec illis umquam detrahere quicquam possint." (11) Codex haec omnia generaliter paucis verbis comprehendit: "Magister... prudentia, caritate, pietate, religionis observantia conspicuus [sit]"; (12) particularia relinquens constitutionibus.

Si agatur de clericali religione (13) requiritur etiam pro Magistro novitiorum, ut sit in sacerdotio constitutus. (14)

In laicali religione non requiritur, ex iure communi, ut Magister sit sacerdos. Magistro committenda est totius institutionis cura et munus proinde, ex iure communi, ad normam can. 559, §1, praeficiendus est semper et omnino in unoquoque novitiatu institutioni novitiorum; socius vero adiuvat vel supplet Magistrum, ideoque adiungi potest Magistro si ad novitiorum instruendam multitudinem necessarius fuerit vel si alia iusta causa hoc suadeat. (15)

Immo "si numerus novitiorum id postulet nihil impedit

(9) Vermeersch-Creusen, Epit., I, 372.
(10) Cfr. can. 574, §1.
(11) Clemens VIII, const. "Cum ad regularem", 19 mart. 1603, §9, Fontes, n. 189.
(12) Can. 559, §1.
(13) Nomine religionis clericalis venit "religio cuius plerique sodales sacerdotio augentur; secus est laicalis" (Can. 488, n. 4.).
(14) Cfr. can. 559, §1.
(15) Cfr. can. 559, §2.

quin plures addantur socii Magistro novitiorum." (16)

Socius Magistri tandem, necessariis et opportunis dotibus praeditus pro munere suo efficaciter adimplendo, in his omnibus quae ad novitiatus regimen spectant, immediate Magistro novitiorum subiectus esse debet. (17)

Non requiritur per se, ut socius Magistri sit sacerdos in clericali religione, nihil enim de ista obligatione in Codice dicitur, licet esse soleat. (18)

### §2. *De Magistri eiusque socii institutione.*

Clemens VIII in const. "*Cum ad regularem*" postulavit ut eligantur uterque Magister et socius per Provinciale Capitulum, saltem ad triennium huiusmodi onus subituri. (1) S. Congregatio Ep. et Reg. anno 1901 in "Normis" determinavit alium modum eligendi; ab illo tempore Magister novitiorum eligatur a Superiore Generali cum suis Consiliariis. (2)

In novo Codce vero modus instituendi Magistrum et eius socium constitutionibus relinquitur; debent proinde constitutiones uniuscuiusque religionis determinare modum eligendi utrumque, et tunc constitutionibus approbatis standum est. "Magister novitiorum eiusque socius eligantur ad normam constitutionum". (3)

Constitutiones possunt determinare non solum modum instituendi Magistrum novitiorum eiusque socium (ex, gr., Magister eligatur a Superiore Generali cum suis Consiliariis, vel assignatur a Superiore Provinciali de consensu Consiliariorum) sed etiam possunt designare determinatum tempus officii seu durationem muneris pro utroque.

In hoc ultimo tamen casu stabilitas muneris iure communi sancita est in Codice his verbis: "si quod in his (seu

---

(16) Vermeersch-Creusen, Epit., I, 372.
(17) Cfr. can. 559, §2.
(18) Cfr. Vermeersch-Creusen, Epit., I, 373.
(1) "Eliganturque tam Magister, quam socius per Provinciale Capitulum, per triennium ad minus onus huiusmodi subituri. Quod si aliquo casu extra tempus Capitulare nova loca novitiatus concedi contingat, tunc electionem Magistri Novitiorum et socii huiusmodi, in his novis locis per Generalem, vel Provincialem, seu Ministrum, aut eorum Visitatores, seu Vicarios, de Definitorum tamen, vel graviorum aliorum Patrum consensu, fieri permittitur; idemque servetur, si intra triennium, alterum, vel utrumque urgenti aliqua de causa ex illis locis amoveri, vel mori contigerit, in cuius, vel quorum locum alii consimiles subrogari debeant" (Clemens VIII, const., "Cum ad regularem", 19 mart. 1603, §9, Fontes, n. 189).
(2) Cfr. S. Congr. Ep. et Reg. Normae 28 iun. 1901, art. 297.
(3) Can. 560.

in constitutionibus) tempus ad durationem muneris praescriptum sit, eo durante, ne removeantur sine iusta gravique causa." (4)

Et ideo uterque tum Magister tum eius socius nequeunt a suo munere amoveri pro libitu superioris maioris sed ad hoc requiritur iusta seu proportionata secundum rationem causa, atque gravis causa, — ex. gr. incapacitas Magistri, morbus et aliae huiusmodi.

Magister novitiorum eiusque socius elapso tempore determinato denuo eligi queunt; "iidem rursus eligi possunt." (5)

Uti patet ex textu canonis, legislator videtur optare, ut diu uterque in munere permaneant. (6)

Etenim "vi vocis *rursus*, animadvertit Cl. Blat, non tantum secundo, sed etiam pluries reeligi queunt; nec obstant constitutiones in contrarium, quae potius vi huius clausulae *abrogatae sunt* ad normam can. 489." (7)

§3. *De Magistri novitiorum iuribus et obligationibus.*

Codex iura atque officia Magistri determinat hisce verbis: "Uni Magistro ius est et officium consulendi novitiorum institutioni, ad ipsumque unum novitiatus regimen spectat, ita ut nemini liceat hisce se, quovis colore, immiscere, exceptis Superioribus quibus id a constitutionibus permittitur ac Visitatoribus." (1)

In const. vero Clementis VIII "*Cum ad regularem*", unde haec lex deducta est, dicitur: "Habeat etiam Magister plenam, et absolutam potestatem circa Novitiorum institutionem, ac Novitiatus regimen, ita ut in illis nemini (Visitatoribus, ac Superioribus maioribus vel etiam localibus exceptis) quovis colore se ingerere liceat." (2)

Ex comparatione textuum, supra adnotati canonis et

(4) Can. 560.
(5) Can. 560.
(6) Cfr. Chelodi, 417, nota 1.
(7) Blat, II, 618; Cfr. etiam Prummer, 277. — 489 dicit: "Regulae et particulares constitutiones singularum religionum, canonibus huius Codicis non contrariae, vim suam servant; quae vero eisdem apponuntur, abrogatae sunt."
(1) Can. 561, §1.
(2) Clemens VIII, const. "Cum ad regularem" 19 mart. 1603, §9, Fontes, n. 189.

constitutionis, pariter ex contextu Codicis (3) sequentes conclusiones deducere possumus:

I. *Quoad iura Magistri novitiorum.* Magister novitiorum habet plenam et absolutam potestatem circa novitiorum regimen. Ipse solus est unicus exclusivus rector atque immediatus superior novitiorum in his omnibus quae ad novitiatus regimen pertinent; ipse est novitiorum spiritualis informator et instructor. Et haec potestas Magistri ex iure communi determinatur. (4)

Regimen enim novitiatus unum esse debet. Legislator vult ut directionis unitas in novitiorum institutione servetur, ideoque expresse iura ac potestatem Magistri quoad regimen novitiatus ipsi soli reservat et quidem absolute, adeo ut nemini liceat hisce iuribus et officiis se, quovis colore, immiscere, exceptis Superioribus quibus id a constitutionibus permittitur ac Visitatoribus. (5)

Ex iure communi iterventus in rebus novitiatus, vi muneris, semper competit Superioribus maioribus immediatis; ad ipsos enim, ex natura rei, haec cura de novitiatu pertinet. (6) Deinde Visitatoribus (7) qui possunt quidem sese immiscere in rebus novitiatus, ratione officii, sed tantum visitationis tempore.

Tandem illis Superioribus competit interventus in rebus novitiatus qui in constitutionibus expresse determinantur, at non aliis.

Alii autem Superiores et Superior localis, nisi expresse iis constitutiones aliquid relative ad novitiatum concedant, nullam potestatem in Magistrum et novitiatum habent, nullo colore sese in his rebus, qua tales, immiscere possunt. (8)

At "ii vero Superiores, animadvertit Cl. Vermeersch, quibus sollicitudo de novitiis permittitur, ac Visitatores, contra mentem legis fecerint, si sine gravi et extraordinaria ra-

(3) Cfr. Can. 559, 561, 562, 564, 565.
(4) Cfr. Ibidem; Larraona, C p R., II, 295. — Immo in antiquo iure Magister erat ordinarius et unicus confessarius novitiorum: "Ipsi autem Magistro soli novitiorum confessiones audiendi cura committatur" (Clemens VIII, const. "Cum ad regularem" 19 mart. 1603, §10, Fontes, n. 189.
(5) Cfr. Can. 561, §1.
(6) Cfr. Can. 543, 563.
(7) Cfr. Can. 561.
(8) Cfr. Can. 561.

tione, immediatam novitiatus gestionem Magistro eriperent." (9)

"Possunt quidem Superiores, ait cl. Larraona, proprie dicti, quibus id constitutiones concedunt, Magistrum vigilare, monere, corrigere, et Magister tenebitur, iuxta constitutiones, res cum ipsis communicare ac eorum sequi consilia et praeceptis obedire. Imo sicut Superiores maiores, si casus ferat, possint, ut negligentiam suppleant vel abusus corrigant regimini minorum Superiorum sese immiscere, ita pariter Superiores competentes quoad Magistrum id posse, si necessitas in casibus particularibus urgeat, negandum non est. Certo tamen iuri violentiam Superior abs dubio inferret, et unitati directionis, quam Ecclesia in formandis novitiis salvam absolute exoptat, attentaret si, maioris boni praetextu, sese frequenter Magistro substitueret." (10)

Qualis debeat esse tamen relatio Magistri ad Superiorem domus? Saepissime enim in religionibus novitiatus non est domus unica pro formandis novitiis destinata sed efformat tantum partem domus religiosae at eo in casu Magister et novitii constituunt unam communitatem cui praeest Superior localis. Propositae quaestioni ex iure communi respondendum est: in iis quae ad disciplinam universae domus attinet Magister eiusque socius et novitii Superiori locali sunt obnoxii. (11)

Generatim loquendo non difficulter determinari possunt ea quae ad disciplinam universae domus pertinet et in quibus tam Magister quam novitii Superori domus sunt obnoxii. Iuxta auctores, Magister et novitii tenentur observare ea omnia quae Superior domus legitime disponat circa horarium generale domus, circa officium chorale, refectorium, circa exercita communia, circa ordinem extra novitiatum servandum et alia huiusmodi. (12) In particularibus tamen et minutioribus quaestionibus non semper facile est accurate determinare lineam inter ea quae ad disciplinam universae domus et ea quae ad ordinem novitiatus et ad Magistrum per-

(9) Vermeersch-Creusen, Epit., I, 372-373.
(10) Larraona, C p R., II, 295.
(11) Cfr. Can. 561, §1.
(12) Cfr. Larraona, C p R., II, 297; Prummer, 277.

tinent; proinde hac in re constitutionibus et particularibus cuiusque religionis consuetudinibus standum est. (13)

Quod attinet tandem socium Magistri novitiorum, ipse propria auctoritate et potestate caret. Ex Codice in iis omnibus quae ad novitiatus regimen spectant Magistro immediate subiectus est. (14) Est igitur mandatarius Magistri et potest eum supplere, sed ea tantum potestate gaudet, quae ei a Magistro tribuitur. (15)

II. *Quoad obligationes Magistri novitiorum.* Magister habet plenam potestatem circa regimen novitiorum est enim eorum rector; nihilominus Magister est novitiorum spiritualis informator ac instructor, et ex officio habet obligationem consulendi novitiorum institutioni.

Haec obligatio praescripta iam erat constitutione Clementis VIII *"Cum ad regularem"*, ubi dicitur: Magister "curam adhibeat diligentem, ut novitii omnes in regulari disciplina sedulo exerceantur, agnoscantque praecipue divinae, qua digni facti sunt, vocationis praestantiam, et excellentiam, quae vera sit, atque perfecta votorum solemnium, et quam necessaria cuiusque Ordinis Constitutionum observantia; modum in oratione tum vocali, tum mentali fructuose persistendi, illicitas passiones, et vitia (ad quae natura per peccatum labefactata omni tempore prona est, atque proclivis) per sensuum custodiam, et mortificationem cohibendi; austeritatem, ieiunia, cilicia, disciplinas, conscientiae puritatem, crebram illius discussionem, sacramentorum frequentiam, confessionis praesertim, quae bis saltem singulis mensibus fiat, per aperitionem quotidianam motuum internorum cordis, et tentationum manifestationem, per exercitium humilitatis circa viliora ministeria, per modestiam in omnibus actionibus, diuturnumque silentium." (16)

Clemens VIII, uti supra vidimus, in particulari determinavit Migistri obligationes circa instructionem ac formationem novitiorum.

(13) Cfr. Larraona, C p R., II, 297.
(14) Cfr. Can. 559, §2.
(15) Cfr. Fanfani, 234.
(16) Clemens VIII, const. "Cum ad regularem" 19 mart. 1603, §9, Fontes, n. 189.

Codex pariter imponit obligationem Magistro instruere novitios in religiosa disciplina: "Gravi obligatione tenetur Magister novitiorum omnem adhibendi diligentiam, ut sui alumni in religiosa disciplina, secundum constitutiones, sedulo exerceantur, ad normam can. 565." (17)

Probatio alumnorum atque praeparatio ad vitam religiosam est finis maximi momenti in novitiatu; ideoque legislator gravem obligationem imponit Magistro adhibendi omnem diligentiam, ut novitii debite instruantur et praeparentur in religiosa disciplina. Haec instructio ac formatio novitiorum peragi debet non pro libitu Magistri sed: primo, iuxta normas generales, quoad novitiatum, pro omnibus religionibus in Codice statutas; et secundo, ad normam constitutionum uniuscuiusque religionis. In diversis enim religionibus diversimode instructiones ac formationes novitiorum, quoad particularia, constitutionibus determinari solent.

Quod attinet ipsam spiritualem directionem, si agatur de clericali religione, tam Magister quam confessarii ex officio designati sunt, ut novitios in vita spirituali dirigant et instituant. Difficilior est tamen quaestio in religionibus laicalibus ubi Magister vel Magistra in Theologia et rebus spiritualibus forte minus periti sunt, et hic res magis intime confessario potius quam Magistro reservandae sunt. "Magistro potius competere ut novitium instituat ad specialem suae religionis vitam, dum confessarius potius religiosum qua talem instituit." (18)

Nequit attamen Magister, directionis spiritualis causa, subditos novitios cogere vel constringere ad animi manifestationem sibi peragendam; hoc est contra mentem disciplinae canonicae et malum effectum pariet. Talis manifestatio non possit esse nisi spontanea et libera. (19) Idcirco Magister

(17) Can. 562. — De disciplina religiosa, ad normam can. 565, sermo erit in sequenti articulo.

(18) Vermeersch-Creusen, Epit., I, 375.

(19) Cfr. Goyeneche, C p R., V, 159-161; can. 530, §2. — "Conscientiae manifestatio est revelatio, per se extra confessionem, proprii animi alteri facta, ut is intime nos cognoscat, nostros mores, affectus, inclinationes, tentationes, et in vita spirituali nos dirigere possit. Olim haec ratio in plerisque constitutionibus superioribus reddenda imponebatur, gravissimo periculo permiscendi forum internum cum foro externo, maxime in recentioribus institutis feminarum, ubi rigorose urgebatur. Et haud raro etiam valde dubitandum erat de utilitate directionis cum per personas

potest tantum manifestationem spontaneam suadere vel commendare uti bonum medium ad novitiorum institutionem. (20)

Denique praecepit legislator in Codice, ut Magister intra annum novitiatus, de agendi ratione singulorum alumnorum relationem Capituli vel Superiori maiori exhibeat; relatio facienda est ad normam constitutionum. (21)

Seu constitutiones definere debent modum et tempus peragendi relationem atque statuere debent utrum relatio facienda sit Capitulo an Superiori maiori. (22)

### §4. *De Magistri novitiorum eiusque socii immunitate ab aliis officiis.*

Tam novitiorum Magister quam socius eius ab iis omnibus officiis oneribusque vacare debent, quae novitiorum curam et regimen impedire valeant. (1) Officium Magistri eiusque socii ex se iam satis grave et arduum est; indiget praeterea praesentia Magistri vel eius socii. Haec clara sunt. Et merito proinde ex iure communi uterque vacare debet ab his omnibus officiis et oneribus quae impedire valeant regimen et curam novitiorum. Neque Codex tamen neque constitutio Clementis VIII *"Cum ad regularem"* ex qua lex illa desumpta est, (2) determinat accuratius quaenam scilicet officia et onera Magistro eiusque socio prohibita sint.

Ex antiqua disciplina, ex constitutionibus religionum, in quibus nonnisi certa et probata recipi solent, et ex interpretationibus auctorum, practice deducere possumus sequentes conclusiones quoad prohibita onera et officia Magistro novitiorum eiusque socio:

---

ad hoc difficillimum officium ineptas fieret. Quare Leo XIII, decr. **Quemadmodum** (Cfr. S. C. Ep. et Reg.,, dcer. **Quemadmodum** 17 dec. 1890, n. 1, 2, Fontes, n. 2017.) omnino abrogavit quamcumque eiusmodi obligationem in omnibus religionibus **laicalibus** et a constitutionibus expungi iussit, solummodo ulteriorem manifestationem permisit. Disciplina nunc ad omnes religiones extenditur. (Cfr. can. 530)... Ratio legis pariter urget contra Magistros..." (Chelodi, 402).

(20) Cfr. Goyeneche, C p R., V, 159-161; Fanfani, 233.

(21) Cfr. can. 563.

(22) Cfr. Vermeersch-Creusen, Epit., I, 373. — Lex de relatione facienda iam olim statuta erat a S. Congr. super statu Regul. 25 iun. 1884, decreto **"Regulari disciplinae"** pro Italia et insulas. Determinata erat relatio trimestris ad Provincialem; et praeterea duobus mensibus ante professionem. (Cfr. S. Congr. super statu Regul. decr. **"Regulari Disciplinae"** 25 iun. 1848, pars II, n. 11, 111, 1v, Vermeersch, De Religiosis, II, 117-118).

(1) Cfr. can. 559, §3.

(2) Cfr. Clemens VIII, const. **"Cum ad regularem"** 19 mart. 1603, §9, Fontes, n. 189.

I. Omnia officia Superiorum maiorum censenda sunt prohibita Magistro eiusque socio, quia curam et regimen novitiorum impedirent.

Non potest proinde quis Magister esse et simul Abbas Primas, Abbas superior congregationis monasticae, Abbas monasterii sui iuris, Superior generalis, vel provincialis aut eorum vicarius. (3)

II. Ea omnia onera et officia ut prohibita Magistro eiusque socio habentur, quae extra domum novitiatus debent exerceri et eo ipso assiduam residentiam utriusque impedirent. (4)

III. Practice et generaliter habentur ut incompatibilia munera Magistri novitiorum et simul Superioris localis quando Novitiatus constituit tantum sectionem domus. (5)

IV. Pariter varia ministeria, servitia et onera communia domus Magistro vetantur quae novitiorum regimen et curam impedire valeant. (6)

Sed in his omnibus constitutionibus standum est.

## ART. II. DISCIPLINA NOVITIORUM.

Secundo loco uti medium in regimine novitiatus ad informandos novitios sunt directivae et obligatoriae normae, in novo Codice, a legislatore latae, quae vitam novitiorum durante tempore probationis bene determinant atque ipsam formationem novitiorum valde adiuvant.

Normae praeceptivae determinant: 1°, novitiorum obedientiam; 2°, clausuram; 3°, obligationem deferendi habitum; 4°, informationem spiritualem; et 5°, prohibitionem quoad nonnullas occupationes.

---

(3) Iuxta normas, S. Congr. Ep. et Reg. de Novis Institutis, Magister novitiorum non poterat esse simul Consiliarius generalis; ergo a fortiori superior maior. Cfr. S. Congr. Ep. et Reg., Normae 28 iun. 1901, art. 300.

(4) Cfr. Larraona, C p R., II, 294.

(5) Nonnullae religiones prohibent expresse coniunctionem muneris Magistri et simul Superioris localis domus (Cfr. ex. gr., Cap. Gen. O. Fr. M. Cap., LXIII, 53, apud Appeltern, p. 66 nota 1); aliae religiones limitant coniunctionem utriusque muneris ad casum in quo Novitiatus est domus unice novitiis formandis destinata et separata, (Cfr. ex gr., Inst. Soc. Jesu, Regulae Magistri nov. n. 3 et 5, vol. III, p. 121). Cfr. etiam Larraona, comment. pro Relig., II, 292-293.

(6) Cfr. Appeltern, 66, nota 1; Larraona C p R., II, 294.

### §1. *De obedientia novitiorum.*

Novitii durante tempore novitiatus manere debent sub disciplina Magistri; potestati Magistri ac Superiorum religionis subsunt eisque obedire tenentur. (1)

Triplex potestas Superiorum religiosorum in subditos distingui potest: dominativa, iurisdictionis et socialis seu domestica. Iuxta Suarez, "per potestatem dominativam intelligi oportet ius acquisitum religioni et prelatis eius ad imperandum religiosis, et utendum operibus eorum prout conveniens, iudicaverint (salvis iuris communis ac Regulae praescriptis). Quae potestas, sic prosequitur, non pertinet ad claves (ut iurisdictio), nec a Christo descendit per specialem donationem Ecclesiae factam sed orta est *radicaliter a voluntate profitentium* talem regulam, et se donantium religioni cum promissione et obligatione obediendi secundum illam." (2) Potestas ista explicite designatur a Codice in can. 501, §1: "Superiores et Capitula, ad normam constitutionum et iuris communis, potestatem habent dominativam in subditos."

Altera potestatis Superiorum species, est regiminis auctoritas seu iurisdictio; et definiri potest: facultas seu potestas spiritualis regendi baptizatos in ordine ad vitam aeternam. (3) Potestas iurisdictionis seu regiminis ex divina institutione est in Ecclesia (4) et pluribus religionum Superioribus communicatur. (5)

Potestas denique socialis seu domestica "est facultas quae Superiori naturaliter competit tanquam capiti alicuius legitimi coetus, quamque ipse necessario habet ad ordinem domesticum servandum etiam in minore societate — intra limites finis intenti." (6)

Novitii quidem vi voti obedientiae non tenentur obedire potestati Magistri et Superiorum religionis, nondum enim votum emiserunt. Subduntur tamen ex virtute obedientiae et non immerito.

(1) Cfr. 565, §1; 561, §2.
(2) De Stat. Relig., tract. VII, l. II, c. 18, n. 5; Raus, 65.
(3) Cfr. Raus, 77; Suarez, De Stat. Relig., tract. VII, l. II, c. 18, n. 5.
(4) Can. 196.
(5) Cfr. can. 501, §1; Raus, 76.
(6) Raus, 116.

Primo in religionibus exemptis in quibus Superiores potestatem iurisdictionis ecclesiasticam exercent, novitii eo in casu subditi sunt et obedire Superioribus tenentur propter eorum potestatem iurisdictionalem, dominativam et domesticam.

Secundo in omnibus religionibus novitii ad obedientiam Superioribus tenentur propter eorum potestatem domesticam, quae ad rectam efficacemque administrationem uniuscuiusque communitatis necessaria est. Tenentur proinde novitii servare statuta regulae ac mandata Superiorum. Finis novitiatus et propria utilitas novitiorum evidentissima ratio est propter quam obedire Superioribus tenentur; secus non possent convenienter probari, dirigi et gubernari. (7) Porro novitii fruuntur bonis et privilegiis religionis (8) debent etiam et eius onera sustinere. Convenit denique ut qui communiter vivant communi quoque disciplina utantur. (9) Quocirca Codex expresse legem pro omnibus religionibus proponit: "Novitius potestati Magistri ac Superiorum religionis subest eisque obedire tenetur." (10) Seu in omnibus quae ad disciplinam novitiatus aut domus pertinent obedire tenentur Magistro et Superiori domus.

### §2. *De clausura novitiorum.*

Ut finis novitiatus melius obtineri possit probatio ac praeparatio novitiorum peragi debet in loco specialiter pro novitiatu designato et segregato. De loco pro novitiatu designato diximus supra; (1) hic tantum pauca dicemus de servanda clausura et totali separatione novitiorum a professis.

Novitii tempore probationis, sub disciplina Magistri, degere debent non solum in domus designata et erecta pro novitiatu sed etiam intra septa novitiatus seu in ea parte domus novitiatus quae specialiter segregata et designata est pro novitiis; aliis verbis intra clausuram novitiatus. (2) Ratio est apertissima, formatio nempe et praeparatio novitiorum

(7) Cfr. Suarez, De Stat. Relig., tract. VII, 1. V, c. 16, n. 1 et 18; Raus, 118.
(8) Can. 567.
(9) Raus, 119.
(10) Can. 561. §2.
(1) Cfr. . . .

ad vitam religiosam indiget totatali segregatione ab aliis. Ideoque legislator bis in Codice monet de segregatione novitiorum ab aliis, etiam a professis; in can. 556, §3: "Superiores licentiam manendi extra septa novitiatus, nisi iusta et gravi de causa, ne impertiant;" et in can. 564, §1: "Novitiatus ab ea parte domus in qua degunt professi, sit, quantum fieri potest, segregatus ita ut, sine speciali causa ac Superioris vel Magistri licentia, novitii nullam habeant communicationem cum professis neque hi cum novitiis."

Manere debent novitii regulariter intra clausuram novitiatus et nullam habere possunt communicationem cum professis, sive allocutione sive scripto sive aliis modis nisi adsit specialis causa et simul licentia Superioris vel Magistri. Sufficit proinde in casu licentia alterutrius.

Iuxta normas S. C. Ep. et Reg., novitii possunt convenire cum professis tantummodo in ecclesia, in processionibus, in choro et in coenaculo, causa refectionis. (3)

Denique ex iure communi novitiatus conversorum separandus est a novitiatu clericorum: "Conversis autem novitiis locus separatus adsignetur." (4)

Iuxta cl. Vermeersch, conversi "locum separatum obtinere censebuntur, si ad mensam, in recreatione atque in dormitorio, separatim ab aliis congregati fuerint. (5)

Segregatio conversorum non tam severe praescribitur quam pro clericis, conversi enim extra tempus exercitiorum novitiatus possunt iungi officiis fratrum conversorum in religiosa domo et eo ipso cum fratribus professis commorari. (6)

§3. *De obligatione deferendi habitum durante novitiatu.*

In antiqua disciplina obligatio erat suscipiendi habitum et illum deferendi durante novitiatus anno. (1)

Codex generaliter hanc doctrinam refert sed cum exceptione: "Integer novitiatus peragatur in habitu quem con-

(2) Cfr. can. 564, §1.
(3) Cfr. Normae S. C. Ep. et Reg., 28 iun. 1901, art. 85. — Cfr. etiam Clemens VIII, const. "Cum ad regularem" 19 mart. 1603, §13, Fontes, n. 189.
(4) Can. 564. §2.
(5) Vermeersch-Creusen, Epit., I, 373.
(6) Cfr. can. 565, §3.
(1) Cfr. Conc. Trident., sess. XXV, de regularibus, c. 15 Richter 416; Ferraris, v. habitus; Piat I, 99. Bouix, 582.

stitutiones pro novitiis praescribunt, nisi speciales locorum circumstantiae aliud exigant." (2)

In religionibus in quibus constitutiones praescribunt susceptionem et delationem habitus pro novitiis, ipsi durante tempore probationis habitum deferre debent; non tamen ad validitatem novitiatus, nullibi enim in Codice defectus habitus inter causas invalidantes novitiatum recensetur. (3)

In religionibus vero quae ex expressa declaratione constitutionum non habent proprium habitum, sed clericali aut laicali veste utuntur, novitii sine habitu religioso tempus probationis peragere debent.

Immo etiam in primo casu condicio habitus ferendi omtti potest, si nempe speciales loci circumstantiae id exigant; semper tamen cum licentia Superioris competentis.

Praescriptum, supra allatum, de obligatione deferendi habitum durante novitiatu valet etiam pro transeuntibus ex una ad alteram religionem. Codex enim quod novitiatum attinet nullam distinctionem facit inter transeuntes et alios novitios. Si igitur professus ad aliam religionem legitime transiret debet huius novae religionis habitum determinatum suscipere et gestare perdurante novitiatu in nova religione; (4) in religione autem quae nullo determinato habitu religioso utitur probationis tempus peragere debet ad normam constitutionum, seu in veste clericali vel in veste laicali.

### §4. *De informatione spirituali novitiorum.*

Novitiatus est quidem tempus probationis tum pro novitiis tum pro religione. Nihilominus tamen est etiam tempus spiritualis informationis. "Ideoque prae oculis habendum est novitiatum esse institutum ad novitiorum animos informandos, in iis quae ad vitia extirpanda, motus animi

(2) Can. 557.

(3) Cfr. can. 555; 553; 557; 542, 1o. Cfr. etiam Vermeersch-Creusen, Epit., I. 373.

(4) Sacrae Congregationi de Religiosis propositum fuit hac de re sequens dubium: "Religiosus, qui in quadam religione professus, obtento indulto Apostolico, ad aliam religionem transit, teneturne ad habitum novitiorum religionis **ad quam** suscipiendum et gestandam perdurante novitiatu in nova religione?"

Responsum erat: **Affirmative.** (Cfr. S. Congr. de Relig., "**Dubium de habitu novitiorum a transeunte ad aliam religionem gestando**", 14 maii **1923, A A S., XV, 289.)**

composcendos, virtutes acquirendas necnon vitam regularem addiscendam per constitutionum studium, pertinent; ut novitii ad christianam perfectionem per evangelicorum consiliorum ac votorum professionem, in quo praecise cuiusque religiosi finis consistit tendere discant." (1)

Quocirca, iuxta Codicem, novitii sub disciplina Magistri informandi sunt imprimis studio regulae et constitutionum; (2) cognoscere debent non tantum compendium aut aliquam partem regulae, sed totam regulam seu omnes constitutiones: (3) necesse est proinde, ut Magister exponat novitiis, modo intelligibili omnes constitutiones religionis.

Deinde informentur novitii piis meditationibus assiduaque prece, iis omnibus perdiscendis quae ad vota et ad virtutes pertinet, aliisque exercitationibus opportunis. (4)

Omne tempus in novitiatu disciplinae perfectionis tribuatur; de qua spirituali institutione qualis sit oporteat S. Pontifex Pius XI, in Epistola Apostolica 19 mart. 1924, hisce verbis monet: "Emenso inferiore litterarum curriculo, alumni et candidati omnes, quibus se Deo consecrandi mens constet, quique bona animi indole, ingenio haud tardo, pietatis spiritu morumque integritate se moderatoribus suis probaverint, in novitiatum cooptentur, in quo, quasi in quadam palaestra, religiosae vitae principia et virtutes data opera perdiscant.

Quantum autem intersit, tironum animos eo temporis spatio diligenter excoli, non tam e magistrorum pietatis testimoniis quam ex ipsa experientia coniicitur, cum religiosi status perfectionem nulli assequantur retineantque, nisi iam tum omnium fundamenta virtutum iecerint. Quamobrem, remotis quarumvis disciplinarum studiis oblectamentis, huc tantummodo novitii animos intendant, ut, sapienti magistri sui ductu, interioris vitae exercitationibus virtutumque adeptioni vacent, earum praesertim quae cum religionis votis, idest paupertatis, obedientiae et castitatis, cohaerent et con-

(1) S. Congr. de Relig. instructio, de saecundo novitiatus anno, 3 nov. 1921, I, A A S., XIII, 539.
(2) Cfr. can. 565, §1.
(3) Iuxta normas, novitiis ab initio tradendum est exemplar constitutionum. (Cfr. S. Congr. Ep. et Reg., "Normae" 28 iun. 1901, art. 87.
(4) Cfr. can. 565, §1.

iunguntur. In quo erunt ad perlegendum considerandumque utilissima cum sancti Bernardi et Seraphici Doctoris Bonaventurae, tum Alphonsi Rodriguez, tum etiam eorum qui apud sodalitatem uniuscuiusque vestram magisterio pietatis floruerunt, scripta, quorum virtus atque efficacia tantum abest ut vetustate defecerit atque elanguerit, ut etiam aucta hodie videatur. Neque tirones unquam obliviscantur, quales in novitiatu fuerint, tales se in reliquam vitae tempus futuros, et supplendi posterius renovato animo tirocinii, si semel modico aut nullo fructu illud egerint, spem esse plerumque inanissimam." (5)

Codex principia tantum generalia de spirituali institutione novitiorum dedit, modus autem et exercitia particularia determinanda sunt constitutionibus uniuscuiusque religionis.

Pro conversis vero novitiis ex iure communi praecipitur in Codice ut "praeterea diligenter in christiana doctrina instituantur, speciali collatione ad eos habita semel saltem in hebdomada." (6)

### §5. *De prohibitis novitiorum occupationibus.*

Novitiatus inservire debet spirituali novitiorum formationi proinde omnia obstacula huius formationis sedulo vitanda sunt: "Anno novitiatus ne destinentur novitii concionibus habendis aut audiendis confessionibus aut exterioribus religionis muniis, neve debita opera studiis vacent litterarum, scientiarum aut artium." (1)

Aliena est disciplina Codicis a qualibet distractione, quae fini novitiatus adversetur. Mens canonum est, ut tempus novitiatus destinetur ad spiritualem formationem novitiorum. Prohibuit itaque legislator ne sacerdotes novitii destinentur durante novitiatu concionibus habendis aut audiendis confessionibus aut exterioribus religionis muniis. Quae verba legislatoris intelligenda sunt de ministeriis vel officiis tractandis ex professo; (2) ideoque novitii etiam intra domum

(5) A A S., XVI, 142. — Alio in loco monet S. Pontifex, ut adspirantes "non ante ad novitiatum accedant, quam humanitatis, ut aiunt, curriculum confecerint, nisi sat gravis interdum causa aliter decernendum suadeat" (Ibidem, p. 140).

(6) Can. 565, §2.

(1) Can. 565, §3.

(2) Cfr. Vermeersch-Creusen, Epit., I, 374; Chelodi, 416.

permanenter non possunt audire confessiones, concionare aut alia officia religionis exercere, ex. gr., munus docendi, officium procuratoris, bibliothecarii, etc. (3)

Ministeria illa et officia per modum tantum exceptionis a novitiis exerceri possunt. Non enim novitiatus operibus religionis sed spirituali novitiorum formationi et religiosae educationi inservire debet.

Prohibita sunt deinde novitiis studia litterarum, scientiarum vel artium tanquam primarium opus diei habenda; (4) non possunt igitur novitii in scholis occupari et eo magis nequeunt instituere ea studia normalia quae fiunt in ordine ad examina.

Attamen "nunquam mens Ecclesiae fuit ut omne prorsus studium durante novitiatu interdiceret;" (5) quare non prohibentur novitiis nonnullae exercitationes, quae semel vel bis in hebdomada habeantur, (6) ne scilicet novitii dediscant, quae didicerunt.

S. Congregatio de Religiosis, 27 aug. 1910, postulavit, ut novitii, singulis diebus, festis tantum exceptis, per unam horam privatim studiis incumbant; ut aliquis idoneus ex professoribus humaniorum litterarum, non ultra ter in hebdomada, per unam horam, praeter aliam, quotidie a novitiis studiis privatim addicendam, novitios in linguis modernis aut antiquis instruat; ut tandem iste qui scholae praeest adnotet, in scriptis, cuiusvis novitii diligentiam ac progressum, et horum, item scriptum testimonium mittat, ante professionem novitii, ad Superiorem Generalem vel Moderatorem Provincialem. (7)

Hodie obligatio ista non amplius valet; rationes tamen in decreto allatae optime inservire possunt Superioribus uti norma directiva.

Facilius ex Codice permittitur occupatio officiorum novitiis conversis; istorum enim officia ad humilitatem conferunt. Possunt proinde conversi, durante eorum novitiatu,

(3) Cfr. Blat, II, 621.
(4) Cfr. Fanfani, 225.
(5) Chelodi, 416 nota 7.
(6) Cfr. Fanfani, 225.
(7) Cfr. S. Congr. de Relig., "Decretum de aliqua in novitiatu studiis opera danda", 27 aug. 1910, n. 1, 2, 3, 4, A A S., II, 730.

fungi officiis fratrum conversorum attamen triplex conditio in hoc casu requiritur: ut officia illa peragantur in ipsa religiosa domo; ut novitii conversi adhibeantur prout subsidiarii aliorum qui iam sint professi non tamen uti primarii officiales; et, ut conversi eatenus tantum adhibeantur, quatenus ab exercitiis novitiatus pro ipsis constitutis non praepediantur. (8) In congregationibus religiosis, in quibus secundus annus novitiatus ex Constitutionum praescripto usuvenit, observanda est quoad occupationes novitiorum instructio S. Congregationis de Religiosis data 3 nov. 1921. (9)

Ex quo documento adnotare debemus sequentes conclusiones:

I. Per totam instructionem sermo est *de secundo novitiatus anno* in quo licet, si constitutiones ita praescribant, destinare novitios ad opera propria congregationis. Non datur proinde libertas Superioribus occupandi novitios externis officiis alterutro anno, primo vel secundo, sed primus annus censetur pro canonico et peragendus est ad normam can. 565; secundus vero annus ad normam instructionis. (10)

II. Etiam secundo novitiatus anno servandae sunt fundamentales novitiatus leges, seu prae oculis habenda est spiritualis formatio novitiorum, et isti ad externa opera congregationis nonnisi secundario applicari possunt. "Quamobrem mandat haec Sacra Congregatio ut, etiam secundo novitiatus anno perdurante, ante omnia quaelibet munia disciplina spiritualis vitae apprime curetur." (11)

III. Ad hoc ut novitiis liceat, perdurante secundo novitiatus anno, vacare operibus congregationis non sufficit factum, quod constitutionibus duo anni novitiatus in religione praescripti sint, sed necesse est, *ut constitutiones id expresse ferant* seu, ut permittant occupationes externas novitiorum secundo novitiatus anno; secus nec tunc liceret novitiis vacare operibus Instituti. Immo etiam eo in casu exercitatio illa prudenter et moderate fieri debet. Dicitur

(8) Cfr. can. 565, §3.
(9) Cfr. S. Congr. de Relig., "Instructio de secundo novitiatus anno" 3 nov. 1921, A A S., XIII, 539.
(10) Cfr. Ibidem; Maroto, C p R., III, 43; Vermeersch, Periodica, X, 366.
(11) S. Congr. de Relig., "Instructio de secundo novitiatus anno" 3 nov. 1921, n 1. A A S., XIII, 539.

enim in documento: "Fas tamen esto, secundo novitiatus anno, novitio vel novitiae Instituti operibus vacare si id ferant constitutiones; nec unquam in iisdem operibus tyrones adeo occupentur, ut per se soli officia exerceant (v. gr.: supplendo in scholis magistris aut quasi-magistris absentibus, vel in nosocomiis infirmis ministrando), sed operibus ipsis vacent sub directione et vigilantia gravis religiosi, vel religiosae, qui verbo doceat exemploque praecurrat." (12) Exercitia ista debent potius instructioni novitiorum quam utilitati religionis inservire.

IV. Si constitutionibus alicuius religionis permittatur ut novitius vel novitia, secundo novitiatus anno, ad opera Instituti extra domum novitiatus mittatur (seu non tantum posset vacare operibus Instituti extra domum novitiatus in eodem loco, sed etiam posset mitti ad aliam Instituti domum constitutam in alio loco longinquo), tunc praescriptum istud servari quoque posse attamen sub sequentibus conditionibus: 1° ut hoc expresse permittant constitutiones, secus non liceret novitiis vacare operibus in alia domo Instituti, in alio loco; 2° ut id fiat per modum exceptionis, in casibus tantum extraordinariis, non autem per regulam pro plerisque vel omnibus novitiis; 3° ut tandem in unoquoque casu "gravis adsit causa, quae id suadeat: haec autem causa ex parte novitii vel novitiae se habere debet, quatenus in domo novitiatus aut sufficienter institui nequeant, aut ibidem aliter permanere non valeant; numquam vero, sub quocumque praetextu, sufficiens esse causa possit necessitas aut utilitas religionis, si, exempli gratia, et deficientia religiosorum novitii in operibus Instituti illis substituerentur." (13)

V. Tandem duobus ante professionem mensibus novitii a quolibet opere externo prorsus se abstineant, sive toto novitiatus secundo anno permanserint in domo novitiatus sive extra domum; isti qui extra novitiatum fuerint, ad illum revocentur, ut omnes "per integrum bimestre ad professionem emittendam, in spiritu suae vocationis firmati, se praeparent." (14)

(12) Ibidem, n. II.
(13) Ibidem, n. III.
(14) Ibidem, n. IV.

Praescripta instructionis supra allata non tantum sunt normae directivae sed etiam habent *vim obligatoriam* pro omnibus congregationibus religiosis votorum simplicium, non vero pro Ordinibus votorum sollemnium. (15)

Notanda est denique in hoc loco monitio legislatoris, ne novitii durante novitiatu ad ordines promoveantur; (16) quod "minus congruit cum fovendis tunc studiis humilitatis, et novitii in nimis incerta conditione versantur." (17)

Nequeunt etiam novitii munus patrini in Baptismo vel Confirmatione licite gerere "nisi necessitas urgeat et expressa habeatur venia superioris saltem localis." (18)

## ART. III. CONFESSARII NOVITIORUM.

Confessarii novitiorum dicuntur sacerdotes sive saeculares sive regulares, qui ab auctoritate ecclesiastica specialiter designati sunt ad excipiendas confessiones novitiorum.

Diversae sunt normae in novo Codice circa sacerdotes a confessionibus in virorum novitiatibus et diversa praescripta circa sacerdotes a confessionibus in mulierum novitiatibus. Dicemus itaque prius, de confessariis pro virorum novitiatibus; deinde, de confessariis pro mulierum novitiatibus.

### §1. *De confessariis pro virorum novitiatibus.*

Imprimis notanda est norma ex novo Codice de relatione Magistri quoad confessiones novitiorum.

Fundamentalis regula est hodie, ex iure communi, ne Magister eiusque socius in religionibus virorum sacramentales confessiones novitiorum subditorum audiant, nisi novitii ex gravi et urgenti causa in casibus particularibus sponte id petant. (1)

(15) Cfr. **Ibidem**, prooem. et n. V. — Vide etiam Maroto, C p R., III, 39, 40.
(16) Cfr. can. 567, §2. — Iuxta can. 950, in iure verbum ordo etiam ipsam primam tonsuram comprehendit.
(17) Vermeersch-Creusen, Epit., I, 374.
(18) Can. 766 n. 4; 796, n. 3.
(1) Cfr. can. 891; 566, §2 n. 1. — Haec regula antiquam disciplinam penitus mutat. Magister enim olim unicus et necessarius novitiorum confessarius erat (Cfr. Clemens VIII, const. "**Cum ad regularem**" 19 mart. 1603, §10, Fontes, n. 189). Quae disciplina tamen pro Urbe a S. C. Officii die 5 iulii 1899, mutata erat quoad congregationes; seu in Ordinibus Magister remansit uti confessarius novitiorum, in congregationibus vero alius sacerdos pro confessario designabatur (Cfr. S. C. S. Off., decretum 5 iul. 1899, Fontes, n. 1225; declaratio, 23 aug. 1899, Vermeersch, De Relig., II, 497; declaratio, 20 dec. 1899, Fontes, n. 1233). Nunc ex can. 891 prohibitio pro omnibus religionibus viget.

Regula "est districte prohibens, ut caveatur separationi fori interni a foro externo et iusta utriusque partis libertas servetur, non autem irritans". (2)

Iurisdictio quidem, vi huius canonis 891, Magistro eiusque socio non adimitur sed tantum usus iurisdictionis per se vetatur; proinde confessio novitii, servatis de iure tam generali quam particulari servandis, etiam extra gravem et urgentem causam, semper valida est; attamen illicita ex parte Magistri. Magister enim eiusque socius nequeunt *licite* confessiones novitiorum audire, nisi in determinatis adiunctis.

Ut confessio novitii licita evadat, haec concurrere debent: *gravis et urgens causa; casus particularis; et spontanea petitio.*

Primo loco requiritur, ut novitius *ex gravi et urgenti causa* confessionem petat.

Causa gravis et urgens adesse videtur, si novitius ad conscientiae quietem audiri postulet et attentis circumstantiis sive exterioribus (ex. gr., absentia confessarii) sive personalibus (ex. gr., peculiaris status conscientiae) alium sacerdotem invenire vix possit, cui peccata vel scrupula sua facile declararet. (3) Fanfani existimat, etiam desiderium petendi speciale consilium vel aliquid huiusmodi potest esse causa sufficiens. (4)

Secunda conditio: confessio licita est ex parte Magistri eiusque socii, si novitii *in casibus tantum particularibus* ex gravi et urgenti causa confessionem sponte petant.

Si igitur unus vel alter novitius accidentaliter, non vero per modum habitus, confessionem sponte petat et adsit gravis et urgens causa, Magister et eius socius licite audire confessiones possunt. Confessio per modum actus videtur esse etiam tunc, quando per aliquod tempus pluries accidit ex causis extraordinariis; si, ex. gr., confessarius ordinarius aut extraordinarius aliquoties hic et nunc deficiat, atque novitii petant confiteri. (5)

Tertia conditio: ad liceitatem requiritur, *ut novitii sponte confessionem petant.*

(2) Chelodi, 418.
(3) Cfr. Vermeersch-Creusen, Epit., II, 99; Fanfani, 236.
(4) Cfr. Fanfani, 236.
(5) Cfr. Fanfani, 236.

Sponte confessio fieri intelligitur quando motu proprio, neque vi, neque metu, neque importunis suasionibus vel alia ratione, quae libertatem coarctet, peragitur.

Caveant proinde Magister eiusque socius ne quem novitium subditum secum in eadem domo commorantem, aut ipsi per se aut per alios vi, metu, importunis suasionibus aliave ratione inducant, ut peccata apud se confiteantur. (6)

Immo caveant etiam ne extra gravem et urgentem causam atque habitualiter confessiones novitiorum subditorum audiant, hoc enim est contra mentem legislatoris et in Codice stricte prohibitum. (7)

His adnotatis transeamus nunc ad ipsos confessarios novitiorum.

Et hac in re legislatoris tendentia, in novo Codice, est concedere amplissimam libertatem confitendi, quae disciplina magis ad conscientiae libertatem et quietem animarum tendit.

Codex diversos confessarios hodie in disciplina religiosa, pro novitiis, distinguit; de singulis pauca dicemus.

I. *Confessarii ordinarii.* In religionibus virorum pro novitiorum numero, unus vel plures habeantur ordinarii confessarii, qui, "si agatur de religione clericali, in ipsa novitiatus domo commorentur; si de laicali, saltem frequenter ad domum novitiatus accedant, novitiorum confessiones audituri." (8)

Confessarii ordinarii dicuntur sacerdotes, qui ad audiendas sacramentales confessiones a competenti auctoritate ecclesiastica destinati sunt pro universo novitiatu; (9) appellantur "confessarii ordinarii" eo quod confessones novitiorum habitualiter, frequenter, determinatis a constitutionibus temporibus, ex munere audiant; neque alios habitualiter confiteri.

In religione clericali exempta ad audiendas confessiones novitiorum iurisdictionem delegatam confert, eiusdem religionis Superior, ad normam constitutionum; cui fas est iuris-

(6) Cfr. can. 891; 518, §3.
(7) "Haec dispositio valde severior est et strictius interpretanda quam ea quae in can. 518, §2 de superioribus statuitur" (Chelodi, 418, nota 1).
(8) Can. 566, §2. n. 1, 2.
(9) Cfr. can. 520, §1; Fanfani, 235.

dictionem concedere etiam sacerdotibus e clero saeculari aut alius religionis. (10)

In religione laicali exempta, Superior proponit tantum confessarium, qui tamen iurisdictionem obtinere debet ab Ordinario loci, in quo religiosa domus reperitur. (11)

In religione clericali non exempta confessario designato a Superiore iurisdictionem confert Ordinarius loci in quo domus religiosa sita est. (12)

Ubi in novitiatu pauci sint alumni unus tantum confessarius ordinarius deputetur, iuxta mentem legislatoris; ubi vero numerus novitiorum maior sit duo vel plures confessarii ordinarii deputentur. Vdere de numero novitiorum atque determinare utrum unus an plures confessarii instituendi sint ad competentem Superiorem pertinet. C. Vermeersch ait: "Viginti nobis videntur sufficere, sexaginta potius postulare ut plures deputentur. Ac tunc licite ultra duos instituuntur." (13)

Confessarii ordinarii commorare debent in ipsa novitiatus domo, si agatur de religione clericali, ut accessus novitiorum, in necessitate facilior sit.

Confessarii vero destinati pro novitiatu in religione laicali non sunt quidem obligati, ex iure communi, habitare in ipsa domo novitiatus, attamen frequenter accedere debent ad domum novitiatus et novitiorum confessiones audire. Lex statuta est in favorem novitiorum, ut ipsi habeant frequentem opportunitatem accedere ad poenitentiae sacramentum; confessiones enim sacramentales sunt media supernaturalia maximi momenti in formatione spirituali novitiorum. Frequens accessus confessariorum ad domum novitiatus intelligitur bis vel ter per hebdomadam. (14)

II. *Confessarii extraordinarii.* Praeter confessarios ordinarios, ex iure communi, detur novitiis quater saltem in anno extraordinarius, et ad eum omnes novitii accedant

(10) Cfr. can. 876, §1.
(11) Cfr. Ibidem, §2.
(12) Cfr. can. 874, §1.
(13) Vermeersch-Creusen, Epit., I, 375.
(14) Cfr. Vermeersch-Creusen, Epit., I, 375. — In can. 599, §1, n. 3 dicitur: "Curent Superiores ut omnes religiosi... ad poenitentiae sacramentum semel saltem in hebdomada accedant."

saltem benedictionem recepturi. (15)

Praescriptio datur ad maiorem libertatem conscientiae novitiorum, et ratio est, quia ut ipse Benedictus XIV animad vertit "multi infirmi, et imbecilles animo reperiuntur, qui potius eligerent sine Sacramentali expiatione ex hac vita migrare, quam ipsa peccata certo alicui sacerdoti a Superiore designato aperire". (16)

Designandus est proinde pro quolibet novitiatu virorum extraordinarius confessarius, cum debita iurisdictione; expedit quidem, causa convenientiae, ut sit idem sacerdos extraordinarius pro singulis vicibus, ut novitii possint, si velint, ab extraordinario in spiritu dirigi; (17) attamen non est necesse, ut omnino idem confessarius quater in anno detur novitiis; ex rationabili causa potest esse distinctus pro singulis vicibus. Ex. gr. sacerdos qui exercitia spiritualia novitiis tradat, optime supplere potest confessarium extraordinarium, dummodo omnes novitii accedant ad eum saltem benedictionem recepturi. (18)

Nulla est etiam stricta obligatio confitendi peccata extraordinario confessario, sufficit accedere ad eum et saltem benedictionem recipere; hoc modo datur opportunitas confitendi peccata pro illis, qui necessitatem habent aut volunt confiteri.

Confessarius extraordinarius potest esse idem pro novitiis ac professis.

III. *Confessarii supplementares.* Praeter confessarios ordinarios et extraordinarios designandi sunt pro novitiatu aliqui confessarii, iurisdictione pollentes, quos singuli novitii in casibus particularibus adire libere possint; nec Magister aegre id se ferre demonstret. (19)

Dicitur "in casibus particularibus", proinde novitii non possunt semper, habitualiter et sine iusta causa adire illos confessarios sed, ex. gr., causa necessitatis vel spiritualis consolationis aut causa spiritualis profectus; si enim cuilibet novitio liceret semper et pro libitu sine iusta causa

(15) Cfr. can. 566, §2, n. 4.
(16) Const "Pastoralis curae", 5 aug. 1748, §2, Fontes, n. 388.
(17) Cfr. Fanfani, 152.
(18) Cfr. Vermeersch-Creusen, Epit., I, 375; Blat, II, 622; Fanfani, 235.
(19) Cfr. can. 566, §2, n. 3.

adire confessarios designatos tunc actum esset de officio confessarii ordinarii. (20)

Si adsit rationabilis causa novitius libere adire debet confessarium designatum; idcirco, quando novitius petit licentiam adeundi confessarium non liceat Magistro petitioni verbis aut factis refragari, aut quavis ratione ostendere se id aegre ferre.

IV. *Confessarius occasionalis.* Denique, firmis constitutionibus quae confessionem statis temporibus praecipiunt vel suadent apud supra determinatos confessarios peragendam, novitii omnium religionum etiam clericalium exemptarum, ad suae conscientiae quietem, uti possunt privilegio adeundi quemcumque confessarium ab Ordinario loci approbatum, etsi inter designatos non recensitum; et tunc confessio, revocato quolibet contrario privilegio, valida et licita erit. (21)

Verba legis "ad suae conscientiae quietem" intelligenda sunt relative ad novitios latissimo sensu; quaelibet nempe confessio serio instituta intelligitur ad conscientiae quietem. Confessio enim novitii cuicumque sacerdoti ab Ordinario approbato semper valida est.

Nequeunt tamen novitii vi huius privilegii et confessionem peragendi causa, exire e novitiatu quando et quoties iis placuerit, sed possunt uti privilegio licito modo secundum regulas; nempe, oblata occasione sive intra sive extra domum novitiatus possunt adire confessarium ab Ordinario loci approbatum.

## §2. *De confessariis pro mulierum novitiatibus.*

In omnibus religionibus mulierum novitiae quoad confessiones professis aequiparantur; ideoque omnia praescripta in Codice statuta pro confessariis religiosarum professarum valent etiam et pro confessariis novitiarum. (1)

(20) Cfr. Fanfani, 154.
(21) Cfr. can. 566, §2; 519.
(1) Cfr. can. 566, §1. — Decursu saeculorum diversae leges ab Ecclesia latae sunt moderantes confessiones religiosarum. Praecipuae dispositiones prodierunt a Concilio Tridentino, a Benedicto XIV, a Leone XIII, et magni momenti normae a. S. Congr. de Religiosis 3 febr. 1913.

Concilium Tridentinum generaliter tantum monialibus statuit: "Praeter ordinarium autem confessarium alius extraordinarius ab Episcopo et aliis

Questio pertinet potius ad materiam de religiosarum confessariis; ideoque breviter tantum et generatim in hoc loco eam pertractamus.

Ac primum quidem notandae sunt generales regulae de approbatione confessariorum pro mulierum religionibus et eo ipso pro mulierum novitiatibus.

Omnes religiosae et novitiae valide et licite confiteri nequeunt nisi sacerdotibus qui specialem approbationem ad earum confessiones excipiendas obtinuerint.

Exceptis Cardinalibus, omnes sacerdotes tum saeculares tum religiosi, cuiusvis gradus aut officii etiam Episcopi, revocata qualibet contraria particulari lege seu privilegio, ad confessiones religiosarum ac novitiarum, in quacunque religione, valide et licite recipiendas peculiari iurisdictione indigent; quam iurisdictionem confert loci Ordinarius ubi religiosarum domus sita est. (2)

Excipiuntur tantum duo casus, in quibus sufficit generalis approbatio pro mulieribus, nempe: in casu, si aliqua religiosa vel novitia ad suae conscientiae tranquillitatem, confessarium adeat ab Ordinario loci pro mulieribus approbatum, confessio in qualibet ecclesia vel oratorio etiam semipublico peracta, valida et licita est; (3) et in casu, si aliqua novitia aut religiosa graviter aegrotans, licet sine periculo mortis, cuilibet sacerdoti, ad mulierum confessiones excipien-

superioribus bis aut ter in anno offeratur, qui omnium confessiones audire debeat" (Conc. Trident., sess. XXV, **de regularibus**, c. 10).

Benedictus XIV praecepit pro quolibet monasterio unum tantum confessarium ordinarium deputari et unum extraordinarium confessarium cui sufficit ut moniales se sistant si confiteri nolint (Benedictus XIV, const. "**Pastoralis curae**" 5 aug. 1748, §1, 2, 3, Fontes, n. 388).

Leo XIII decrevit ut Episcopi "in locis propriae Dioeceseos, in quibus mulierum Communitates existunt, idoneos sacerdotes facultatibus instructos designent, ad quos pro sacramento Poenitentiae recurrere eae facile quaeant" (Leonis XIII, seu S. C. Ep. et Reg., decr. "**Quemadmodum**", 17 dec. 1890, n. 4, Fontes, n. 2017); si qua monialis confessarium petat, hic denegandus non sit nec liceat demonstrare aegro animo concedi. (Cfr. **Ibidem**).

Peculiares denique normae S. Congr. de Religiosis 3 febr. 1913 in particulari determinabant leges quoad confessarios ordinarios, extraordinarios, speciales, supplementares, occasionales et quoad confessarium religiosae aegrotantis. (Cfr. S. Congr. de Relig., decretum, **de monialium et sororum confessionibus**, 3 febr. 1913, A. A. S., V, 62-64). Praecepta huius decreti fere integre inveniuntur in novo Codice.

(2) Cfr. can. 876, §1, 2. — Cardinales, ex can. 239, §1, n. 1, gaudent facultate audiendi ubique terrarum confessiones etiam religiosorum utriusque sexus, proinde et novitiarum.

(3) Cfr. can. 876, §1; 522; 566, §1.

das approbato, peccata sua, perdurante gravi infirmitate, quoties voluerit, confiteatur, confessio semper valida et licita est. (4)

Secus ad audiendas confessiones novitiarum sacerdotes peculiari iurisdictione indigent; et peculiaris approbatio loci Ordinarii ad validitatem confessonis necessaria est. (5)

Approbatio confessariorum pro mulierum novitiatibus semper ad Ordinarium loci, in quo domus sita est, pertinet, cum quadam tamen distinctione quoad praesentationem.

Si nempe religiosarum domus Sanctae Sedis immediate subiecta sit vel loci Ordinario tunc Ordinarius loci eligit et approbat sacerdotes ad audiendas confessiones religiosarum et novitiarum; si vero domus religiosa subiecta est Superiori regulari, tunc Superior regularis confessarios Ordinario praesentat, cuius est eosdem pro audiendis illarum monialium confessionibus approbare et Superioris negligentiam, in casu si opus sit, supplere. (6)

Hisce prae oculis habitis veniamus nunc ad ipsos confessarios, quorum autem varium genus est.

I. *Confessarius ordinarius.* Uti in novitiatibus virorum ita in religionibus mulierum, pro singulis religiosarum domibus detur confessarius ordinarius, qui sacramentales confessiones universae communitatis, ergo et omnium novitiarum, excipiat; pro magno numero ipsarum vel etiam ob aliam iustam causam designari possunt duo vel plures confessarii. (7)

Codex circa naturam et gravitatem causae omnino silet; aestimatio proinde causae relinquenda est prudenti iudicio Ordinarii loci; iusta et rationabilis causa potest esse diversitas linguarum.

II. *Confessarius extraordinarius.* Praeter confessarios ordinarios designandus est etiam unicuique religiosarum communitati confessarius extraordinarius, qui quater saltem in

---

(4) Cfr. can. 876, §1; 523; 566, §1. — A fortiori in periculo mortis ex can. 882.

(5) Cfr. Vermeersch-Creusen, Epit., II, 84; Blat, III, 223.

(6) Cfr. can. 525.

(7) Cfr. can. 566, §1; 520, §1. — Qui veniant nomine confessarii ordinarii et quando numerus postulet plures confessarios sermo erat in superiore paragrapho;

anno ad domum religiosam accedat et cui omnes religiosae professae et novitiae se sistere debent, saltem benedictionem recepturae. (8)

Idem confessarius extraordinarius potest esse pro novitiis et professis. Praescriptum tamen non obligat in hoc sensu ut novitiae omnes apud confessarium extraordinarium veram confessionem sacramentalem instituant; requiritur tantum ut omnes ad eum accedant, et, quae peccata confiteri nolunt, saltem benedictionem accipiant. "Quod ideo prudenter statutum est, ut omnes absque pudore ullo ad confessarium extraordinarium se praesentent: si enim quaedam eum adirent et aliae non, suspiciones atque observationes de facili excitarentur; priores siquidem censerentur necessarias habuisse causas extraordinarium adeundi, posteriores, autem ab huiusmodi necessitate immunes haberentur." (9)

Codex determinavit pro confessario extraordinario obligationem, quater in anno, accedere ad domum religiosam et se offerre ad confessiones audiendas totius communitatis, proindeque frequentius quam quater in anno, confessiones religiosarum et novitiarum extraordinarius confessarius *qua talis*, sine auctoritate Ordinarii non potest. Maiorem enim frequentiam definire ad Ordinarium loci pertinet. (10)

Confessarii ordinarii et extraordinarii religiosarum assumi possunt ab Ordinario loci ex utroque clero sive sacerdotes saeculares sive religiosi, de Superiorum licentia; oportet ut sint morum integritate et prudentia praestantes, quadraginta annos nati, nullam potestatem fori externi in religiosas habentes; immo omnino prohibentur ne se interno vel externo communitatis regimini ullo modo immisceant. Aetas requiritur completa nisi Ordinarius ex iusta causa dispensare intendat. (11)

Confessarius ordinarius religiosarum in munere suo per triennium regulariter tantum durat. Ad secundum triennium tamen immo etiam ad tertium triennium confirmari potest aut motu proprio Ordinarii ex necessitate, si nempe ob

---

(8) Cfr. can. 566, §1; 521, §1.
(9) Fanfani, 152.
(10) Cfr. Fanfani, 153; Vermeersch-Creusen, Epit., I, 334.
(11) Cfr. Can. 524, §1, 3.

idoneorum sacerdotum penuriam Ordinarius aliter providere nequeat, aut ad petitionem religiosarum; attamen petitio non est admittenda nisi per secreta suffragia et omnium religiosarum professarum etiam istarum quae nullum ius habent ferendi suffragium in aliis negotiis; si maior pars convenerit confessarius ordinarius confirmari potest; contradicentibus tamen si velint, aliter providendum est. (12)

Praeterea confessarius ordinarius non potest immediate renuntiari extraordinarius in eadem communitate; neque, praeter casus supra recensitos, iterum deputari ordinarius in eadem communitate, nisi elapso anno ab expleto munere. Extraordinarius tamen immediate ut ordinarius renuntiari potest. (13)

Lex modo allata de mutatione confessarii ordinarii, elapso triennio, non afficit quoque confessarium ordinarium novitiarum ubi pro novitiatu designatus est proprius confessarius; post annum enim vel elapso tempore duorum annorum novitiae ad professionem admittuntur et transeunt ad professas, itaque confessarius nunquam est pro iisdem personis ultra tres annos. (14)

Notanda est denique clausula legislatoris quoad amotionem confessariorum. Loci Ordinarius, ex gravi causa, potest religiosarum confessarium tam ordinarium quam extraordinarium amovere vel suspendere; etiam in hoc casu, si moniales Superiori regulari subduntur et ipse sacerdos a confessionibus sit regularis; et non tenetur Ordinarius causam amotionis cuiquam significare, excepta Apostolica Sede, si ab ea requiratur. De amotione tamen debet Superiorem regularem monere, si moniales praelato regulari subdantur. (15)

III. *Confessarius specialis*: "Si qua religiosa, ad animi sui quietem, et ad maiorem in via Dei progressum, aliquem specialem confessarium vel moderatorem spiritualem postulet, eum facile Ordinarius concedat." (16)

Praescriptum superius allatum, vi can. 566, §1, valet etiam pro mulierum novitiatibus.

(12) Cfr. can. 526.
(13) Cfr. can. 524, §2.
(14) Cfr. Vermeersch-Creusen, Epit., I, 334.
(15) Cfr. can. 527; 880, §1, 2.
(16) Can. 520, §2.

Specialis confessarius vel moderator spiritualis est distinctus a confessario ordinario generali sacerdos cui aliqua religiosa vel novitia habitualiter peccata sua confitetur.

Aliquando defectus fiduciae in confessarium ordinarium vel insuperabilis reluctantia adversus eum magnas difficultates constituit pro confessionibus religiosarum; (17) aliquando speciales conditiones et circumstantiae uti graves ac frequentes tentationes vel scrupulositas magna religiosae at simul impossibilitas obtinendi consilia ab ordinario confessario sunt causae sufficientes, ut religiosa postulet aliquem specialem confessarium; (18) in his et aliis adiunctis non solum necessitatis sed etiam utilitatis causa, *ad animi quietem* aut *ad maiorem in via Dei progressum* perfectionis, religiosa vel novitia specialem confessarium aut moderatorem petere potest.

Talis confessarius vel spiritualis moderator facile petenti ab Ordinario loci, ex iusta causa, concedendus est.

Monet tamen legislator statim: Ordinarius "invigilet ne ex hac concessione abusus irrepant; quod si irrepserint, eos caute et prudenter eliminet, salva conscientiae libertate." (19)

Non vult legislator ut propter abusum approbatio statim auferatur, sed suadet tum Ordinario tum confessario et antistitae ut omnia prudenter instituere studeant. (20)

Abusus sive ex parte religiosae poenitentis sive ex parte aliarum exsurgere possunt. Quocirca Ordinarius in foro externo confessarius vero in foro interno, salvo sigillo, prudenter et caute eliminare eos debet.

Praecedens canon de speciali confessario fere verbatim desumptus est ex decreto S. Congr. de Relig. diei 3 febr. 1913, ubi de eliminando abusu sequens monitio confessariis datur: "Confessarii specales, ad monasterium, seu domum religiosam vocati, si intelligant Religiosas nulla iusta causa vel necessi-

---

(17) Cfr. De Meester, II, 413, nota 5. — De istis religiosis iam Benedictus XIV rescripserat: "Actum deinde fuit de peculiaribus quibusdam Monialibus, quae nec corpore infirmae, nec morti proximae ordinario tamen ministro confiteri obfirmate recusant. Istarum quoque animi debilitas commiseranda est et sublevanda; adeoque ubi earum reluctantia superari nequeat confessarius extra ordinem deputandus est, qui earum confessiones peculiariter excipiat" (Const. "Pastoralis curae" 5 aug. 1748, §6, Fontes, n. 388).
(18) Cfr. McCormick, 175; Choupin, 223.
(19) Can. 520, §2.
(20) Cfr. Vermeersch-Creusen, Epit., I, 335.

tatis vel utilitatis spiritualis ad ipsos accedere, eas prudenter dimittant. Monentur praeterea omnes Religiosae, ut facultate sibi concessa specialem petendi Confessarium sic utantur, ut, rationibus humanis sepositis, tantummodo spirituale bonum et maiorem in religiosis virtutibus progressum intendant." (21)

Confessarius specialis libere ab Ordinario loci deputandus est; nec praesentari debet a Superiore religioso; potest esse sacerdos tam saecularis quam religiosus; aetas quadraginta annorum non requiritur in eo. (22)

Confessarius specialis aut moderator spiritualis concedendus est non ad tempus praefixum, sed donec perdurat iusta causa necessitatis vel utilitatis spiritualis religiosae, quae postulaverit. (23)

IV. *Confessarii supplementares.* Praeter confessarios ordinarios et extraordinarios pro singulis domibus religiosarum constituendi sunt, ab Ordinariis locorum, in quibus religiosarum communitates existunt, aliqui sacerdotes facultatibus habitualibus pollentes, ad quos, pro sacramento poenitentiae in casibus particularibus recurrere tum religiosae tum novitiae facile possint sine necessitate adeundi, toties quoties, Ordinarium loci. (24)

Confessarii supplementares nominandi sunt libere ab Ordinariis locorum, et quidem cum peculiari iurisdictione pro communitate religiosarum; possunt nominari tam sacerdotes saeculares quam religiosi; aetas quadraginta annorum non requiritur in iis. (25)

Confessarii supplementares designandi sunt pro sacramento poenitentiae, ideoque religiosis aut novitiis licet eligere unum ex istis confessariis in casu particulari ex qualibet rationabili causa ad confitenda peccata sive propter absentiam confessarii ordinarii sive ad quietem suae conscientiae,

---

(21) S. Congr. de Relig., decretum "De monialium et sororum confessionibus", 3 febr. 1913, n. 13, A A S., V, 63.

(22) Cfr. can. 524, §1 et can. 525, ubi conditiones tantum pro confessario ordinario et extraordinario, non vero pro aliis, praescriptae sunt. Cfr. etiam Vermeersch-Creusen, Epit., I, 335.

(23) Cfr. S. Congr. de Relig., interpretatio decreti "Cum de Sacramentalibus" 20 Apr. 1917, ad 1, A A S., IX, 276.

(24) Cfr. can. 521, §2; 566, §1.

(25) In can. 524, §1 et in can. 525, conditiones requisitiae tantum pro confessario ordinario et extraordinario determinantur.

sive ratione spiritualis progressus vel consolationis. (26)

Casus particularis intelligitur, si novitia accidentaliter, non vero per modum habitus, confessionem ex rationabi causa petat. (27)

Regulariter novitiae vel religiosae per Superiorissam confessarium petunt. Monet proinde legislator: "Si qua religiosa aliquem ex iis confessariis expetat, nulli Antistitae liceat nec per se nec per alios, neque directe neque indirecte, petitionis rationem inquirere, petitioni verbis aut factis refragari, aut quavis ratione ostendere se id aegre ferre." (28)

Antistita tenetur petenti novitiae vel religiosae confessarium supplementarem indulgere, non potest eum denegare sive ex motivis externis sive ex internis. Ipsius confessarii est iudicare in singulis casibus de opportunitate vel necessitate; et quando confessarius intelligat, religiosam nulla iusta causa vel necessitatis vel utilitatis spiritualis ad eum accedere prudenter religiosam dimittere debeat. (29)

V. *Confessarius occasionalis.* "Si, non obstante praescripto can. 520, 521, aliqua religiosa, ad suae conscientiae tranquillitatem, confessarium adeat ab Ordinario loci pro mulieribus approbatum, confessio in qualibet ecclesia vel oratorio etiam semi-publico peracta, valida et licita est, revocato quolibet contrario privilegio." (30)

Paeter praecedentes concessiones factas, ex can. citato maior adhuc facilitas confessionis omnibus religiosis praebetur. Sicuti pro religionibus virorum ita pariter et pro omnibus religionibus mulierum in determinatis adiunctis licet confiteri peccata etiam sacerdoti qui non est specialiter approbatus pro audiendis confessionibus religiosarum.

Finis huius canonis est accidentalis et actualis anxietas religiosae vel novitiae cui legislator providere volunt.

Canon citatus respicit omnes religiosas sive votorum sollemnium sive simplicium tam iuris dioecesani quam iuris pontificii; immo vi can. 566, §1, respicit etiam novitias in omnibus religionibus mulierum.

(26) Cfr. Fanfani, 154; Cocchi, IV, 80; McCormick, 167.
(27) Cfr. Vermeersch-Creusen, Epit., I, 335.
(28) Can. 521, §3.
(29) Cfr. Fanfani, 154; Cocchi, IV, 81.
(30) Can. 522.

In sequentibus determinatis adiunctis valida et licita est confessio apud confessarium occasionalem:

a) Requiritur imprimis, ut confessio fiat *ad tranquillitatem conscientiae.* Iuxta auctores haec conditio lato sensu intelligenda est, et semper adest quoties confessio serio peragitur; quaelibet enim confessio rite peracta ex natura sua ad conscientiae tranquilitatem ordinata est; conditio tranquillitatis conscientiae non ad validitatem sed tantum ad liceitatem confessionis religiosarum vel novitiarum requisita dicenda est. (31)

Si igitur aliqua religiosa vel novitia adeat confessarium ab Ordinario loci pro mulieribus approbatum et serio peccata sua confiteatur, confessio valida est; licita vero eo in casu *si ex rationabili causa* ad suae conscientiae tranquillitatem adeat confessarium occasionalem.

b) Altera conditio: opus est, *ut religiosa vel novitia adeat confessarium.* Conditio ista non solum ad liceitatem sed etiam *ad validitatem* confessionis requiritur; (32) ideoque stricte interpretanda est.

Sacerdos approbatus ad audiendas confessiones mulierum in eo singulari casu tantum iurisdictionem absolvendi religiosam obtinet a iure, contra normam generalem (Can. 876, §1), in quo religiosa vel novitia adeat eum confitendi gratia.

"Haec districta lex exceptionem quidem patitur (Can. 876, §1), *at non ex parte confessarii* sed *ex parte religiosae* cui, ad conscientiae quietem, facultas fit adeundi quemlibet sacerdotem pro mulieribus approbatum (c. 522). Ergo tunc solum valebit sacerdos pro mulieribus approbatus religiosarum recipere confessiones quando hae ipsum *adeant.* Quodsi e contra laudatus sacerdos ad domum religiosarum se conferat, eis se offerat, ipsasque ad confitendum invitet, invalide prorsus aget.... unde verbum *adire* in sua prima et directa significatione sumendum. Tam ergo sacerdos qui religiosas quaerit ipsasque ad confitendum invitat non proprie

(31) Cfr. Goyeneche, C p R, II, 16-17; De Meester, II, 417; Vermeersch-Creusen, Epit., I, 336; Fanfani, 141; Chelodi, 400; McCormick, 87; Ferreres, II, 326.

(32) Cfr. Chelodi, 400; De Meester, II, 417; Goyeneche, C p R., II, 18; McCormick, 188.

*aditur*, sed ipse adit." (33)

Adire confessarium significat accedere ad confessarium seu eum querere confitendi gratia. (34)

Canon proinde supponit occasionem datam adeundi; sive in ipsa domo religiosa quando sacerdos praesens est, sive extra domum ex. gr., ecclesia quam novitia visitat.

c) Tertia conditio: oportet *ut confessarius approbatus sit pro mulieribus* et quidem *ab Ordinario loci* in quo religiosa adit confessarium. Verba clara sunt et nullum dubium patiuntur. Conditio pariter requisita est ad validitatem et ad liceitatem confessionis. (35)

d) Ultima conditio: requiritur, *ut confessio fiat in qualibet ecclesia vel oratorio etiam semi-publico aut in loco ad audiendas confessiones mulierum legitime destinato*. (36)

De circumstantia loci ex hac ultima conditione magna est controversia inter auctores. Disputantur scilicet, utrum illa loci legitimi conditio necessaria sit ad validitatem confessionis an tantum afficiat ipsius liceitatem. (37)

Sententia eorum qui circumstantiam loci legitimi requirunt tantum ad leiceitatem confessionis satis probabilis videtur; proinde practice in dubio iuris sequi potest. (38)

Religiosa igitur vel novitia, *si adeant confessarium approbatum pro mulieribus ab Ordinario loci* valide apud eum confitetur; item si id faciat ad tranquillitatem conscientiae atque in loco ad audiendas confessiones mulierum legitime destinato, et valide et licite confitebitur.

Monet tandem legislator ne "Antistita id prohibere potest aut de ea re inquirere, ne indirecte quidem; et religiosae nihil Antistitae referre tenentur." (39)

VI. *Confessarius graviter aegrotantium.* Denique omnes

---

(33) Goyeneche, C p R., II, 18.
(34) Cfr. Ibidem.
(35) Cfr. Chelodi, 400; Goyeneche, C p R., II, 20; Vermeersch, Periodica, IX, (14).
(36) Cfr. can. 522; Pont. Com. C. C. I., 24 nov. 1920 de Religiosis III, A A S. XII, 575.
(37) Ad liceitatem tantum eam requirunt: Goyeneche C p R., II, 21-24); Cappello (De Sacramentis, II, 349-350); Chelodi (400); McCormick, 208. Contrariam opinionem tenent: Fanfani (156); Blat (II, 574); De Meester (II, 417-418).
(38) Cfr. can. 209.
(39) Can. 522.

religiosae et novitiae graviter aegrotantes, licet mortis periculum absit, quemlibet sacerdotem ad mulierum confessiones excipiendas approbatum, etsi non destinatum religiosis, arcessere possunt et ei, perdurante gravi infirmitate, quoties voluerint, confiteri; nec Antistita eas directe vel indirecte prohibere potest. (40)

Gravis morbus moraliter aestimandus est, et eo magis quod periculum mortis a lege non exigatur; (41) proinde sufficit infirmitas in casu, quae aliqualem gravitatem prae se ferat. (42)

Quilibet sacerdos pro mulieribus approbatus vocari a religiosa vel novitia potest et quidem non semel sed, perdurante gravi infirmitate, quoties voluerit peccata confiteri.

In his casibus sacerdotibus vocatis implicite conceditur a iure licentia ingrediendi monialium clausuram. (43)

A fortiori in periculo mortis tunc enim quilibet sacerdos vocatus ingredere potest clausuram et religiosam valide absolvere. (44)

Superiorissa huiusmodi confessionem prohibere non potest sive directe sive indirecte; immo si delinquat contra hanc legem vel contra dispositiones de libertate confitendi, supra enumeratas, monenda et punienda est a loci Ordinario ad normam can. 2414. (45)

Haec attulisse nobis sufficiat, ut ostendamus saltem in genere vigentem disciplinam de confessariis religiosarum et eo ipso novitiarum.

Uti patet ex dictis, libertas confitendi est amplissima, quae iuxta mentem legislatoris tendit ad conscientiae libertatem et quietem animarum.

---

(40) Cfr. can. 566, §1; 523.
(41) Cfr. Chelodi, 401.
(42) Cfr. Fanfani, 155.
(43) Cfr. Chelodi, 401.
(44) Cfr. can. 882.
(45) In ultimo canone Codicis dicitur: "Antistita quae contra praescriptorum can. 521, §3, 522, 523 se gesserit, a loci Ordinario moneatur; si iterum deliquerit, ab eodem officii privatione puniatur, illico tamen certiore facta Sacra Congregatione de Religiosis."

## CAPUT IV.

## DE NOVITIORUM PRIVILEGIIS ET SPIRITUALIBUS GRATIIS.

Privilegium est concessio permanens alicuius iuris specialis a legitimo Superiore facta. (1)

Novitii a momento legitimae inceptionis novitiatus omnibus privilegiis ac spiritualibus gratiis religioni concessis fruuntur. (2)

Et duplicis quidem generis privilegiis novitii gaudent: 1° communibus privilegiis clericorum; 2° privilegiis ac spiritualibus gratiis religioni concessis.

### ART. I. PRIVILEGIA COMMUNIA CLERICORUM ET NOVITIORUM.

Peculiares favores ex iure communi personis ecclesiasticis, ob eorum status dignitatem, concessi vocantur privilegia clericorum. (3)

Novitii sunt personae ecclesiasticae, lato sensu quidem religiosi, sed tamen ex can. 614 omnes fruuntur privilegiis clericorum.

Quatuor vero privilegia clericorum recensentur, scilicet, privilegia: 1° canonis; 2° fori; 3° exemptionis; 4° competentiae.

#### §1. *De novitiorum privilegio canonis.*

Personae clericorum auctoritate ecclesiastica, speciali modo, Deo consecratae sunt; ideoque propter eorum maiorem dignitatem ac sacram ordinationem "omnes fideles debent clericis, pro diversis eorum gradibus et muneribus, reverentiam." (4)

---

(1) Sanguineti, Institutiones Iuris Ecclesiastici Privati, (Romae, 1884), n. 137.
(2) Cfr. can. 567, §1.
(3) Cfr. Maroto, I, 583; Wernz-Vidal, II, 78.
(4) Can. 119; Wernz-Vidal, II, 85.

Immo, ut clerici, ob dignitatem et sacram ordinationem, contra quasdam iniurias reales efficaciter protegantur et magis reddantur inviolabiles, ex iure communi gaudent immunitate personali seu privilegio canonis. (5)

Privilegium canonis est lex favorabilis pro clericis, seu speciale praesidium quo realis iniuria contra clericis prohibetur sub reatu sacrilegii et sub poena excommunicationis ipso facto incurrenda. (6)

Privilegio canonis fruuntur non tantum omnes clerici sed etiam utriusque sexus religiosi ac novitii. (7)

Novitii tam clerici quam laici atque novitiae sive sint choristae sive conversae, omnes a momento legitimae admissionis in novitiatum favore huius privilegii canonis gaudent.

Qui proinde in personam utriusque sexus novitiorum, ad sensum iuris, violentas manus iniecerit, ipso facto excommunicationi Ordinario proprio reservatae subiaceat; Ordinarius praeterea aliis poenis, si res ferat, pro suo prudenti arbitrio eum punire potest. (8)

Cl. Cappello in suo tractatu "De censuris" contrariam sententiam scribit.

Opinionem suam hisce verbis declarat: "Porro can. 2343, §4 excommunicatione plectit eum qui manus violentas iniecerit

---

(5) Cfr. Ibidem.

(6) Cfr. can. 119; 2343, §4; Cappello, De censuris, 332. — Vocatur "privilegium canonis" quia prima vice iam invenitur in canone 15 Conc. Lateranensis II (a. 1139) sub Innocentio II celebrati; ubi pro universali Ecclesia statutum erat: "Si quis suadente diabolo huius sacrilegii reatum incurrerit, quod in clericum vel monachum violentas manus iniecerit, anathematis vinculo subiaceat, et nullus eipscoporum illum praesumat absolvere, nisi mortis urgente periculo, donec apostolico conspectui praesentetur, et eius mandatum suscipiat" (C. 29, C. 17, q. 4.).

(7) In can. 614 dicitur: "Religiosi, etiam laici ac novitii, fruuntur clericorum privilegiis de quibus in can. 119-123". Canon vero 567, §1 ait: "Novitii privilegiis omnibus ac spiritualibus gratiis religioni concessis gaudent."

(8) Cfr. can. 614; 567, §1; 2343, §1 et 4; Wernz-Vidal, II, 87; Maroto, I, 593; Fanfani, 228-229. — "**Actio punita** contra hoc privilegium, est iniuria **realis**, non mere verbalis, clerico aliisve privilegiatis facta, quae, cum designetur per verba iuris praecedentis "violentas manus inilcere", ex veteri iure intellecta consistit in **facto** iniurioso quo **ipsa persona** laeditur, sive immediate attingatur ipsum **corpus**, sive immediate violetur **libertas** aut dignitas personae" (Wernz-Vidal, II, 88). Laedit itaque corpus qui percutit, vulnerat, qui est causa ut novitius se praecipitet; libertatem vero laedit qui novitium carcere detineat; dignitatem laedit qui novitii vestes laceret etc. (Cfr. Maroto, I, 549, nota 1).

Ad incurrendam autem excommunicationem supra dictam requiritur ut delictum sit grave, externum, consummatum et cum contumacia coniunctum, (Cfr. can. 2242, §1).

— in personam aliorum clericorum vel utriusque sexus *religiosorum* (can. 488, 7°), neque a fortiori sodales in communi viventes *sine votis,* de quibus in can. 673 ss. Ergo isti, licet immunitate personali (seu privilegio *canonis)* fruantur, huc tamen minime spectant, cum can. 2343, §4 expressis verbis nonnisi *religiosos* memoret, ipsi vero ad normam Codicis, *tales* nec sint nec dici possint.

"Huiusmodi privilegium canonis est quidem late interpretandum quoad reverentiam clericis et religiosis exhibendam, quatenus excludit quamcunque realem iniuriam sub reatu sacrilegii, *non autem quod poenam.*

Quod non uti dubium vel mere probabile, sed uti certum vel saltem probabilius dicendum est, attento praescripto can. 2219, §1 et 3, quo non modo statuitur regula generalis: — *in poenis benignior est interpretatio facienda* —, sed praeterea sollemne edicitur principium: — *non licet poenam de persona ad personam vel de casu ad casum producere, quamvis par adsit* ratio, imo gravior —." (9)

Paucis verbis, cl. Auctor dicit: novitios favore privilegii canonis gaudere, attamen percussorem novitiorum poenam excommunicationis Ordinario reservatam, ad normam can. 2343, §4, non incurrere.

Opinio ista admitti non potest.

*Primo.* Quamvis novitii stricto sensu iuridico religiosi non sint, propter tamen inchoationem vitae religiosae, aequiparantur quoad privilegium canonis et quoad omnia privilegia, ex iure communi, veris religiosis.

Legislator bis in Codice expressis verbis id confirmat: in can. 567, §1 "Novitii privilegiis omnibus ac spiritualibus gratiis religioni concessis gaudent;" et in can. 614 "Religiosi, etiam laici ac novitii, fruuntur clericorum privilegiis de quibus in can. 119-123."

Argumentum igitur cl. Cappello "*novitii* non veniunt nomine religiosorum (can. 488, 7°) "non est ad rem et nihil probat. Utique non veniunt novitii nomine religiosorum ex principio generali can. 488, 7°, sed veniunt in hoc casu per exceptionem legislatoris ex can. 614 et 567, §1.

(9) Cappello, De Censuris, 332-333.

*Secundo.* Si religiosi omnes fruuntur integre privilegio canonis, seu quoad immunitatem personalem et quoad sanctionem immunitatis personalis contra percussores, atque, si novitii in privilegiis, ex iure communi sine ulla clausula, religiosis aequiparentur, undenam distinctio eo in casu inter novitios et religiosos? Neque erat distinctio in antiquo iure, ex quo lex desumpta est, neque adest in Codice. Percussor novitiorum in antiquo iure punitus erat: "Quamvis autem is, qui religionem ingreditur, religiosus censeri cum effectu non possit, donec sit tacite vel expresse professus: si quis tamen violentas manus in eum iniiciat, excommunicationis latae a canone vinculum non evadit". (10) In Codice canon 2343, §4, nihil quidem dicit de novitiis, hoc verum est; attamen ex eo non probatur, verbo religiosorum eiusdem canonis non comprehendi novitios. Intelligendus est enim iste canon secundum propriam verborum significationem in textu et contextu (canonum 614, 119, 567, §1) consideratam; immo in dubiis ad locos Codicis parallelos, ad legis finem ac circumstantias, et ad mentem legislatoris recurrendum est. (11) Ex contextu Codicis, uti supra vidimus, manifeste patet, novitios integro privilegio canonis gaudere. Circumstantiae et finis legis idem probant. Finis privilegii canonis est specialis tutela contra iniurias reales privilegiatis sancita. Quid prodest novitiis tutela sine ulla poena contra percussores, a iure communi sancita? Nihil. Proinde lex inutilis esset. Quod certe alienum est a mente legislatoris.

*Tertio.* Immunitas personalis clericorum et sanctio immunitatis seu poena statuta contra violantes immunitatem constituunt et integrant conceptum privilegii canonis, sive in antiquo iure sive in vigente; (12) idcirco et in nostro casu quoad novitios non alio sed eodem sensu intelligi debet.

Ex dictis satis apparet, novitios utriusque sexus et cuiuscumque religionis privilegio canonis integro seu in tota eius amplitudine gaudere. Haec doctrina certa est et inter docto-

---

(10) C. 21, de sententia excommunicationis, suspensionis et interdicti, V, 11, in VIo, — Cfr. etiam, Piat, I, 126.
(11) Iuxta can. 18.
(12) Cfr. Goyeneche, C p R., VII, 188; Maroto, I, 591; Wernz-Vidal, II, 87.

res communis. (13)

Memorato privilegio novitius tam clericus quam conversus directe renuntiare nequit; potest tamen illud privilegium amitti, si ad statum laicalem reducatur aut privatione perpetua iuris deferendi habitum ecclesiasticum plectatur, ad normam can. 213, §1. 2304. (14)

## §2. *De novitiorum privilegio fori.*

Privilegium fori est favor specialis quo, religiosi ac novitii utriusque sexus, in omnibus causis sive contentiosis sive criminalibus apud iudicem ecclesiasticum conveniri debent et quo non possunt apud tribunal civile conveniri in omnibus causis etiam mere temporalibus tam contentiosis quam criminalibus, nisi aliter pro locis particularibus legitime provisum fuerit. (1)

Novitios igitur utriusque sexus non posse conveniri apud iudicem laicum vel trahi ad ipsum. Possunt tamen novitii uti actores agere contra laicum in re temporali et adire tribunal civile, cui subiectus est laicus. (2)

Iuridica ratio huius privilegii evidens est. Privilegiati, seu clerici, religiosi utriusque sexus ac novitii pertinent speciali modo ad Ecclesiam. Ecclesia vero est societas perfecta independens ac statui civili superior. Ecclesia propria tribunalia habet; convenientius est itaque et prudentius ut personae ecclesiasticae iudicantur a competenti auctoritate ecclesiastica et exemptae sint a iurisdictione laicorum iudicum. (3)

Novitii utriusque sexus et cuiuscunque religionis privilegio fori gaudentes in casibus extraordinariis, apud iudicem laicum, conveniri nequeunt sine venia Ordinarii loci in quo causa peragitur. Nihilominus si novitii ab actore laico "qui nullam praehabuerit veniam, conveniantur, possunt ratione

(13) Cfr. Goyeneche, C p R., VII, 186-190; Maroto, I, 592-593; Wernz-Vidal, II, 87; Chelodi, 418; Sole, De Delictis et poenis, 298; Blat, V, 236; Fanfani, 366; Vermeersch-Creusen, Epit., III, 283; Farrugia, Comm. in Censuras, 55; ed. 12, p. 82.

(14) Cfr. can. 123.

(1) Cfr. Can. 614; 567, §1; 120, §1; Maroto, I, 600; Wernz-Vidal, II, 89; Fanfani, 367; Vermeersch-Creusen, Epit. I, 138.

(2) Cfr. Maroto, I, 601; Wernz-Vidal, II, 89.

(3) Cfr. Wernz-Vidal, II, 89; Fanfani, 367.

necessitatis, ad vitanda maiora mala comparere, certiore tamen facto Superiore a quo venia obtenda non fuit." (4)

Privilegium fori munitur sanctione poenae ex can. 2341: "Si quis contra praescriptum can. 120 ausus fuerit ad iudicum laicum trahere [novitium]... non obtenda ab Ordinario loci licentia,... clericus quidem incurrit ipso facto in suspensionem ab officio reservatam Ordinario, laicus autem congruis poenis pro gravitate culpae a proprio Ordinario puniatur". (5)

Amittitur privilegium fori eodem modo ac privilegium canonis. (6)

### §3. *De novitiorum privilegio exemptionis a servitio militari et a publicis officiis.*

Privilegium exemptionis in eo consistit, quod clerici, religiosi ac novitii "omnes a servitio militari, a muneribus et publicis civilibus officiis a statu clericali alienis immunes sunt." (1)

Continet hoc privilegium duas novitiorum exemptiones: a servitio militari et ab omnibus civilibus publicis officiis vel muneribus; ideo novitii, vi huius privilegii, non possunt cogi ad servitium militare; non possunt cogi ad alia munera et officia aliena a statu clericali.

Codex expresse non determinat quaenam sint ista munera et officia hoc enim dependet a conditione locorum et temporum. Cl. Maroto inhaerens vestigiis iuris antiqui sequentia enumerat: "1° Officia iudicis in causis profanis, iurati, magistratus civilis, gubernatoris, syndici et in genere omnia munera quae secum ferunt iurisdictionem laicalem; quare clericus (et novitius) non potest cogi ad illa munera acceptanda, nec ea debet aceptare sine speciali venia. 2° Tutela, cura, publica administratio vel aliud quodcumque officium cui sit adnexa obligatio rationum reddendarum apud tribunalia laicorum. 3° Omnia illa officia et munera quae iure canonico clericis vetita sunt ut indecora vel statui clericali parum convenientia." (2)

---

(4) Can. 120, §3, et cfr. §2; can. 614; 567, §1.
(5) Cfr. etiam can. 614; 567, §1.
(6) Vide supra p. 174.
(1) Can. 121; 614; 567, §1.
(2) Maroto, I, 607.

Specialis poena contra violantes hoc privilegium non est in Codice constituta; applicari tamen possunt poenae quibus sacrilegium puniendum est ex 2325. (3)

Amissio privilegii fit eodem modo ac privilegii canonis.

## §4. *De novitiorum privilegio competentiae.*

Privilegium competentiae. (1) consistit in eo, quod clericis, religiosis et novitiis "qui creditoribus satisfacere coguntur, salva sint quae ad honestam sui sustentationem, prudenti ecclesiastici iudicis arbitrio, sunt necessaria, firma tamen eorundem obligatione creditoribus quamprimum satisfaciendi." (2)

Ratione originis privilegium competentiae antiquissimum est. Iam in iure romano agnoscebatur nonnullis personis, ut notat Cl. Vidal hisce verbis: "Sunt praeterea debitores, qui gaudent beneficio competentiae ad retinenda necessaria pro sustentatione; quo casu a creditore solum possunt vendi superflua, salvo iure iterum persequendi si debitor nova acquisierit. Hoc privilegio gaudent pater et mater creditoris eiusque fratres et sorores ac uxor et maritus, socer relate ad solutionem dotis et maritus quoad eius restitutionem, socii inter se, donator et debitor qui fecit cessionem bonorum." (3)

Ex analogia dispositionis iuris romani transit privilegium competentiae in ius canonicum; et primo originem ducit ex capite Odoardus, (4) ubi statutum erat clericum qui solvere debita nequit non esse excommunicatum.

Privilegium ex disciplina vigente non extinguit debita sed tantum necessariam partem eorum ad honestam sustentationem suspendit; (5) necessaria pars pro sustentatione definienda est prudenti arbitrio iudicis. (6)

---

(3) Cfr. **Ibidem.**

(1) Hoc nomine vocatur hodie communiter ab auctoribus. (Cfr. Maroto, I, 608; Wernz-Vidal, III, 93; Prummer, 88).

(2) Can. 122. Cfr. etiam can. 614; 567, §1.

(3) Vidal, Institutiones Iuris Civilis Romani, 502. — Cfr. etiam D. 50, 17, 173, pr.; D. 17, 2, 63, pr.; D. 42, 1, 20; D. 17, 2, 63, pr.; D. 39, 5, 12.; D. 42, 3, 4, pr.; I. 4, 6, 38; I. 4, 6, 37.

(4) Cfr. C. 3, de **solutionibus,** III, 23.

(5) Cfr. Maroto, I, 609.

(6) Cfr. Wernz-Vidal, II, 95.

## ART. II. PRIVILEGIA ET SPIRITUALES GRATIAE NOVITIIS CONCESSAE EX PARTE RELIGIONIS.

Praeter privilegia communia clericorum de quibus supra sermo erat varia sunt privilegia et spirituales gratiae immediate religionibus concessae. Novitii etiam his omnibus privilegiis et gratiis fruuntur; et quidem ex lege communi, etiamsi aliter ferant constitutiones ante Codicem approbatae.

Afferamus nonnulla tantum, quae ex iure communi religionibus conceduntur. Enumeramus scilicet generatim: 1° privilegia et gratias quibus novitii in religione ex praescripto Codicis gaudent; et dicemus, 2° de novitiorum professione in articulo mortis.

### §1. *De privilegiis et spiritualibus gratiis quibus novitii fruuntur in religionibus ex iure communi.*

I. Novitii exempti sunt ab Ordinarii loci iurisdictione si ingrediantur in religonem exemptam. (1) praeterquam n casibus a iure expressis.

Idcirco confessarius eorum approbatione Ordinarii loci non indiget ad eos absolvendos; a Superiore proprio per se vel per alios novitii absolvi possunt a reservatis ad normam iuris. Et tandem superiores intra limites potestatis suae novitios dispensare possunt. (2)

II. Novitii omnes utriusque sexus religionum indulgentias et gratias quae religioni concessae sunt lucrari valent. (3)

III. Si vero "morte praeveniantur, ad eadem suffragia ius habent quae pro professis praescripta sunt," (4) et quidem non tantum in domo novitiatus sed in tota religione, (5) immo ad eadem suffragia novitii ius habent quae pro professis praescripta sunt etiamsi aliter ferant constiutiones antea approbatae a S. Sede. (6)

---

(1) Cfr. can. 615. — Nomine religionis exemptae venit "religio sive votorum sollemnium sive simplicium, a iurisdictione Ordinarii loci subducta" (Can. 488, 2o).
(2) Cfr. Piat. I, 126, 127.
(3) Cfr. can. 567, §1.
(4) Ibidem.
(5) Cfr. Vermeersch-Creusen, Epit. I, 376.
(6) Cfr. Pont. Com. C. C. I., 16 oct. 1919, ad VIII, A A S., XI, 477.

IV. "Novitii, defuncti cum sint, transferendi sunt, funeris causa, ad ecclesiam vel oratorium suae domus vel saltem suae religionis, nisi novitii aliam ecclesiam ad suum funus elegerint; ius autem levandi cadaver et illud deducendi ad ecclesiam funerantem pertinet semper ad Superiorem religiosum.

"Si longe moriantur a domo, ita ut in ecclesiam suae domus vel saltem suae religionis nequeunt commode aportari, funerandi sunt in ecclesia paroeciae ubi decederunt, nisi novitius aliam ecclesiam ad funus elegerit, et salvo Superioribus iure de quo in can. 1218, §3." (7)

"Novitias, in religiosa domo defunctas, ad clausurae limen deferant aliae religiosae; indeque, si de religiosis agatur iurisdictioni parochi non obnoxiis, ad propriam religiosae domus ecclesiam vel oratorium deducit et exsequias peragit cappellanus." (8)

Si agatur de novitiis in aliis relgionibus vel extra domum defunctis servantur generalia canonum praescripta. (9)

Praeter enumerata privilegia sunt alia quae ex iure particulari unicuiquae religioni conceduntur; etiam et istis novitii gaudent, nisi ex natura rei vel expressis verbis privilegia solis professis concessa sint.

### §2. *De novitiorum professione in articulo mortis.*

S. Pius V. const. *Summi Sacerdotii* d. 23 aug. 1570 concesserat monialibus Ordinis S. Dominici privilegium, ut novitiae possent in articulo mortis professionem emittere. Conditiones requisitae erant: legitima aetas novitiae et articulum mortis facta, vi istius privilegii, nullum alium producebat effectum praeter participationem indulgentiarum, gratiarum et suffragiorum quae decedentibus professis monialibus Ordinis S. Dominici consequebantur. Privilegium indultum erat ad spiritualem consolationem novitiarum S. Dominici. Si no-

(7) Can. 1221, §1, 2. — In can. vero 1218, §3, dicitur: "Licet translatio ad ecclesiam funeris aut ad locum sepulturae incommoda sit, semper tamen integrum est familiae, heredibus, aliisve quorum interest, cadaved illuc deferre, susceptis translationis expensis."

(8) Can. 1230, §5.

(9) Cfr. can. 1230, §5 et 1.

vitia convalesceret professio facta in articulo mortis omni vi destituebatur. (1)

Privilegium istud decursu temporum per communicationem privilegiorum cum Ordine S. Dominici pluribus Ordinibus extensum est; (2) et per decretum *"Spirituali Consolationi"* 10 sept. 1912 a S. Congr. de Religiosis omnibus religionibus concessum fuit. (3)

Vim huius decreti confirmavit denique, secunda vice, S. Congr. de Religiosis, iam post novam codificationem, d. 30 decembris 1923 a. Ad dubium propositum "an decretum quod incipit *Spirituali consolationi*, a Sacra Congregatione de Religiosis editum sub die 10 septembris 1912, adhuc vigeat" respondit: *"Affirmative*, at declarandum, si ita SSmo placuerit, quod facultas recipiendi professionem, de qua in n. 2 decreti, praeter Superiorem monasterii aut domus novitiatus vel probationis, intelligatur competere etiam ad respectivos Superiores maiores iuxta Constitutiones, et ad praedictorum omnium delegatos." (4)

Ut vero natura et tenor privilegii pro omnibus clara sit, S. Congregatio textum aliquantulum mutatum denuo in extenso attulit hisce verbis proponens:

"Opportunum autem visum est praedicti decreti dispositiones ad sensum resolutiones Emorum Patrum accomodatas, in memoriam revocare eum in finem ut tam benigna Sedis Apostolicae concessio omnibus interesse habentibus prodesse valeat.

"Ille autem sunt tenoris sequentis:

"In quocumque Ordine , vel quavis Congregatione aut Societate religiosa, vel monasterio sive virorum sive mulierum, vel etiam in Institutis in quibus, quamvis vota non emittantur, in communi tamen vita agitur, more Religiosorum, liceat exinde Novitios seu Probandos, qui medici iudicio graviter aegrotent, adeo ut in mortis articulo constituti existimentur,

---

(1) Cfr. S. Pii V const. "Summi Sacerdotii", 23 aug. 1570, Bullarium Rom. t. 4 p. III, p. 123; Vermeersch-Creusen, Epit., I, 381.
(2) Cfr. Piat, I, 101; Vermeersch-Creusen, Epit., I, 381.
(3) Cfr. S. Congr. de Religiosis decretum "De professione religiosa in mortis periculo permittenda" 10 sept. 1912, A A S., IV, 589-590.
(4) S. Congr. de Religiosis "De professione religiosa in articulo mortis novitiis vel postulantibus permissa" 30 dec. 1923, A A S., XV, 156.

ad professionem vel consecrationem aut promissionem iuxta proprias Regulas seu Constitutiones admittere, quamvis tempus novitiatus vel probationis nondum expleverint.

"Attamen, ut novitii seu probandi ad supradictam professionem aut consecrationem aut promissionem admitti queant, oportet:

1. "Ut novitiatum seu probationem canonice inceperint.

2. "Superior qui Novitium seu Probandum ad professionem vel consecrationem aut promissionem admittit, praeter Superiores Maiores respectivos, quibus ex praescripto Constitutionum competit, esse possit etiam ille qui monasterium, vel novitiatus aut probandatus domum actu regat, aut praedictorum Superiorum delegatus.

3. "Formula professionis vel consecrationis aut promissionis sit eadem quae in Instituto extra casum aegritudinis in usu est; et vota, si nuncupentur, sine temporis determinatione aut perpetuitate pronuntientur.

4. "Qui huiusmodi professionem, consecrationem vel promissionem emiserit, particeps erit omnium omnino indulgentiarum, suffragiorum et gratiarum, quae Religiosi vere professi in eodem Instituto decedentes consequuntur; eidem autem plenaria peccatorum suorum indulgentia et remissio in forma Iubilaei misericorditer in Domino conceditur.

5. "Haec professio vel consecratio aut promissio, praeter gratias in praecedenti articulo enuntiatas, nullum omnino alium produci effectum.

Proinde:

A) "Si Novitius seu Probandus post huiusmodi professionem vel consecrationem aut promissionem intestatus decedat, Institutum nulla bona vel iura ad ipsum pertinentia sibi vindicare poterit;

B) "si convalescat antequam tempus novitiatus seu probandatus expiret, in eadem omnino conditione versetur ac si nullam professionem emisisset; ideoque: a) libere, si velit, ad saeculum redire poterit; et b) Superiores illum dimittere valent; c) totum novitiatus seu probandatus tempus in singulis Institutis definitum, licet sit ultra annum, explere debet; d) hoc tempore expleto, si perseveret, nova professio seu consecratio vel promissio erit emittenda.

"Declarat denique haec Sacra Congregatio ,nihil obstare quominus praedictae dispositiones etiam in Constitutiones Ordinum et Congregationum inseri valeant, si hoc Instituta ipsa postulent." (5)

Verba declarationis ex se satis perspicua sunt et nullum dubium patiuntur.

Professionem in articulo mortis novitii omnium utriusque sexus religionum emittere possunt, qui canonice seu legitime novitiatum inceperint. Omnes immediati Superiores, eorum delegati et iste, qui actu domum novitiatus regat competentes sunt ad professionem istam permittendam. Formula professionis eadem est ac in casu ordinario constitutionibus praescripta; sine ulla tamen determinatione temporis aut perpetuitate. Effectus canonicus istius professionis nullus est, potius theologicus, ut animadvertit cl. P. Goyeneche, nempe actus "completae *deditionis* et oblationis Deo factae a novitio profitente" (6) et spiritualis consolatio novitiorum. Producit tamen professio illa multas gratias spirituales novitiis in articulo mortis. Est proindeque valde utilis et favorabilis pro novitiis.

(5) Ibidem p. 157-158.
(6) Goyeneche, C p R., IV, 261.

## CAPUT V.

### DE NOVITIORUM BONIS TEMPORALIBUS.

"Antiquo iure [novitius] renuntiare poterat bonis, et iuribus suis non tantum ante, sed etiam post ingressum suum in religionem, durante toto probationis tempore." (1)

Disciplinam hac in re mutaverunt Tridentini Patres. Ad pleniorem enim novitiis lbertatem conservandam, ne scilicet privati bonis suis professionem emittere cogantur, (2) Concilium Tridentinum, in capite 16 sess. XXV *de Regularibus*, statuit, nullam renuntiationem aut obligationem bonorum durante tempore novitiatus factam valere, etiam cum iuramento vel in favorem cuiuscunque causae piae nisi cum licentia Episcopi sive eius Vicarii fiat intra duos menses proximos ante professionem; atque hoc in casu renuntiationem non alias intelligi effectum suum sortiri, nisi secuta professione; aliter factam renuntiationem etiam cum iuramento, irritam esse et nullius effectus. Immo in eodem capite legitur: "Sed neque ante professionem, excepto victu et vestitu novitii vel novitiae illius temporis, quo in probatione est, quocunque praetextu, a parentibus, vel propinquis, aut curatoribus eius monasterio aliquid ex bonis eiusdem tribuatur, nec hac occasione discedere nequeat, quod totam vel maiorem partem substantiae suae monasterium possideat, nec facile, si discesserit, id recuperare possit." (3)

S. Congr. vero Ep. et Reg. 30 dec. 1882 quoad cessionem bonorum pro Institutis votorum simplicium legem hoc modo declaravit: debent novitii "ante professionem cedere, etiam private, administrationem, usumfructum et usum quibus eis placuerit, ac etiam Instituto, si ita pro eorum lubitu existimaverint. Huic vero cessioni apponi poterit conditio quod sit quandocumque revocabilis; sed professus hoc iure revocandi in conscientia minime uti poterit, nisi accedente Aposto-

(1) Schmalzgrueber, 1. III, tit. XXXI, n. 96.
(2) Cfr. Piat, I, 128.
(3) C. 16, Richter, 417.

licae Sedis placito. Quod etiam dicendum erit de bonis quae post professionem titulo hereditario eis obvenerint." (4)

Codex quoad bona temporalia novitiorum exhibet generatim leges anteriores cum opportunis tamen mutationibus propter triennalem professionem votorum simplicium. Prohibuit itaque legislator novitiis, a) renuntiare bonis suis durante novitiatu; atque praecepit novitiis, b) ante professionem cedere bonorum suorum administrationem, de eorundem usu et usufructu libere disponere, et de bonis testamentum condere.

## ART. I. PRAECEPTUM PROHIBENS NOVITIIS RENUNTIATIONEM BONORUM.

"In novitiatus decursu, si suis beneficiis vel bonis quovis modo novitius renuntiaverit eademve obligaverit, renuntiatio vel obligatio non solum illicita, sed ipso iure irrita est." (5)

Lex iure communi obligat novitios in omnibus utriusque sexus religionibus sive sint iuris pontificii sive iuris dioecesani. Obligat novitios durante tempore probationis seu a momento ingressus in novitiatum usque ad professionem. (6)

Canon de novitiis loquitur, ad postulantes seu adspirantes non extenditur; proinde antequam adspirans novitiatum incipiat beneficio renuntiare potest; immo et bonis suis renuntiare potest, nisi donationes peractae sint ratione ingressus in religionem, in hoc enim casu ut rescindibiles censeri debent propter possibilem egressum ante professionem. (7)

Prohibita est renuntiatio sive totalis sive partialis et quovis modo etiam apposito iuramento; seu omnes renuntiationes aut obligationes quae novitii bona notabiliter minuunt prohibentur. Immo non solum prohibentur sed etiam ipso iure irritae sunt. Invalidae exinde sunt: donationes inter vi-

(4) S. C. Ep. et Reg., litt. 30 dec. 1882, Fontes n. 2008. — Quod declaratum iam erat a S. Congr. super statu Reg. d. 12 iun. 1858 pro F. F. Praedicatoribus. (Cfr. S. Congr. super statu Regularium, decretum "Sanctissimus" 12 iun. 1858, n. 9, Bizzari, Collectanea, 906.

(5) Can. 568.

(6) Ex antiqua lege Conc. Tridentini licita erat renuntiatio facta de licentia Episcopi vel eius Vicarii infra bimestre ante professionem; hodie illa clausula non valet.

(7) Cfr. Piat, I, 132; Larraona, C p R., V, 224; can. 6, n. 3.

vos irrevocabiliter titulo gratuito factae, quae notabiliter bona novitii minuunt; mutuum, quo rei mutuatae dominium ad notabile tempus in alium transfertur; fideiussiones, remissiones, contracta et pacta, quibus bona novitii notabiliter minuuntur. (8)

Prohibitio renuntiandi comprehendit beneficia (9) et bona propria in decursu novitiatus.

Deinde invalida est etiam renuntiatio beneficii ecclesiastici. Novitius enim tenetur sua bona et beneficia durante novitiatu retinere ut quovis temporis momento libertate recedendi fruatur.

Finis et ratio legis est plenissima libertas novitiorum aut professionem emittendi aut ad saeculum revertendi, quae libertas facile detrimentum capere posset ex imprudentibus bonorum renuntiationibus. (10)

Iuxta auctores, contractus, in quibus non minus recipitur quam datur, non prohibentur novitiis; neque testamenta et donationes causa mortis, quibus omnibus libertas novitiorum non minuitur. (11)

Prohibitio non extenditur etiam ad parvas donationes et eleemosynas aut res minoris momenti a novitio pauperibus, locis piis vel etiam religioni factas, dummodo sint modicae et moderatae, relative ad bona novitii; quia parum pro nihilo reputatur. (12)

Ad maiorem cautelam libertatis novitii pro omnibus religionibus in Codice disponitur: "Nisi pro alimentis et habitu religioso in constitutionibus vel expressa conventione aliquid

(8) Cfr. Schmalzgrueber, 1. III, tit. XXXI, n. 101; Piat, I, 130.

(9) Iuxta can. 1409, "Beneficium ecclesiasticum est ens iuridicum a competente ecclesiastica auctoritate in perpetuum constitutum seu erectum, constans officio sacro et iure percipiendi reditus ex dote officio adnexos." — E contra "Licet aliquam cum beneficiis similitudinem praeseferant in iure tamen beneficii nomine non veniunt:

1o Vicariae paroeciales non in perpetuum erectae;

2o Cappellaniae laicales, quae scilicet erectae non sunt a competente auctoritate ecclesiastica;

3o Coadiutoriae cum vel sine futura successione;

4o Pensiones personales;

5o Commenda temporaria, idest concessio redituum alicuius ecclesiae aut monasterii alicui facta ita ut, eo deficiente, reditus ipsi ad ecclesiam vel monasterium reveretantur" (Can. 1412).

(10) Cfr. Larraona, C p R., II, 74.

(11) Can. 569. Cfr. Schmalzgrueber, 1. III, tit. XXXI, n. 100; Suarez, De Stat. Relig., tract. VII, 1. V, c. 16, n. 7; Piat, I, 133; Bouix, 584.

(12) Cfr. Schmalzgrueber, 1. III, tit. XXXI, n. 100; Piat, I, 133; Bouix 584.

in postulatu vel novitiatu ineundo solvendum caveatur, nihil pro impensis postulatus vel novitiatus exigi potest. Quae adspirans attulerit et usu consumpta non fuerint, si e religione, non emissa professione, egrediatur, ei restituantur (13)

Finis praecepti est tam maior libertas novitii quam ratio vitandi simoniam in re spirituali prout est novitiatus. (14)

Idcirco quaestio impensarum pro victu et vestitu durante novitiatu, dependet ex constitutionibus uniuscuiusque religionis aut ex expressa conventione inita in casibus particularibus.

Ex iure communi permissum est utroque modo exigere expensas. Si tamen neque in constitutionibus neque expresso pacto de congrua summa solvenda ineundo novitiatus cautum sit, religio postea nihil pro expensis exigi potest; sustinendae sunt a religione.

In casu vero quando novitius sua sponte aliquid religionis pro victu et vestitu det, donatio videtur esse valida et licita. (15)

Ultima denique dispositio ex cap. 16 sess. XXV *de regularibus*, Concilii Tridentini desumpta, attinet integram restitutionem bonorum novitio egredienti.

Si novitius ante professionem e religione egrediatur omnia ipsi etiam res et obiecta quae attulerit, restituenda sunt, nisi eius usu consumpta fuerint. "Expedit ad vitandas difficultates forte orituras, ut initio postulatus conficiatur inventarium rerum, quas candidatus secum attulit." (16)

Egredienti novitio tamen non esse relinquendum religionis habitum, sed restituendum illius pretium. (17)

## ART. II. BONORUM ADMINISTRATIO, USUS ET TESTAMENTARIA DISPOSITIO.

I. *Bonorum administratio et usus.* "Ante professionem votorum simplicium sive temporariorum sive perpetuorum novitius debet, ad totum tempus quo simplicibus votis adstringetur, bonorum suorum administrationem cedere cui maluerit

(13) Can. 570, §1, 2.
(14) Cfr. Blat, II, 626; Cocchi, IV, 148.
(15) Cfr. S. C. Ep. et Reg., "Carmelitarum" 11 dec. 1789, Fontes, n. 1884; Piat, I, 133; Vermeersch, Periodica, XIV, (47).
(16) Prummer, 281. Vide supra p. 164-165 et can. 551.
(17) Ferraris, v. Novitius, n. 68; Bouix, 591.

et, nisi constitutiones aliud ferant, de eorundem usu et usufructu libere disponere." (1)

In citato canone dicitur de cessione administrationis et de dispositione usus et ususfructus bonorum facienda ante professionem.

Lex est generalis et obligat novitios in omnibus religionibus sive ad Ordines pertineant sive ad Congregationes (etiam iuris dioecesani) atque utriusque sexus.

Codex non determinat quidem stricte tempus cessionis et dispositionis quandonam scilicet ante professionem facienda sit; attamen ex natura rei cessio et dispositio bonorum fieri debet eo in tempore quo novitius exacto moraliter novitiatu a Superioribus ad professionem votorum simplicium admittatur; seu post decisionem admissionis et ante ipsam professionem. (2)

Quamdam difficultatem tamen faciunt sequentia verba canonis: "*sive temporariorum sive perpetuorum*". Seu novitius debet cessionem bonorum facere ante professionem votorum simplicium *sive temporariorum sive perpetuorum.*

Quomodo illa verba intelligenda sint?

Inter auctores, qui post Codicem scripserunt non est una et consors sententia quoad sensum istorum verborum.

Triplex nempe sententia excogitari potest ad haec verba intelligenda.

Cl. Larraona opinionem suam refert hoc modo: "haec verba ita intelligi possunt... priora, *sive temporariorum*, referri ad ius commune, posteriora *sive perpetuorum* alludere posse ad ius privilegiatum. Hinc sensus plenus hic esse poterit: in omni Religione ante primam professionem simplicem, sive sit votorum temporariorum, ad normas iuris communis, (c. 574, §1) sive votorum perpetuorum ex privilegio, quod post Codicem vigere pergit eo quod expresse abrogatum non sit, (c. 4) novitius debet administrationem cedere etc." (3)

Ait vero cl. Prummer: "Quae quidem cessio ordinarie fieri debet ante professionem votorum simplicium *tempora-*

(1) Can. 569, §1.
(2) Cfr. can. 571, §2; Larraona, C p R., I, 335.
(3) Larraona, C p R., I, 335.

*riorum.* In casu autem quo professus a votis simplicibus perpetuis legitime transit ad aliam religionem et novum novitiatum peregit, haec cessio fit ante emissionem votorum perpetuorum." (4)

Interpretatio autem a cl. Blat ita exponitur: "Ante unamquamque *professionem votorum simplicium sive temporariorum sive perpetuorum,* qui nunc est *novitius debet* saltem confirmans forsan implicite non mutans praevie novae professioni factam prius cessionem, vel eam mutans, atque ratio interpretationis datae est, quia *ad totum tempus quo simplicibus votis adstringetur,* ideoque in temporaria professione ad tempus finem habiturum." (5)

Explicatio excogitata ab ultimo auctore non videtur esse solida. Non est iteranda cessio et dispositio bonorum ante unamquamque professionem, ut vult Blat; legislator enim in hoc loco agit de *novitio* tantum qui nondum professionem faceret non vero de professo; de professo in hac re aliis locis in Codice dicitur, nempe in can. 569, §2 et in can. 580 §3. (6)

Probabilis est quidem secunda sententia cl. Prummer, attamen pro religioso transeunte ad aliam religionem applicari certe potest §2 can. 569 et can. 580, §3. (7)

Ex dictis satis apparet primam sententiam cl. Larraona optimam esse.

Quapropter in religionibus ubi vota temporaria praecedunt simplicem professionem perpetuam novitius debet cedere administrationem bonorum et de eorundem usu et usufructu disponere ante primam professionem temporariam; in religionibus vero ubi ex privilegio professio temporaria non datur, cessio facienda est ante professionem votorum simplicium perpetuorum. (8)

Cessionem administrationis bonorum novitius facere debet ad totum tempus quo simplicibus votis adstringetur; ver-

(4) Prummer, 279. — Admittit tamen cl. Auctor alteram explicationem, uti probabilem, propositam supra a cl. Larraona. (Cfr. Ibidem p. 280).
(5) Blat, II, 625.
(6) Cfr. Larraona, C p R., I, 336; Chelodi, 418 nota 6.
(7) Cfr. Goyeneche, C p R., II, 146; Larraona, C p R., I, 336.
(8) Cfr. Larraona, C p R., I, 335; Chelodi, 418; Vermeersh-Creusen, Epit., I, 377.

ba ista se referunt ad tempus a momento primae professionis usque ad mortem aut usque ad egressum a religione. (9)

Novitius bonorum suorum administrationem cedere debet atque potest cui maluerit. Non potest novitius retinere administrationem quoad aliquam partem bonorum et ceterorum bonorum administrationem cedere sed debet omnino administrationem omnium bonorum quae actu possideat cedere. Attamen "non adest obligatio extendendi cessionem ad bona futura, in spe, aut etiam in iure habita, e contra ac pro testamento accidit... in quo, si possibile sit, de bonis etiam futuris disponendum est (c. 569 §3). Cum bona futura advenient tunc fiet cessio administrationis (§2). Cessio tandem fieri potest in favorem eius quem novitius existimaverit, etiam in favorem Religionis, praemonitae et acceptantis". (10)

De bonorum usu et usufructu ad totum tempus quo novitius simplicibus votis adstringetur debet libere disponere, nisi constitutiones aliud ferant. (11)

Cessio administrationis bonorum est omnino necessaria ex iure communi; dispositio vero de bonorum usu et usufructu libera sive quoad personam sive quoad modum aut quoad terminos. Addit tamen legislator clausulam — *nisi constitutiones aliud ferant.* Si igitur aliqua religio constitutionibus determinet modum disponendi de usu et usufructu bonorum, standum est constitutionibus. (12)

De forma seu documento cessionis vel dispositionis Codex nihil praescribit proindeque potest fieri per publicum vel

(9) Cfr. Larraona, C p R., I, 337. — In can. 580, §3 dicitur: "per discessum autem a religione eiusmodi cessio ac dispositio habere vim desinit".

(10) Larraona, C p R., I, 338. Cfr. etiam SS. D. Leonis PP XIII seu S. Congr. Episc. et Regul. decretum "**Perpensis**" 3 maii 1902, n. XI, Vermeersch, De Religiosis, II, 184-185.

(11) Per votum enim simplex paupertatis professus retinet dominium radicale, admitur ei tantum dominium utile. In can. 580, §1 legimus: "Quilibet professus a votis simplicibus, sive perpetuis sive temporariis, nisi aliud in constitutionibus cautum sit conservat proprietatem bonorum suorum et capacitatem alia bona acquirendi, salvis quae in can. 569 praescripta sunt.

(12) Iuxta definitionem Commisionis Pontificae. — Dubium enim motum erat: "Num verba **nisi constitutiones aliud ferant** canonis 569, §1, ad vocem libere referantur, ita ut liceat per constitutiones determinare in quem finem de usu et usufructu a novitiis sit statuendum." Et Commisio Pont. ad Codicis canones interpretandos respondit:

"Constitutiones ante promulgationem Codicis approbatae servandae sunt sive novitiis adimant ius disponendi de usu et usufructu suorum bonorum, sive hoc ius limitent, seu praefiniant" (Pont. Com. C. C. I., 16 oct. 1919, n. 9, A A S., XI, 478).

per privatum documentum. "Si documento publico fiat, in ipso clare dici debet, dispositionem et cessionem tantum vim obtinere pro tempore quo quis in Religione perseverat." (13)

Aliud praescriptum legislator dedit quoad cessionem administrationis bonorum ac dispositionem de eorundem usu et usufructu post professionem.

Si nempe ea cessio ac dispositio ante professionem a novitio paetermissa fuerit, aut propter defectum bonorum illo tempore et bona post professionem supervenerint, (14) aut si cessio quidem facta fuerit tantum de bonis praesentibus et post professionem alia bona quovis titulo obevenerint, tunc non obstante simplici professione emissa, nova cessio ac dispositio respectu istorum bonorum facienda est. (15)

Et quidem ad normam §1 eiusdem canonis de qua supra sermo erat. (16)

II. *Bonorum testamentaria dispositio.* "Novitius in Congregatione religiosa ante professionem votorum temporariorum testamentum de bonis praesentibus vel forte obventuris libere condat." (17)

Canon loquitur de testamento condendo ante professionem votorum temporariorum et obligat novitios omnes in Congregatione religiosa non tenet vero novitios Ordinum. (18)

Novitii Ordinum possunt quidem pro casu mortis testamentum condere ad tempus quo votis simplicibus ligantur, hoc nulla expressa lege prohibitum est; attamen nulla etiam in Codice obligatio adest. (19)

Testamentaria dispositio facienda est a novitiis Congregationum religiosarum, ante primam professionem et quidem libere quoad modum; seu novitius plena libertate fruitur in testamento condendo, in dispositionibus et in ratione testamenti.

Obligatio condendi testamentum est absoluta et omnes novitios in Congregatione religiosa tenet, non tantum illos qui

(13) Larraona, C p R., I, 339.
(14) ex. gr., testamento, donatione, legato vel alio quocunque modo.
(15) Cfr. can. 569, §2.
(16) Cfr. Ibidem.
(17) Can. 569, §3.
(18) Religiosi votorum sollemnium, intra sexaginta dies ante professionem sollemnem omnibus propriis bonis renuntiare tenentur. (Cfr. can. 581).
(19) Cfr. Chelido, 419, nota 4; Vermeersch-Creusen, Epit., I, 379.

actu bona possident sed etiam eos qui actu nihil habent. Novitius enim testamentum de bonis praesentibus *vel forte obventuris* condere tenetur; seu testamentum fieri debet etsi bona actu non habeantur, et quando fit tam bona praesentia quam bona futura amplecti debet.

Controversia est nunc inter auctores utrum novitius qui propter minorem aetatem vel alia de causa inhabilis est *ex iure civili* ad condendum validum testamentum obligatione can. 569, §3 teneatur an non.

Affirmant Vermeersch, (20) Blat, (21) De Meester (22) Fanfani (23) et alii.

Negant vero Larraona (24) Goyeneche (25) Chelodi (26) Choupin (27) et alii.

Cl. Vermeersch affirmat hoc modo: "Etiam minores natu hac lege tenentur. An dices legislatorem novitiis legem scripsisse quam plerisque inutilem fore praevidebat, cum non ignoraret plerosque novitios esse minores natu? Huiusmodi testamento faciendo non obstat minor novitii aetas quae testamentum civiliter validum saltem de universalitate bonorum conficere non sinat. Namque, legitimam aetatem adeptus poterit in forma civiliter valida testamentum confirmare, atque interea in conscientia ligabitur. — Quare, in recognoscendis constitutionibus, S. Congr. *de Religiosis,* sine ullo aetatis discrimine, obligationem faciendi testamentum novitiis imponit." (28)

E contra cl. Larraona dicit novitium in hoc casu non teneri condere testamentum *iure civili invalidum,* immo etiam censet per eiusmodi testamentum non satisfieri praescripto can. 569, §3.

Ait enim cl. Auctor: "Respondemus in casu, de quo agimus ... quando sive ex aetate sive ex carentia bonorum, sive alia qualibet de causa testamentum validum ad normas legis

(20) Cfr. Vermeersch-Creusen, Epit., I, 379.
(21) Cfr. Blat, II, 626.
(22) Cfr. De Meester, II, 446.
(23) Cfr. Fanfani, 228.
(24) Cfr. Larraona, C p R., II, 10.
(25) Cfr. Goyeneche, C p R., V, 439-440.
(26) Cfr. Chelodi, 419, nota 5.
(27) Cfr. Choupin, 285-286.
(28) Vermeersch-Creusen, Epit., I, 379. — Et citat ibidem cl. Auctor codices civiles qui minoribus natu testamentum condere permittunt.

civilis nationis ad quam novitius pertinet, fieri nequit, quod, inspectis modernis Codicibus, frequenter accidet, non adest obligatio ipsum condendi."

Et confirmat in alio loco: "Adnota, praeterea, id ipsum evidenter confirmari ex fine legis et ex mente Codicis, qui, nisi sermo sit de testamento ad causas pias aliud testamentum praeter civiliter validum non agnoscit et etiam testamentum ad causas pias, pro posse forma iuris civilis condendum est. Cfr. cc. 1513, 1301 et etiam 1529, 1508. Inde, nos credimus non solum non adesse obligationem testamentum redigendi si ipsum condi civiliter valide non potest, sed etiam per testamentum iure civili invalidum quia ad formam iuris non factum, obligationem non adimpleri ab hoc can. 569, §3 impositam et pariter can. 583, 1°, qui prohibet mutare testamentum, de hoc tantum testamento civiliter valido intelligi debere." (29)

Sententia cl. Larraona propter allata argumenta magis placet.

Loquitur quidem in Codice modo absoluto de dispositione testamentaria; quoniam vero legislator non aliud quam iure civili validum testamentum agnoscit de hoc uno verba canonis 369, §3 intelligenda sunt.

Ideoque testamentum faciendum est tunc quando coram lege civili validum sit.

(29) Larraona, C p R., II, 10 et nota 3.

## CAPUT VI.

### DE NOVITIATUS TERMINO.

Ex triplici causa novitiatus terminari potest: per egressum novitii, per dimissionem a religione aut per admissionem ad vota religiosa.

Durante tempore probationis novitius plena libertate quoad egressum gaudet, potest quovis momento religionem libere deserere; at potest etiam a religione quavis iusta de causa dimitti. (1)

Libertas plena est ex parte novitii et ex parte religionis. Quod bene explicat Passerini his verbis: Novitius "non se obligat ex iustitia ad permanendum et non tradit se nisi sub conditione experimenti et libertatis: igitur ex hoc non necessitatur religio ut ex iustitia se obliget ad retinendum novitium, sed ad sumendum de eo experimentum sub aequalis libertatis conditione. Et si dicatur, quod ipsa natura experimenti praesupponit voluntatem perficiendi id, in ordine ad quod experimentum ordinatur, ut saltem sine iusta causa non perficiatur, quia qui vult medium, per prius vult finem; et qui vult experiri mores novitii ut videat si est aptus Religioni per prius vult illum admittere ad religionem si illum inveniat aptum; respondetur per se loquendo experimentum praesupponere voluntatem conditione libertatis."

"Quod vero dicitur ex iusta causa, est verum ratione generali, quia numquam licet agere nisi ex recto fine et causa rationabili, seu est verum ex aliis virtutibus, ut dicitur. Sed ex hoc praecisse, quod quis recipit aliquem in domum suam ut experiatur an sit aptus, non est necesse ut se obliget ex iustitia, nec vere se obligat ad illum retinendum etiamsi aptus inveniatur, nisi ex speciali pacto ad id se obliget. Religio vero recipiens novitium ad experimentum non se obligat speciali pacto ac promissione ut non reiiciat novitium et cum

(1) Cfr. can. 571, §1.

haec obligatio non sit per se receptioni novitii ad experimentum, non est unde dicatur religionem se obligare ad non expellendum novitium sine iusta causa, sed cum novitius etiamsi se tradat ad experimentum religioni non per hoc se obligat ad manendum nec habet vel minimam obligationem iustitiae ad permanendum, ita religio recipiens ad experimentum Religionis novitium ex hoc nec minimam iustitiae obligationem contrahit illum retinendi." (2)

Aliis verbis, neque ex lege obligata est religio novitium retinere neque novitius obligatus est permanere in novitiatu. "Novitius potest religionem libere deserere, aut a Superioribus vel a Capitulo secundum constitutiones, quavis iusta de causa dimitti, quin Superior vel Capitulum teneantur dimissionis causam dimisso patefacere." (3)

Ex Codice ius dimittendi novitium pertinet vel ad Superiores maiores vel ad Capitulum; hoc dependet a propriis constitutionibus cuiusque religionis, quae servandae sunt. Ubi Superior ad normam constitutionum ius habere solet, propria auctoritate dimittendi novitium, hoc facere potest; secus necessarius est consensus Capituli ad validam dimissionem.

Causam iustam dimittendi sive sit defectus vocationis, sive defectus idoneitatis aut incapacitas, Superior vel Capitulum non teneantur dimisso revelare.

Terminatur denique probatio exacto novitiatu; et tunc non licet professionem pro libitu differre sed, si novitius iudicetur idoneus ad professionem admittatur, secus ad saeculum dimittatur. (4)

Iudicare de idoneitate novitii et ius admittendi ad professionem pertinet, ex iure communi, ad Superiores maiores cum suffragio Consilii seu Capituli, iuxta normam constitutionum uniuscuiusque religionis. (5)

---

(2) Passerini, De Hominum Statibus, p. 189, n. 231, apud C p R., V, 213-214.
(3) Can. 571, §1.
(4) Cfr. can. 571, §2. Dimissio sive durante sive exacto novitiatu si a legitimo Superiore facta sit semper est valida "at, si deest iusta causa, est graviter illicita utpote damnosa dimisso et Instituto" (De Meester. 446). Novitius itaque in hoc ultimo casu potest ad S. Sedem recurrere in devolutivo.
(5) Cfr. can. 543. — Superiores religiosi qui candidatum non idoneum... ad professionem contra praescriptum can. 571, §2 admiserint, pro gravitate culpae puniantur, non exclusa officii privatione" (Can. 2411).

"Suffragium Consilii seu Capituli pro prima professione temporaria est deliberativum", (6) ideoque ad validitatem actionis necessarium. (7)

In dubio de idoneitate novitii tempus probationis prorogari potest non tamen ultra sex menses, et tunc sufficit potestas Superioris maioris sine suffragio Consilii aut Capituli. (8)

In regionibus vero ubi novitii et religiosi servitio militari subiecti sunt novitius, qui servitio militari activo nondum exemptus est, professionem emittere non potest nisi temporariam valituram usque ad servitium militare, aut realiter susceptum aut absolute liberatum. "Perdurante militari servitio, alumnus, quamvis votis religiosis non sit ligatus, tamen membrum religionis esse perseverat, sub auctoritate suorum Superiorum ...; Religio pariter potest eum, ob iustas et rationabiles causas, dimissum declarare." (9)

Probati denique novitii ante professionem debent spiritualia exercitia praemittere per octo saltem solidos dies. (10)

---

(6) Can. 575, §2.
(7) Cfr. can. 105.
(8) Cfr. Can. 571, §2
(9) S. Congr. de Religiosis, **Circa decretum "Inter Reliquas de religiosis servitio militari adstrictis**, 15 iulii 1919, A A S., XI, 322. — Cfr. etiam S. Congr. de Relig., **"Decretum de religiosis, servitio militari adstrictis"** 1 ian. 1911, A A S., III, 37-39.
(10) Cfr. can. 571, §3.

A. M. D. G.

Finis.

# APPENDIX.

## DE QUINQUENNALI RELATIONE A RELIGIONIBUS FACIENDA QUOAD STATUM NOVITIATUS.

Iuxta legem can. 510, Supremi Moderatores religionum iuris pontificii debent "quinto quoque anno vel saepius, si ita ferant constitutiones, relationem de statu religionis ad Sanctam Sedem per documentum mittere, subsignatum a se cum suo Consilio et, si agatur de Congregatione mulierum, etiam ab Ordinario loci in quo suprema Antistita cum suo Consilio residet." (1)

Ordo seu tempus fixum quo relationem de statu suo quaelibet religio mittere debet stricte determinatum est, pro singulis religionibus et pro regionibus, decreto S. Congregationis de Religiosis 8 mart. 1922. (2)

Eadem S. Congregatio proposuit exorandi relationem seu omnes quaestiones quibus Instituta fideliter respondere debent.

Elenchus quaestionum dividitur in tres partes: I de personis; II de rebus; et III de disciplina.

In prima parte inveniuntur quaestiones de admissis et de novitiis.

Quaestiones in particulari propositae magnam curam legislatoris de accurate servanda disciplina in novitiatu ostendent.

Afferramus itaque singulas in extenso.

---

(1) Can. 510.

(2) Cfr. S. Congr. de Relig., decretum **"De quinquennali relatione a religionibus facienda"** 8 mart. 1922, A A S., XIV, 161.

# INSTRUCTIO

## SEU ELENCHUS QUAESTIONUM AD QUAS RESPONDENDUM EST A MODERATORIBUS SEU MODERATRICIBUS GENERALIBUS INSTITUTORUM VOTA SIMPLICIA PROFITENTIUM IN RELATIONE AD S. SEDEM QUINTO QUOQUE ANNO TRANSMITTENDA.

*(A Sacra Congregatione Episcoporum et Regularium primum edita, ad tramitem Codicis iuris canonici a Sacra Congregatione de Religiosis revisa et emendata.)*

A) *De admissis.*

(1) 8. Quot postulantes ab ultima relatione admissi fuerint.

(2) 9. Num pro singulis habita sint testimonia a iure requisita; speciatim vero litterae testimoniales:

a) pro viris in genere,

b) pro clericis,

c) pro illis (viris aut respective mulieribus) qui in Seminario, collegio vel alius religionis postulatu aut novitiatu fuerunt; et quidem iureiurando firmatae.

(3) 10. Num speciali aliquo modo seu industria ad nomen Instituto dandum quis allectus fuerit; et praesertim num ephemeridum ope moderatores hunc in finem usi sint.

(4) 11. Num praeterea exquisita fuerit sufficiens notitia circa eorum indolem et mores quoties id necessarium erat vel opportunum.

(5) 12. Quoties et super quibus impedimentis seu defectibus dispensatio necessaria fuerit et a quonam Superiore ecclesiastico concessa.

(6) 13. Num postulatum omnes ii quibus praescriptus est peregerint per tempus statutum in domo in qua regularis disciplina servetur.

B) *De Novitiis.*

(7) 14. Quot et quaenam sint domus novitiatus, et num unaquaeque auctoritate S. Sedis instituta sit.

(8) 15. Quot novitii post ultimam relationem habitum Instituti susceperint.

(9) 16. Quot nunc in novitiatu degant.

(10) 17. Num novitii a professis rite separati existant.

(12 19. Num omnes ante professionem per annum integrum et continuum in domo novitiatus sub cura magistri degerint.

(13) 20. Num magister novitiorum ab omnibus officiis oneribusque vacet, quae novitiorum curam et regimen impedire possint.

(14) 21. Num, quantum et qua auctoritate, tempus novitiatus, ultra terminum in constitutionibus praefinitum, prorogatum vel imminutum fuerit.

(15) 22. Utrum novitii primo novitiatus anno vacaverint tantummodo exercitiis pietatis, an aliis etiam quibus operibus addicti fuerint.

(16) 23. Num durante secundo anno novitiatus (ubi peragitur) novitii in alias domus missi fuerint, et num servata fuerit instructio S. C. de Religiosis diei novembris 1921.

(17) 24. *(In Institutis Sororum).* Num ante admissionem ad habitum, ad primam professionem temporariam et ad professionem perpetuam, Episcopus vel eius delegatus praescriptam voluntatem adspirantis, et gratuito, exploraverit.

(18) 25. Num professioni, quoties locus erat, praemissa fuerit vel alias opportune peracta cessio administrationis propriorum bonorum ac dispositio de eorundem usu et usufructu.

(19) 26. Num a novitiis ante professionem votorum temporariorum testamentum de bonis praesentibus vel forte obventuris libere conditum fuerit. (3)

(3) S. Congr. de Relig., "Instructio seu elenchus Quaestionum etc.", 25 mart. 1922, A A S., XIV, 278-279.

UNIVERSITAS CATHOLICA AMERICAE

WASHINGTONII, D. C.

FACULTAS IURIS CANONICI

1926 — 1927

N. 36.

THESES.

DEUS LUX MEA

---

THESES

quas

AD DOCTORATUS GRADUM

in

UTROQUE IURE

Apud Universitatem Catholicam Americae

consequendum

publice propugnabit

Richardus Bakalarczyk, M. I. C.

domus Chicagiensis

(in Statu Illinois)

Iuris Utriusque Licentiatus

HORA IX A. M. DIE XXIII MAII A. D. MCMXXVII.

## IUS CANONICUM.

| | |
|---|---|
| | I. |
| | De Decreto Gratiani. |
| | II. |
| | De Decretalibus Gregorii IX. |
| | III. |
| | De Libro VI Bonifacii VIII. |
| | IV. |
| | De origine et editione novi Codicis. |
| | V. |
| Canones — 1 — 4. | De normis generalibus. |
| | VI. |
| Canones 8 — 15. | De legibus ecclesiasticis. |
| | VII. |
| Canones 17 — 20. | De interpretatione legum. |
| | VIII. |
| Canones 25 — 30. | De consuetudine. |
| | IX. |
| Canones 31 — 34. | De temporis supputatione. |
| | X. |
| Canones 36 — 70. | De rescriptis et de privilegiis. |
| | XI. |
| Canones 80 — 86. | De dispensationibus. |
| | XII. |
| Canones 87 — 91. | De personis in genere. |
| | XIII. |
| Canones 108 — 110. | De clericis in genere. |
| | XIV. |
| Canones 111 — 117. | De clericorum adscriptione alicui dioecesi. |
| | XV. |
| Canones 118 — 123. | De iuribus et privilegiis clericorum. |
| | XVI. |
| Canones 125 — 144. | De obligationibus clericorum. |
| | XVII. |
| Canones 196 — 210. | De potestate ordinaria et delegata. |

| | |
|---|---|
| | XVIII. |
| Canones 218 — 221. | De Romano Pontifice. |
| | XIX. |
| Canones 329 — 340. | De potestate episcopali, qualitatibus requisitis et de obligationibus. |
| | XX. |
| Canones 350 — 355. | De Coadiutoribus et Auxiliaribus Episcoporum. |
| | XXI. |
| Canones 366 — 371. | De Vicario Generali. |
| | XXII. |
| Canones 423 — 428. | De consultoribus dioecesanis. |
| | XXIII. |
| Canon 465. | De parochorum obligatione residendi in domo paroeciali. |
| | XXIV. |
| Canones 492 — 498. | De erectione et suppressione religionis, provinciae, domus. |
| | XXV. |
| Canones 518, 519, 528. | De confessariis religiosorum. |
| | XXVI. |
| Canones 520 — 527. | De confessariis religiosarum. |
| | XXVII. |
| Canones 542 — 571. | De novitiatu. |
| | XXVIII. |
| Canones 632 — 636. | De transitu ad aliam religionem. |
| | XXIX. |
| Canones 755 — 761. | De ritibus et caeremoniis baptismi. |
| | XXX. |
| Canones 802 — 813. | De sacerdote Missae sacrificium celebrante. |
| | XXXI. |
| Canones 820 — 823. | De tempore et loco Missae celebrandae. |
| | XXXII. |
| Canones 837 — 840. | De transmittendis stipendiis. |
| | XXXIII. |
| Canones 845 — 852. | De ministro sacrae communionis. |

XXXIV.

Canones 808, 857, 858. De ieiunio naturali.

XXXV.

Canones 859 — 861. De praecepto communionis semel in anno recipiendae.

XXXVI.

Canones 875 — 876. De iurisdictione ad confessiones religiosorum et religiosarum excipiendas.

XXXVII.

Canones 893 — 900. De reservatione peccatorum.

XXXVIII.

Canones 908 — 910. De loco ad confessiones excipiendas.

XXXIX.

Canones 938 — 944. De ministro et subiecto extremae unctionis.

XL.

Canones 968 — 972. De subiecto sacrae ordinationis.

XLI.

Canones 1019 — 1026. De iis quae matrimonii celebrationi praemitti debent.

XLII.

Canones 1035 — 1042. De impedimentis in genere.

XLIII.

Canones 1047 — 1052. De dispensatione impedimentorum matrimonii.

XLIV.

Canones 1058 — 1080. De impedimentis impedientibus et dirimentibus.

XLV.

Canones 1094 — 1103. De forma celebrationis matrimonii.

XLVI.

Canon 1119. De dissolutione vinculi matrimonialis per sollemnem professionem religiosam.

XLVII.

Canones 1138 — 1141. De sanatione in radice.

XLVIII.

Canones 1154 — 1160. De locis sacris.

| | XLIX. |
|---|---|
| Canones 1197 — 1202. | De altaribus. |
| | L. |
| Canones 1556 — 1568. | De foro competenti. |
| | LI. |
| Canones 1572 — 1579. | De tribunali ordinario primae instantiae. |
| | LII. |
| Canones 1636 — 1639. | De loco et tempore iudicii. |
| | LIII. |
| Canones 2147 — 2156. | De modo procedendi in remotione parochorum inamovibilium. |
| | LIV. |
| Canones 2176 — 2181. | De modo procedendi contra clericos concubinarios. |
| | LV. |
| Canones 2195 — 2198. | De natura delicti eiusque divisione. |
| | LVI. |
| Canones 2236 — 2240. | De remissione poenarum. |
| | LVII. |
| Canones 2245 — 2247. | De censurarum reservatione. |
| | LVIII. |
| Canon 2254. | De absolutione censurarum. |
| | LIX. |
| Canones 2259 — 2262. | De effectibus excommunicationis. |
| | LX. |
| Canones 2278 — 2283. | De suspensione. |

## IUS ROMANUM.

LXI.

De elementis quibus Ius Civile Romanum constat.

LXII.

De persona ut subiecto iuris.

LXIII.

De statu libertatis.

LXIV.

De statu servorum.

LXXXIV.

De procedura per actionem sacramenti.

LXXXV.

De procedura per iudicis postulationem.

LXXXVI.

De procedura per condictionem.

LXXXVII.

De executione per manus iniectionem.

LXXXVIII.

De executione per pignoris captionem.

LXXXIX.

De partibus principalibus formulae.

XC.

De partibus accessoriis formulae.

IUS INTERNATIONALE.

XCI.

Definitio et divisio Iuris Internationalis.

XCII.

Fontes Iuris Internationalis.

XCIII.

De subiecto Iuris Internationalis.

XCIV.

De concordatis.

XCV.

De protectoratu et mandato.

XCVI.

De independentia et dependentia.

XCVII.

De commissionibus internationalibus investigationis.

XCVIII.

De arbitratu internationali in genere.

XCIX.

De retrorsione et repressaliis in genere.

C.

De definitione et divisione belli.

Vidit Facultas:

PHILIPPUS BERNARDINI, S.T.D., I.U.D., *Decanus.*

LUDOVICUS MOTRY, S.T.D., I.C.D., *a Secretis.*

Vidit Rector Universitatis:

† THOMAS J. SHAHAN, S.T.D., I.U.D., LL. D.

## AUCTORIS VITA.

Richardus Bakalarczyk natus est die 29 martii anni 1885 in loco Pomykow, dioecesis Sandomiriensis in Polonia.

Completis primis grammaticae elementis in urbe Konskie, atque emenso, in urbe Lodz, inferiore litterarum curriculo, anno 1906 in Vladislaviensi seminario minore studiis superioribus operam navavit; anno vero 1908 in seminario dioecesano maiore philosophica ac theologica studia incepit; absolutis studiis ecclesiasticis, die 9 iunii 1912 sacerdos ordinatus est.

Eodem anno 1912 nominatus fuit vicarius paroecialis in Lututow, quod munus adimplevit usque ad annum 1915; postea institutus est praeceptor Doctrinae Religionis in scholis Vladislaviae ac simul vicarius Basilicae Cathedralis Vladislaviensis, quibus muneribus per quatuor annos functus est usque ad annum 1919.

Die 1 octobris 1919 Congregationem CC. RR. Marianorum ab Immaculata Conceptione B.M.V. ingressus est.

Expleto tirocinii spatio et prima professione, die 7 octobris 1920 emissa, praeceptor Doctrinae Religionis in gymnasio Bielanensi atque director convictus renuntiatus est.

Initio anni 1922 Superiorum obsequens praecepto ad peragendas missiones sacras in Statibus Americae Unitis profectus est.

Denique die 1 octobris 1924 Washingtonii, D. C. in Universitate Catholica scholae Iuris Canonici nomen dedit.

Sequenti anno licentiatum in Iure Canonico consecutus est; anno vero 1926 in Utroque Iure gradum licentiatus adeptus est.

www.ingramcontent.com/pod-product-compliance
Lightning Source LLC
LaVergne TN
LVHW050243080826
844660LV00012B/588

* 9 7 8 0 8 1 3 2 2 2 2 6 4 *